中国古代国家治理丛书

秦代国家治理

大秦帝业

Daqin
Diye

著 马平安

团结出版社
UNITY PRESS

图书在版编目（CIP）数据

　　大秦帝业 / 马平安著 . -- 北京：团结出版社，
2023.1
　　ISBN 978-7-5126-9137-7

　　Ⅰ . ①大… Ⅱ . ①马… Ⅲ . ①中国历史－研究－秦代
Ⅳ . ① K233.07

中国版本图书馆 CIP 数据核字 (2021) 第 184066 号

出　　版：团结出版社
　　　　　（北京市东城区东皇城根南街 84 号　邮编：100006）
电　　话：（010）65228880　65244790（出版社）
　　　　　（010）65238766　85113874　65133603（发行部）
　　　　　（010）65133603（邮购）
网　　址：http://www.tjpress.com
E-mail：zb65244790@vip.163.com
　　　　　tjcbsfxb@163.com（发行部邮购）
经　　销：全国新华书店
印　　装：三河市东方印刷有限公司

开　　本：170mm×230mm　　16 开
印　　张：20.75
字　　数：319 千字
版　　次：2023 年 1 月　第 1 版
印　　次：2023 年 1 月　第 1 次印刷

书　　号：978-7-5126-9137-7
定　　价：62.00 元

前言

一、孔子的预言

太史公在《史记·孔子世家》中记载："鲁昭公之二十年，而孔子盖年三十矣。齐景公与晏婴来适鲁，景公问孔子曰：'昔秦穆公国小处辟，其霸何也？'对曰：'秦，国虽小，其志大；处虽辟，行中正。身举五羖，爵之大夫，起累绁之中，与语三日，授之以政。以此取之，虽王可也，其霸小矣。'"秦是春秋时期偏居西方一隅的一个诸侯小国，却在秦穆公时能够称霸，这让函谷关外的诸侯各国感到震惊与不可思议。齐景公同样好奇，因此向孔子征询原因。孔子回答说："秦国虽小，志向却很大；所处之地虽然偏僻，但施政却很恰当。秦穆公亲自提拔用五张黑羊皮赎来的百里奚，授给他大夫的官爵，刚将其从拘禁中解救出来，就与他深谈了三天，随后把执政大权交给了他。用这种精神来治理国家，就是统治整个天下也是可以的，他当霸主又算得个什么呢？"孔子有此认识时，年仅三十岁。他凭借自己的博学深思，通过秦穆公理政的历史，得出了"虽王可也，其霸小矣"的结论。果然，三百年后，秦始皇统一六国，建立了大秦帝国，将孔子对秦国的政治预判变成了现实。

二、荀子的观感

战国末年的著名思想家荀况曾去齐至秦，亲身参观了秦国一些地方，见到秦昭王与秦相应侯范雎。《荀子·强国》中记载了荀况对秦国治理的观感：

应侯问孙卿子曰："入秦何见？"孙卿子曰："其固塞险，形埶便，山林川谷美，天材之利多，是形胜也。入境，观其风俗，其百姓朴，其声乐不流污，其服不挑，甚畏有司而顺，古之民也。及都邑官府，其百吏肃然，莫不恭俭、敦敬、忠信而不楛，古之吏也。入其国，观其士大夫，出于其门，入于公门，出于公门，归于其家，无有私事也；不比周，不朋党，偶然莫不明通而公也，古之士大夫也。观其朝廷，其间听决，百事不留，恬然如无治者，古之朝也。故四世有胜，非幸也，数也。是所见也。故曰：佚而治，约而详，不烦而功，治之至也，秦类之矣。"

应侯问荀况："先生在秦国，都看到些什么？"荀况回答说："城堡等设施很险要，地势有利，山林川谷很美，天然资源十分丰富，客观条件非常优越。进入秦国境内，观察风俗，百姓纯朴，音乐不庸俗下流，服装不轻佻怪异，百姓们都敬畏官吏而顺从，是符合古风的百姓。到了县城衙门，官吏都严肃认真，无不恭敬勤俭诚敬忠信，而且并不恶劣，是具有古风的官吏。进入秦国的国都，观察那些士大夫，他们都是走出自家的大门，就进入公家的门，出了公家的门，就回到自己的家中，没有徇私的事，不相互勾结，不结党成群，异常突出地无不明通公正，这是具有古风的士大夫。观察其朝廷，所处理的政事，到退朝时都没有积压，官员们安然得像没有事做一样，这是具有古风的朝廷。所以，秦国保持四代优胜，不是侥幸，而是有一定的理数的。这就是我所见到的。所以说，安逸而治理得很好，简易而又周到，不劳烦而有功效，这是治理好国家的最高境界，秦国已经达到类似境界。"这是荀况叙述亲眼所见当时秦国政治、社会、吏治、民风等方面的观感以及他的真实评价。

荀况是战国末年集大成的思想家，他既继承了儒家以礼义治国的思想，又具法家思想，兼采道、名、墨诸家之说，从认识社会的眼光和理论水平来说，在当时无有过之者。

荀况对当时秦国社会的看法，值得后世治国理政者鉴之思之，尤其值得在书斋中做学问的人三思而后行。

三、一代伟人的定位

早在 1973 年，针对郭沫若写的《十批判书》中对秦始皇的批判，一代伟人毛泽东激情赋诗，鲜明地表述了自己的看法。

这位伟人挥笔写道：

> 劝君少骂秦始皇，焚坑事业要商量。
>
> 祖龙魂死秦犹在，孔学名高实秕糠。
>
> 百代都行秦政法，十批不是好文章。
>
> 熟读唐人封建论，莫从子厚返文王。

毛泽东在这首诗中，充分肯定了秦始皇的历史业绩与秦帝国政治制度对后世政治的巨大贡献。一句"祖龙魂死秦犹在""百代都行秦政法"，充分表明了这位中华伟人对秦始皇与秦政的肯定与赞赏。英雄相惜之情，在此溢于言表。

作为一个博览群书并且有着自己独到见解的马克思主义者和中国共产党人，毛泽东不仅对中国专制制度及其价值体系有过全面深刻的研究、探讨和理论批判，而且还在行动上号召和带领中国人民对旧的统治秩序进行过激烈的武器批判。在彻底否定君主专制制度、打倒帝制等方面，毛泽东不仅是一名言者，更是一名行者。

在比较历代帝王和历朝传统政治的基础上，毛泽东充分肯定了秦始皇实行中央集权高度集中统一领导，厚今薄古、变革政治制度，统一中国，统一文字、货币、度量衡，实行郡县制，开凿郑国渠修筑驰道与万里长城等治国理政的举措。

毛泽东旗帜鲜明地说，中国历来分两派，一派讲秦始皇好，一派讲秦始皇坏，我赞成秦始皇。

今天看来，毛泽东之所以不同意简单地对待秦始皇、简单地对待秦政，这是基于他对中国历史的深刻研究与观察的。古人将"立德、立功、立言"视为人生追求的三不朽,毛泽东的立论,是建立在"实践是检验真理的唯一标准"这个哲学基础上的,他本人就是一个实现了"三不朽"的典型,他对秦始皇治理国家的评论是公允的,对我们今日的工作与学习有着重要的启迪意义。

四、大秦精神永不朽

实际上,如果我们能摈弃实用主义的做法,用"虚和"的心态去体会秦政,用"冷眼"的目光去观察秦政,我们就会惊奇地发现,秦政原来如此不一般。

第一,大秦帝国是中国历史上第一个建立起来的大一统的中央集权制的大帝国。它所建立起来的郡县制,中央集权制,军事、司法、行政三权分立制,官僚制度,等等,都成了它之后历代王朝奉行不变的政治模式。

第二,大秦帝国从创业到灭亡,其间凝聚了秦人五百多年的心血与经验。它从无到有,从弱小到强大,从偏居一隅到一统天下,其排山倒海之力,其施政之万千气象令人心驰神往。"溥天之下,莫非王土;率土之滨,莫非王臣"对于周人而言,只能算是一种价值观念,但在秦人手中却真切地从理想变成了活生生的现实。秦帝国的建立是对周代分封制的一个终结,从此,"海内为郡县,法令由一统"。

第三,大秦帝国创立了许多前无古人的永远彪炳青史的宏大业绩,成为我们后人的榜样与力量。除了它的政治制度为原创性外,作为中华民族象征的万里长城,仅仅开发一角就被世人誉为"世界第八大奇观"的以兵马俑为代表的秦始皇骊山陵墓,等等,都表明了这个王朝曾经的辉煌与巨大成功,它的意义与价值,已经不是只言片语能够揭示与说清楚的。

第四,大秦帝国是当时世界上最为强盛的三大帝国之一,从一开始就让中华民族以智者与强者的姿态屹立于世界民族之林,深刻地影响了世界历史。

第五,长期以来,在人们的固定思维中,秦始皇是位法家皇帝,只讲"君本"不讲"民本"，是"绝对君权"的代名词，这实际上是大错特错的。因为考诸历史，很难发现任何时代、任何王朝的执政者在治国理政时是"纯任德教"或者"纯任刑罚"的。倒是教化中有刑罚、法治中有德教、人治中有法制、文化中有政治的现象比比皆是。道理很简单，治国理政是一门十分复杂而且要在实践中根据需要不断调整以求适用与变通的政治艺术，而不是书斋中干巴巴的、自圆其说的、坐而论道的期望成"一家之言"的文本学说。治国之道，需要宽猛并济、德刑互补、理论与实践高度结合。作为一位引领一个帝国前行的大政治家，秦始皇的执政智慧绝非我辈可泛泛评说，对于治国之道与君民关系，秦始皇是深得其中三昧的。如果非要给他贴上一个标签的话，我以为用"勤政、开拓、兼容、创新"来概括这位历史人物的治理成就似乎更为恰当一些。一句话，我们往往总是相信后世书本中的很多结论，却不愿从元典中感悟智慧、下足功夫，不愿意承认自己的认识境界还需要提高，在学习与研究中对秦始皇的政治格局、战略眼光、治理智慧缺乏起码的敬重与慎究，这多少也有"本本主义"与"僵化教条"之嫌。

第六，很多人认为秦帝国十数年而亡，存在时间太短，因此断定它没有文化底蕴。这又是大错特错的。恰恰相反，大秦帝国虽然存在日浅，但它所开创的各项制度、所实行的各种措施，却真真实实地将中国历史带进了一个全新的时代，中国从此开始走上了一条秦文化的道路，而且垂两千余年而不变。

第七，秦代制度开后代政治制度之先河，"百代都行秦政法"。秦代，统一多民族的国家逐步形成，一切政治社会制度也就开始了新的建设，正如班固在《汉书·百官公卿表》中所说："秦兼天下，建皇帝之号，立百官之职。汉因循而不革，明简易随时宜也，其后颇有所改。"

实际上，班固的表述还不够准确。

这是因为，制度文化虽然是历代历朝政权建设中的极重要问题，但政治最重要的却是"适时而为""顺势为政"。秦代虽然开国家制度之所创，"百代都行秦政法"，但时易世变，"秦政法"就不能不有所损益。客观事实应该是：不仅是汉代"颇有所改"，而且以后历代都有所改，但不论怎么改，万变不离其宗，其基本精神始终没有改变。

秦政治制度的基本精神是国家之一统。大致说来：

一是建皇帝元首之名实。皇帝是统一国家的集中代表和最高领袖，象征着国家之一统，决策与管理国家所有政事要事，其地位与权力神圣不可侵犯。"天下之事，无大小皆决于上，上至以衡石量书，日夜有呈，不中呈，不得休息。"

二是以丞相为首之政府设立。国家之大，万事之多，非元首一人精力所能及，事实上"日理万机"是不可能的。因此就产生了以丞相为首的中央政府，由丞相辅助皇帝处理天下大事。秦代三公九卿制的设立，即是历史发展到一定阶段的产物。此后历代虽有所变化，但基本精神却始终是一致的。

三是以郡县制为基础的地方政府。"天下为一统，海内为郡县"，这是从秦开始统一建立于全国的制度。这种制度比先秦的分封制更有利于国家之一统，尽管从秦汉到隋唐，一直存在着郡县制和分封制的争论，但是，从制度而言地方政府是完全服从中央、接受中央指挥和监督的，实行的是中央统一的政策和法令。

四是官吏选拔制度打破了世袭制与终身制。官吏是国家机器的重要组成部分，维持一个统一国家的庞大的中央政府和数量不小的地方政府，当然需要众多的官吏。官吏如何产生，在一定程度上反映文化发展的水平和面貌。夏、商情况不是很清楚，西周实行的是"世官制"，公门有公，卿门有卿，实际上没有选拔。春秋战国以后，随着"世卿世禄"制的逐步改变，选贤与能的思想日益发展起来。秦时的军功爵制、客卿制和征士、荐举等，都是打破世官制的，是选官制的开始建立。除了皇帝可以世袭，从丞相到村官都是不能世袭的，不但不能世袭，而且还不能终身制。官员选拔主要是实行"察举"制。这是一种由下面向上荐举人才的制度。被选官吏如果出现问题，荐举者要负连带责任。也就是说，秦代的官员选拔是一种问责的制度。

如此看来，我们确实不能简单地对待秦始皇、简单地对待秦政，因为，离开了秦始皇以及秦的政治构架，后来的中国政治与历史就会无从谈起，中国今日的民族性与中国特色也就无法论证清楚。在今日中华民族伟大复兴的新征程中，实现传统文化的现代转化已经成为不可逆转的历史潮流，让我们在实践中深入认识历史，正确对待秦政，以为我们这个伟大时代增砖添瓦。

目　录

第一章　从诸侯到帝国

在秦国走向强盛、最后建立起秦王朝的过程中，"秦"与"中国"这两个名词的内涵及其相互关系，发生了极有意思的变化。秦国被接纳进入"中国"的行列，是在商鞅变法以后。在商鞅变法以后的一百三十余年时间里，秦国的版图不断扩大，最终又将整个"中国"都划了进去。与此同时，"秦"字的内涵，也由一个"诸侯国"，演变为一个新型的统一的"大帝国"。公元前221年，当秦始皇统一六国时，"秦""中国"这两个概念，在经过语义上的互不关涉到部分重合的变化之后，几乎画上了等号，这就是：秦等于中国；秦人等于中国人。

一、先祖足迹

秦，嬴姓，秦氏。对于嬴姓秦氏的起源和世系很早就有很多的传说。在司马迁的《史记》中，对春秋战国时期主要国家先人事迹的记载中，惟有秦国的年代最久远、世系最完整、事迹最丰富、内容最详细。这或许与秦始皇曾经下令焚烧各国史书而惟独秦国史书保存完整有着一定的关系。

长期以来，史学界有个错觉，总认为商鞅变法以前的秦，是个没有什么文化底蕴、僻于西北一隅的落后邦国，与戎狄部落群体的发展水平差不多。其实，情况并非如此。秦人源于东方当时文化居于先进行列的少昊集团。其先世，在中原地区部落联盟时代，曾经相当活跃，是一个为华夏主体文化的形成与繁荣作出过杰出贡献的部族。秦人本是东方众多的嬴姓部族中的一支，《史记·秦本纪》很明确地记载了秦人自女修之后的先祖世系。依据这个世系，秦人很早就被纳入华夏血缘民族的视野之内。

据说，嬴秦族属的先祖曾经先后为虞舜、夏禹、商汤、周穆等先王效力，建立卓越功勋，因而世世代代都有光大家族的英雄。这个族群勤耕善牧、自强不息、能征惯战、坚忍不拔、敢为人先。他们曾经遭遇重大挫折，还曾被迫长途远徙。然而每一次挫折、衰微之后，都会重新崛起，都会有英雄人物不断涌现出来带领族人再铸辉煌。追本溯源，大秦帝国的宏大功业就是在继承先祖、先公、先王的政治遗产的基础上建立起来的。

嬴秦族属是嬴姓族群中的一支，而嬴姓族群自认是黄帝的后裔。黄帝是中华民族的人文始祖。据说，黄帝击败炎帝，擒杀蚩尤，威服四方，尊为天子。黄帝正妃嫘祖生二子，其一曰玄嚣，其二曰昌意。昌意之子号高阳氏。黄帝死后，高阳立，是为帝颛顼。颛顼是黄帝之孙，他是传说中的五帝之一。嬴姓族群声称他们的始祖母是"颛顼之苗裔"①。1986 年，在陕西凤翔县秦公一号大墓出土的编磬铭文有"高阳

---

① 《史记·秦本纪》。

有灵，四方以鼏"。秦国国君显然是奉高阳氏为祖先。这就是说，嬴姓秦氏自认是颛顼之后，其母系血统属于黄帝一脉。

与世界上所有的民族一样，嬴姓族群也有一个英雄始祖的神奇传说。据说，颛顼有一位女性后人名叫女修。"女修织，玄鸟陨卵，女修吞之，生子大业。"[1]玄鸟就是燕子。燕子上体蓝黑，前胸黑褐相间，主色是黑色，而黑色为玄，所以古人称之为玄鸟。女修吞下飞燕遗落的鸟蛋而生育了儿子。她是嬴姓族群的始祖母。其子大业则是嬴姓族群的男性祖先。大业娶炎黄子孙少典氏的女子女华为妻，生子大费，大费是以嬴为姓的第一人。嬴姓的祖先来自一个以玄鸟为图腾的族类。

按司马迁所叙述的秦人远祖世系，颛顼之"苗裔孙"女修生子大业，大业娶少典之女曰文华者，生大费。这个大费，也就是《尚书》中多次提到的"益"，乃虞夏时执掌山林畜牧的名臣。《史记·秦本纪》称他因协助大禹平治水土有功，受到帝舜的嘉奖，不仅赐以"玄圭""皂游"，而且"妻之姚姓之玉女"。他"佐舜调驯鸟兽，鸟兽多驯服，是为柏翳。舜赐姓嬴氏"。《尚书》谓之伯益，《系本》《汉书》谓之柏翳是也。查《汉书·地理志》："秦之先曰柏翳，出自帝颛顼。尧时助禹治水，为舜朕虞，养育草木鸟兽，赐姓嬴氏。"《说文》亦曰："秦，伯益之后所封国。"《国语·郑语》："嬴，伯翳之后也。"益为翳之本字，"大费"就是"伯益"，为秦人之远祖。《大戴礼记·帝系》篇云："黄帝产昌意，昌意产高阳，是为帝颛顼。"《史记·五帝本纪》亦曰："帝颛顼高阳者，黄帝之孙而昌意之子也。"看来司马迁说秦人是颛顼之后，绝非杜撰。陕西凤翔春秋秦公大墓出土的石磬，铭文曰："天子匽喜，龚桓是嗣，高阳有灵，四方以鼏。"可谓实证。

秦人确认的远祖大业，据说即虞舜时代的名臣皋陶。大业之后的大费，曾协助大禹"平水土"，即在夏王朝建立前后影响颇大的伯益。后来的秦族首领，如费昌、孟戏、中衍等，都曾在商王朝中任职。《史记·秦本纪》称："中衍之后，遂世有功，以佐殷国。故嬴姓多显，遂为诸侯。"

---

[1] 《史记·秦本纪》。

总之，秦人是一个有过辉煌历史的部族。先祖的光荣与梦想不断激励着秦人奋发上进，积极进取。西迁以后，秦人披荆斩棘，长期经营陇山以西，形成了本部族的势力范围，并以其相对进步的东方文化根基，与当地土著文化相融汇，造就了卓立于西北诸戎文化之上、以比较发达的畜牧业与农业相结合为主要特色的秦文化。秦人日后之所以能取代周人而控制关陇为己有，终成统一中华大业，看来绝非偶然。

二、秦嬴立国

秦人的崛起与周王朝的衰弱有着很大的关系。

秦人在西方的发展，与西周王朝的衰落大体同步。为了对付当时气势正盛的关陇诸戎，西周王朝与秦人结成了越来越紧密的政治宗属关系。秦人积极学习、吸收周族文化，同时又利用西周王朝日渐衰落的趋势，迅速发展、壮大了自己部族力量；在周王室东迁之后，又很快用实力承袭了周人在西部的"余业"，控制了关陇地区，奠定了日后与山东列国角逐中原的基础。

商周之际，秦人与周人曾经不共戴天。当时，围绕"天下共主"的名分和权威，分别以商、周为首领的各个部族之间展开了激烈的战争。周武王与商纣王决战于牧野，纣王兵败自焚。西周王朝建立不久，武王逝世，周公摄政称王。管叔、蔡叔对此表示不满，与纣王的儿子武庚联手发动叛乱。周公率兵东征，苦战三年，终于征服了东方。经过武王克商、周公东征，失败者有的被指令迁徙，有的则四处逃亡。在广阔的中国大地上，出现了民族关系的重新组合。在殷周之际的政治斗争中，恶来、蜚廉部族被迫向西迁徙到西北甘陇犬戎交错地带，与当地的戎羌等族杂居在一起。

恶来下传四世至大骆。大骆有两个儿子：正妻申氏之女所生的嫡子成与庶出的非子。这个庶出的非子却是个关键人物，从他开始，秦人与周王朝的关系空前密切起来。究其原因，就在于他是个养马专家。

商周时代，由于社会生活的需要，在家畜饲养业中，马的重要性特别突出。马车不仅是当时人们日常代步运输的主要工具，更是构成军事实力的基本因素。在上古语言里，马字与武字音义皆通，许慎《说文》释马字曰："怒也，武也。"战车乃车队的主体，战车的数量与质量，往往决定战争的胜负。而一辆战车，即需四匹良马。故《后汉书·马援传》说："马者，甲兵之本。"马与车又是反映贵族身份、显示其权势地位的重要标志。贵族们不论爵位等级，出门总是离不开马车的，爵位越高，随从的马车越多，马与车的装饰越豪华；甚至在他们死后，都要在墓中大量殉葬车马，以备在另一个世界中使用。因此，社会对马的需求量极大，繁殖、培育马匹成为一项仅次于耕种的生产活动。所谓"马政"，乃国家的一项要务，需最高统治者亲自执掌颁布。《礼记·月令》就明确记载，每年的仲夏与季秋，周天子都要亲自"颁马政"。周代各级军事长官称"大司马""司马"，由此亦可以看出马在当时人们心目中的分量。《周礼》言中央政府专设"校人"一职，管理国家的马匹。[①]

尽管有专设的圉马机构，并且经常性地从民间购进马匹，然而在战争频繁、王朝多事的时候，仍经常有马匹不敷分配的现象发生。据古本《竹书纪年》说，周孝王七年，"冬，大雨雹，牛马死"。这场特大自然灾害更加重了缺马的危机。此时，秦人向周孝王推荐了非子。司马迁言非子"好马及畜，善养息之"[②]。事实上秦人善于养马驾车并不自非子始，时间可能还要更早一些，因为这是秦民族的传统特长。早在五帝时代，秦人的远祖伯益，即"为舜主畜，畜多息"。后来的列祖中，费昌"为汤御，以败桀于鸣条"，中衍为商王大戊御，而造父"以善御幸于周穆王"。被认为记秦文公东猎史事的《石鼓文》，几乎每章都言马；睡虎地秦墓竹简《日书》中有一篇祭马神的祝词，详举优质马的种种特征，被视为我国历史上最早的相马经；后世久负盛名的相马专家如伯乐、九方皋等人，也均出自秦国。非子之父名大骆，白马黑鬣谓之骆。古时部族首领的名字往往与其事业或特长有关，大骆一族显然本来就擅长于养马。应当着重指出，大骆一族世代居住的西汉水中上游这一片领域，山川交

---

① 参见祝中熹著：《秦史求知录》（上），上海古籍出版社 2012 年版，第 8 页。
② 《史记·秦本纪》。

错，河流纵横，气候温润，是极适宜于农业、畜牧业发展的肥美地带。位处这片富饶地带东部的盐官镇（即汉代之卤城）以盛产井盐著称，汉代曾在此地设盐官管理井盐的生产与经营。产盐，这是畜牧业赖以繁荣的优越地理条件。近人朱绣梓所撰《西和县志》说："盐官城内卤池，广阔十余丈。池水浩瀚，色碧味咸，四时不涸。饮马于此，立见肥壮。"由于有此优越条件，盐官附近地区畜牧业自古以来高度发达，盐官镇在历史上一直是西北著名的骡马集散地，至今遗风犹存。[1]

　　大骆的庶子非子被周孝王"召"去，安排在"汧渭之间"，负责繁殖养育马匹。"汧渭之间"的地望很明确，这是关中平原西部的一块水草肥美地带，和犬丘地区一样，也极宜于畜牧业的发展。非子又是养马专家，故为周王朝殖育马匹的任务完成得很好，史称"马大蕃息"。非子也因此而深得周孝王的赏识。为了表示对非子的嘉奖，鼓励他继续为王室效力，周孝王想改变他在秦宗中的地位，让他成为世子，成为大骆之后犬丘这支嬴姓秦人的首领。但这个意图遭到了当时在周王朝中很有影响的权臣申侯的反对，原因很简单，因为大骆的正妻就是申侯的女儿，那个眼看要被非子取代了的大骆嫡嗣成，是申侯的亲外孙。申侯当然要保护自己女儿和外孙的权益，他劝说周孝王不要这么做，强调指出：保持申、骆联姻传统，处理好与大骆族的关系，对于稳定关陇地区诸族的和谐，维护周王朝的利益，是至关重要的。经过一番权衡之后，周孝王提出了一个两全其美的折中方案。他说："昔伯翳为舜主畜，畜多息，故有土，赐姓嬴。今其后世亦为朕息马，朕其分土为附庸。"于是便"邑之秦，使复续嬴氏祀，号曰秦嬴。亦不废申侯之女子为骆适者"[2]。这样做实际上是对非子的一种"别封"，也合乎周代宗法制的惯例。因为在周代部族首领或国君的诸子中，嫡长子继承宗主之位，余子别宗分土于他地。从此，西方大骆一族嬴人又分成了两支：一支为继续生活在祖地犬丘（西垂）的大骆及其嫡宗；另一支为别封于秦地的非子家族。

---

[1]　参见祝中熹著：《秦史求知录》（上），上海古籍出版社 2012 年版，第 9 页。
[2]　《史记·秦本纪》。

非子是由周孝王分土为附庸的，所分土地不是大骆一族世代控制的西汉水上游的部族领地，而是西周王畿内的地带。所谓"附庸"，原意为城郭附近的田地，后引申为贵族社会爵位等级层序中最小规模的政治实体，指国境范围内的异姓小部族的政权。别封非子为附庸，等于周王室把嬴人的这一支拉到了自己身边，既避免了嬴人内部很可能发生的争嫡分土的矛盾，又增强了辅翼王室的力量，无疑空前密切了西周王朝与嬴人的关系。对于嬴人来说，这是在中央政权支持下的一次部族势力扩张，不仅有利于巩固和强化嬴人在关陇地区复杂政治格局中的地位，而且拉开了嬴人向东发展的序幕，具有十分重要的战略意义。

非子受封为附庸这件事在早期秦人发展史上占有十分重要的地位，是秦人立国的重要历史界标。何谓"附庸"？《礼记》上说："天子之田方千里，公、侯方百里，伯七十里，子、男五十里。不能五十里者，不合于天子，附属于诸侯，曰附庸。"[1] 这就是说，"附庸"只能依附于诸侯，没有资格与天子会面。但是对于秦人来说，这只是万里长征的第一步，没有这一步，怎么会有后来的称王称霸称帝，直至实现天下一统呢？这一步得来的是那么地不容易，从此，秦人才真正在法律上有了一块属于自己的地盘。这是他们开国创业史的开端。

从实际政治关系看，附庸通常接受大国统治，而自身又是具有一定独立性的政治实体。附庸有政权、有城邑、有领地、有族众、有臣民，其内部的政治关系和政权机构实际上也构成一个五脏俱全的"国家"。

诸戎是西周王朝统治者的噩梦。周人与诸戎的冲突由来已久，周人的发展史，似乎就是一部与西北诸戎狄斗争的历史。且不说不窋、公刘时代的周、戎交锋，文王祖父古公亶父，即是为避戎狄之侵而迁居岐山之下的。文王之父季历时代，有史可查的对西戎的战争即有五六次之多。文王"受命"后的第一件大事便是"伐犬戎"。

西周初年，基于新生王朝的强大国势，周人与戎人的关系相对安定了一段时间。维持到穆王时即已有"西征犬戎"之举。懿王之后，西周王朝已被戎人攻逼侵掠得

---

[1] 《礼记·王制》。

焦头烂额，反击戎人的战争愈来愈频繁。《诗经》中有许多篇章生动地反映了当时戎害之烈。如《采薇》一诗，民众在痛苦地倾诉："靡室靡家，猃狁之故。不遑启居，猃狁之故。""岂不日戒，猃狁孔棘。"宣王时的《六月》一诗云："猃狁匪茹，整居焦获。侵镐及方，至于泾阳。"方即丰，丰、镐二京长期以来是周人的政治、文化中心，如今竟已直接处在戎人的威胁之下，由此可见西周统治危机与诸戎侵扰有着直接的关系。造成这种局面的原因很多，一方面，西周王朝建立后，一下子拥有了原殷商长期经营的中原及东方、南方的广大地域，并花费了三年多时间平定武庚、三监及徐夷的大规模叛乱，注意力不得不集中于东方，相应地忽视、削弱了对本族发源地周围的关注和控制，给了西北戎狄以迅速发展的时机。另一方面，从更深层次上找根源，这实际上是处于不同社会发展阶段的两种文化的冲突。周人虽也起源于西北，而且长期与西北诸戎毗邻而居，但周人早在公刘时代即已有发达的农业，过着相对稳固的定居生活。迁岐后更形成了部族的政治文化中心，具备了较成熟的邦国形态，其社会较早地融入了中原华夏文化体系。西北诸戎则不同，它们大多尚处在原始社会后期的军事民主制阶段，过着非定居的游牧骑猎生活，属草原文化体系，民众尚武轻死，极富流动性和掠夺性。周人控制的农业区人口日益繁衍，农垦不断扩拓。对游牧民族来说，这意味着肥美的水草谷地越来越减少；而农业区的粮食和财富，对他们又是一种巨大的诱惑。冲突是不可避免的。关陇地区正是农业文化与游牧文化两大文化圈的交接地带，上述冲突自然表现得特别激烈。

在与诸戎的斗争中，秦人是周人的天然盟友，是周人可以信赖的一支辅助力量，在周人与犬戎的长期冲突中，秦人和周人有着共同的利害和命运，抗戎斗争的需要，是周、秦关系日益密切的关键所在。

到秦嬴的玄孙秦仲时，秦的政治地位进一步得以提升。周厉王暴虐无道，西戎反叛王室，灭犬丘大骆之族。周宣王即位，"乃以秦仲为大夫"，命其镇守边疆，讨伐西戎。秦仲为大夫标志着他正式成为"有国有家者"，即有名有实的诸侯，这是"秦国"的起点。

在西周王朝还比较强盛的时候，秦人与相邻的戎族基本上还能安然相处。前述申侯劝周孝王勿以非子为大骆嫡嗣时云"申、骆重婚，西戎皆服"，虽有点言过其实，但是秦在诸戎中确有一定影响力，秦人事实上起着维系诸戎对周王室臣属关系的作用。当西周王朝走向衰落的时候，秦与西戎的关系也便出现危机。诸戎一旦开始反叛周王室，也就同时把秦人视为仇敌。史载周厉王无道，"西戎反王室，灭犬丘大骆之族"①。在戎人眼里，秦人和周人是站在同一条阵线上的。大骆一族就这样做了周王室的牺牲品。周宣王即位后，仍要借助于秦人的力量。好在秦人还有非子后代那一支，秦仲系非子的曾孙，其部族活动中心，当时已迁到了今甘肃清水县境内的秦地。周宣王"乃以秦仲为大夫，诛西戎"。秦仲受命于周，励精图治，据说"礼乐射御，西垂有声"。他率领族众与西戎先后厮杀二十余年，战死疆场。秦仲"有子五人，其长者曰庄公。周宣王乃召庄公昆弟五人，与兵七千人，使伐西戎，破之"②。于是周宣王将大骆犬丘之地赐予秦庄公，任命其为西垂大夫。秦庄公父子继续与西戎征战。庄公死后，襄公代立。秦襄公将妹妹缪嬴嫁给周平王为妻，进一步强化了与周王室的关系。秦也成为保证西周西方安全的重要屏障。

秦建国于何时？谁是"受天命"的秦国首公？《史记·秦本纪》载："平王府襄公为诸侯，赐之岐以西之地。""襄公于是始国"。从秦嬴成为周朝的附庸，到秦仲任大夫，再到秦襄公封侯，可以算作秦国的初创阶段。自从秦嬴得到秦邑，秦有了公认的名分，有了封赐的地盘，有了法定的权力。后来在这个基础上，最终建立了以"秦"为名的公国、王国、帝国。

值得注意的是，周族与秦族虽然共同抗戎，并在抗戎斗争中密切了关系，但二者却具有根本上的不同：周人是一支日渐衰弱、没落的力量，其军队的规模、数量虽远远超过秦人，但战斗力却极差，抗戎的态度和意志也不够坚决；统治集团腐败保守，内部矛盾也削弱了实力，最后被赶出关中，似乎是一种历史的必然。秦人则是一支新兴的、无所畏惧颇具开拓精神的力量。"秦人传统制戎之策，有力战，无退

---

① 《史记·秦本纪》。
② 《史记·秦本纪》。

避，与周人畏戎之事异。"① 它给自己确定了向关中平原谋求族邦发展的战略目标，不畏惧残酷的军事斗争，始终以西汉水上游的祖地犬丘为依托，又控制了通联甘、陕的陇坻要道，遂一步步地壮大了部族实力，最终取代了周人在关中的地位。

正如当年周邦国臣服于商王朝，并以"方伯"称号成为商王朝统属西北诸部族的一支中坚力量一样，秦以附庸身份臣服于西周王朝，其势力也渐渐发展成为周王朝西境的一方强大的诸侯。周王室东迁之后，这种政治格局便已完全奠定。秦人通过自身的奋争进取，终于完成了西北地区周、秦势力消长的彻底转化。

三、襄公勤王

秦庄公死后，其首领的位置传给了次子秦襄公。

这时，周王朝正是周幽王统治时期。

世事沧桑，在西周的大多数时间，秦人只能默默无闻地游牧激战在边塞烟瘴之地，不为东方各诸侯国家所知道。要不是公元前 771 年发生的那次震惊华夏的大事件，秦人也许就会永久地沉默下去而不为后人所知了。

秦人发展的机缘，就是西周王室在本部地区统治力量的严重削弱。

每个王朝都有盛极而衰的历史轮回。

西周王朝的灭亡，严格意义上讲，是从周幽王开始的。

周幽王为人，暴虐寡恩，动静无常。他迷恋美人褒姒，重用佞臣，堵塞忠贤之路，废嫡立庶，烽火戏诸侯。种种恶行引起了天怒人怨，终于导致了西周国家的内乱与外患。

事情是从周幽王废立太子宜臼开始的。

周幽王因为宠幸美人褒姒，爱屋及乌，决定废除掉原先的太子宜臼。这件事引起了太子外公、申后父亲申侯的强烈反对。申侯为申国一国之主，拥有强大的军事

---

① 马非百著：《秦集史》，中华书局 1982 年版，第 461 页。

实力，并与戎狄与秦人有着广泛的联系，其举足动静，都对周王室的安危有着很大的影响。但是，申侯拼死劝谏，引起了周幽王的严重不满。昏乱的周幽王不顾客观上的利害关系，决定削去申侯的爵位，并准备发兵讨伐申国。

箭在弦上，不得不发。

申侯先发制人，联合犬戎攻破镐京，周幽王被杀。

申侯有引狼入室的本事，却没有驱赶野狼的能力。在被逼无奈的情况下，他只得密书各路诸侯起兵"勤王"，前来搭救周王室。

秦人再一次发迹的机会降临了。

秦襄公抓住机会，及时赶来"勤王"，与晋、卫、郑等其他赶来的诸侯一起驱逐了盘踞镐京不走的犬戎军队，并与各路诸侯一致拥戴周平王继位。周平王继位后，惧怕犬戎再次入侵，遂决定放弃祖宗龙兴之地，匆匆向东迁都洛邑。

历史，再一次开始了对英雄豪杰的大筛选。

按道理说，申侯既是国戚又是当时在西周最有势力的一个诸侯国家的国君。平王东迁，他应当义不容辞地担起护驾的责任。周王室东迁之后，他本应当利用形势从犬戎手中收复失地，壮大自己的实力。但是，在这一重大的历史机遇面前，申侯却视而不见，畏葸不前，结果任机会白白地从他手中溜走。相反，秦襄公却审时度势，及时抓住了这个百年不遇的重大时机。秦人投机的过人之处，在这里淋漓尽致地发挥了出来。

第一，早在犬戎入侵镐京、烽火连天的时候，与犬戎做邻居的秦襄公，不可能不知道这个消息。在这个需要抉择的时刻，秦襄公冷静地选择了装聋作哑，静观其变。因为，他知道，他出兵的时机还没有完全成熟。

第二，当犬戎攻破镐京、申侯无法控制局面密书求救时，早就做好了出兵准备的秦襄公，立刻名正言顺地出师"勤王"，牢牢抓住了与周王室进一步密切关系的主动权。

第三，在申、郑、卫、秦四路诸侯商讨如何进攻犬戎的时候，秦襄公没有顾虑自己附庸的名分，而是毛遂自荐，充当起出谋划策的角色。不仅如此，他还率军积极作战，真正担负起了驱赶犬戎的实际责任。

第四，周平王东迁之时，各路诸侯都面露难色，不愿去做这件出力不讨好的事情。秦襄公却从中看到了巨大的机遇。他果断抛下自己的国家于不顾，立即亲自率领他的队伍千里迢迢护驾东行，表现出了只有"附庸"地位的秦人的赤胆忠心。

第五，在"护驾"的整个过程中，秦襄公一定表现得尽心尽力、尽职尽责，周平王也一定被照顾得处处满意。秦襄公的忠心与攻心之术，终于快到了收获的季节。

其实，秦襄公心中明白，按国家礼制，自己这个附庸身份很可能终其一生都没有机会一睹天颜的，更没有名分护王伴驾。现在，周平王虽拥有天子的名位，但却处于弱势的地位。弱势的人一般都很难忘记患难之情的。"勤王"与"护驾"，很可能就会突破周平王的心理防线，让他对自己有所回报。总之，现在是一个机会，一个千古未有的机会。秦襄公要紧紧地抓住这个机会。

果然，秦襄公的赤胆忠心得到了丰厚的回馈。"秦襄公将兵救周，战甚力，有功。周避犬戎难，东徙洛邑，襄公以兵送周平王。平王封襄公为诸侯，赐之岐以西之地。曰：'戎无道，侵夺我岐、丰之地，秦能攻逐戎，即有其地。'与誓，封爵之。襄公于是始国。与诸侯通使聘享之礼，乃用骝驹、黄牛、羝羊各三，祠上帝西畤。"①

从公元前 11 世纪开始，到公元前 771 年，经过三百多年前赴后继的接力棒式的奋斗，秦人再次创造辉煌。在两周之际的政治变局中，秦襄公由于应对合理，获得了重大的政治利益，秦终于在法律意义上从一个附庸身份正式变成一个国家的实体，从此跻身诸侯之列，取得了与中原各国诸侯平起平坐的地位。

秦襄公封侯是秦人在春秋时期政治上的一次最重大的收获。这一点集中表现在下列几个方面：

第一，获得了重要的政治名分资源。

在中国古代社会，名分是一个非常重要的政治资源。在周礼通行的时代，"名"与"器"的作用尤为突出。孔子所谓"名不正则言不顺，言不顺则事不成"的论断

————————

① 《史记·秦本纪》。

就是根据对春秋时期的政治状况的正确观察而得出的。嬴秦获得封侯本身就是一个莫大的政治实惠。它使嬴秦获得了独立的国家实体，取得了"与诸侯通使聘享之礼"，标志着嬴秦的政治地位有了一次质的飞跃。

第二，获得了西周旧地的经营权与所有权。

周平王将西岐之地送给秦襄公，从表面上看似乎只是一张空头的支票。但实际上，春秋时期，秦国正是高举这面大旗，成为以合法性为由从戎狄的手中夺取土地最多的国家。

第三，获得了华夏先民与西周王朝遗留下来的各种政治、经济、文化的丰富而重要的文明遗产。

这些文明，使得秦国迅速从一个偏僻落后的附庸之地一跃而成了一个西方的大国。

如果说，"勤王"和"护驾"显示出了秦襄公的过人胆识的话，那么，在下列三件事情上就更显示出了秦襄公比其他诸侯国君的远见之处。

第一件，从洛邑回到西陲之地后，秦襄公并没有陶醉在取得诸侯名分的喜悦上。他清楚地看到了秦人落后的危险性，立刻用周天子将岐、丰之地赐封给他的口头许诺，将还没有来得及迁走的周室遗民全部笼络在自己的旗帜之下。秦人迅速汲取周人的先进文化与生产技术，将游牧与农业生产结合起来，让秦国迅速向东方各国文明靠近。秦襄公的拿来主义的胸怀与气魄，给他的后代立下了一个值得效法的榜样与标尺。

第二件，既然周天子允许了秦人建国，并且周天子还把周王朝龙兴之地岐、丰一同赐给了秦国，那么，秦襄公就有理由认为，自己是受命于天。既然周王朝在岐、丰兴起，那么，如今秦国也将拥有这块天赐的富饶宝地，也应当从此兴起，直至最后统一天下。

据《史记·六国年表》记载：

　　至犬戎败幽王，周东徙洛邑，秦襄公始封为诸侯，作西畤用事上帝，僭端见矣。《礼》曰："天子祭天地，诸侯祭其域内名山大川。"今秦杂戎翟之俗，先暴戾，后仁义，位在藩臣而胪于郊祀，君子惧焉。

可见，秦襄公在开始建国时，就把天地作为自己的祭祀对象。这说明，通过"勤王"和"护驾"，秦襄公已经看透了周天子纸老虎的虚弱实质。他虽然因为实力不足，在名分上仍然尊奉周室，实际上，骨子里，代周而起的愿望已经在他的内心深处深深扎下根来。从秦襄公开始，秦人受命于天、代周而起的意识越来越强烈，所祭天地的次数也在相应地增加。

第三件，整军经马，以刀剑赶走戎狄，夺回岐、丰之地，将周天子的空头支票变为实有并加以兑现。

秦襄公刚建国时，只有秦地尺寸之土。周围是一片莽莽荒原，间有戎狄出没、骚扰、掠夺。周平王感秦襄公忠心护驾东迁之功，给秦人开了一张空头支票。所谓将西岐之地赐封于秦，所给的也仅仅是一个合法的名义，实际上得到得不到那是你秦人自己的事情。周王室东迁之因，就是因为抵挡不住戎狄的烽火侵扰。东迁之后，岐、丰之地也已经为戎狄占领。在客观上，东迁后的周室根本就没有能力收回祖宗的这片龙兴圣地。在这种情况下，周平王赐地于秦，意思本是：岐、丰之地我是收不回来了，留给戎狄又实在咽不下这口恶气。秦襄公你有这个能力，你就去夺回；你没有这个能力，对不起，我也爱莫能助。实际上，周王室认为秦国没有收复岐、丰故地的能力。如此分封，实际上是激励秦人去与戎狄拼杀，把秦人真正地推到抗击戎狄的第一线，希望通过秦人之手来报复犬戎。然而，周平王本来给予秦襄公的是一张空头支票，但后来事态的发展却显然出乎他的意料。周平王没有想到，数百年的苦难与艰辛，早已经将秦人锤炼成为强悍尚武、坚忍不拔、从来就不会把希望与命运寄托在别人身上的充满生机的民族。他们需要的，不是依赖别人的帮助，而是一个实惠的政策与光明正大的名分。秦人成为正式诸侯，这极大地激发了秦人的民族生存潜力，极大地提高了他们的民族自信心与自豪感。

经过多年的浴血奋战，秦襄公率领大军从根据地西陲一直打到岐下，取得了对戎人战争的巨大胜利，终于把当年周平王口头封赏给自己的土地变成了实有。戎主远遁西荒。岐、丰一片，尽为秦有，辟地千里，遂成大国。

多年以来，许多历史学家都把中国历史上周平王东迁与秦襄公建国视为两个具有划时代意义的标志性事件。巧合的是，这也正是周王朝由盛到衰与大秦帝国逐渐兴起的开始。一个至大至尊泱泱数百年的王朝正在渐渐褪去昔日的华彩，一个并不起眼、坐落在西陲之地的蕞尔小国却一步一步正在成长壮大。

这两个事件所以作为划分中国早期历史阶段的界标，是因为周平王舍弃的这一方土地，并非一个寻常之地。它是周人的发祥地，又是西周的王畿腹地。经过战乱，昔日繁华宏伟的镐京变成了一片废墟。望着"彼黍离离，彼稷之苗"，令人遥想宗周当年昌盛气象，不禁有怆然涕下之感。

事实证明，秦襄公获得这一方土地的经营权与使用权，这是嬴秦民族的大幸。后来，经过秦国数代的开拓与经营，秦国拥有了整个关中地区的土地，从而拥有了得天独厚的帝王之基。

从历史上看，"秦中自古帝王州"。西周、秦、汉、隋、唐的兴起都是首先据有关中、站稳脚跟，然后杀向中原，进而一统全国的。西周、秦、两汉、西晋、前赵、前秦、后秦、西魏、北周、隋、唐、明末的大顺等政权，都曾经把政治中心设在关中。可以说，关中王气冲天，是历代帝王的龙兴之地。

中国历史上存在着这样一个奇怪的现象，这就是凡是王朝兴起并取得天下者，大都占有一个"北"字。不是西北、正北，就是东北。凡是占有这些地方的王朝，几乎虽微必大，虽弱必强。

根据这种情况，司马迁在《史记·六国年表》中说：

> 夫作事者必于东南，收功实者常于西北。故禹兴于西羌，汤起于亳，周之王也以丰镐伐殷，秦之帝用雍州兴，汉之兴自蜀汉。

顾炎武甚至把据天下之上游则必制天下之命视为必然规律。他在《历代宅京记》中一语道破：

天下之势，自西而东，自北而南，建瓴之喻，据古如兹。

具体而言，关中地区之所以能够成为大秦帝国的"帝业之基"，主要还在于：

第一，关中地区沃野千里，自然资源丰富。

《禹贡》将古代中国分为九州，其中，关中地区属于"雍州"。"九州"之中，雍州土地最宜农耕，是中国农业生产发展最早、物产最丰富的地区之一。渭河流域、黄土高原，气候温暖，土质肥沃，适宜耕作。

第二，关中为四塞之地，地势险要。

关中平原是一个大盆地，东临滔滔黄河，四面有高山峻岭环峙。东面只有一个函谷关可通。战国时期，秦国进可攻，退可守，而六国军队打到函谷关下便一筹莫展。

第三，关中地区经济发达，人文荟萃，长期保持着较高的文明发展程度，可谓当时全国的首善之区。

关中地区是华夏文明的发祥地之一。长期以来，四方民族皆荟萃于此，经济文化交流频繁。尤其是西周时期，丰镐及其周边地区数百年来一直是全国的政治、经济、文化中心。秦国兴起于宗周废墟之上，其秉承西周的因素，反较关东六国为多，这是嬴秦通过封侯立国所得到的最丰厚的社会政治资源，它使得秦国缩短了数百年追赶关东各国的时间。

当然，上述的几个条件还只是为帝王之业提供了一个重要的基础，但能不能确实占有它、支配它，能不能把优势发展为胜势，能不能最终夺取胜利，最主要的还是靠人为的因素。几千年历史发展表明，优越的客观条件并不意味着必然能成就帝业。成就帝业是一系列政治、经济、社会、文化、军事等因素共同作用的结果。但是，拥有山河之险、资源丰富、文明程度高的关中地区，毕竟占据着地利。如果时机成熟，合有"天时、地利、人和"，"八百里秦川"毫无疑问就会成为帝业的资本。

四、穆公始霸

在秦人的开国历史上，秦穆公是继秦襄公之后另外一位了不起的代表性人物。

在秦穆公这位君主的身上，始终洋溢着一种活力，这是集秦民族的质朴、尚战、无畏、智慧、粗犷、坚韧、进取、反思于一身的活力。这种活力，让他在春秋历史的大舞台上，演出了至今仍为人们啧啧称叹的一幕幕动人故事。

李斯曾经在《谏逐客书》中告诉秦王嬴政：

> 昔穆公求士，西取由余于戎，东得百里奚于宛，迎蹇叔于宋，来丕豹、公孙枝于晋。此五子者，不产于秦，而穆公用之，并国二十，遂霸西戎。[①]

其实，这位大秦帝国的宰辅，只是揭示出了秦穆公为人性格中的冰山一角。

秦穆公自有他的雄心、他的襟怀、他的格局。这种雄心、襟怀与格局，是秦民族数百年积累的结果，绝不是一般庸常之主所可望其项背的。

在秦穆公的身上，流淌着作为一位雄主的躁动的血液。这种血液滚烫，让他不停地谋划为秦国扩疆拓土，拓展实力。

任贤用能，极力从国内外求取人才，这是秦穆公急于作为的必然结果，反映出了秦穆公的眼光、意图与识人、用人的能力。

司马迁在《史记·孔子世家》中写道：

> 齐景公与晏婴来适鲁，景公问孔子曰："昔秦穆公国小处辟，其霸何也？"对曰："秦，国虽小，其志大；处虽辟，行中正。身举五羖，爵之大夫，起累绁之中，与语三日，授之以政。以此取之，虽王可也，其霸小矣。"

孔子可是个眼界极高的人物，在他的眼中，能看得上的英雄豪杰凤毛麟角。但

[①] 《史记·李斯列传》。

是，对于这位出身戎狄之域、偏僻之邦的国君，孔子却是赞赏有加。对于秦穆公敢于打破贵贱界限，唯才德是用的举动，孔子十分欣赏。在孔子的眼中，秦穆公"行中正"，善用人，其格局与气度足以成王者大业，何况区区霸业呢？

秦穆公继位后，继承着祖先开拓宏业的传统，决心与列国争一雌雄。

但是，环顾四野，现实却很残酷，不容乐观：

其一，秦的建国始于平王东迁，与当时的大国齐、鲁、晋等国相比，秦的历史比人家短了整整一个西周的时代，已经落后了四百余年。

其二，秦处西陲，"始小国僻远，诸夏宾之，比于戎翟"[①]。长期处在中原文化圈的外围，中原人士一般都不太愿意前往，因而人才显得格外奇缺。

其三，严酷恶劣的生存环境，把秦人培养成为一个敢于在疆场上任意驰骋的民族，但文化、文明程度则远逊东方各国。马上得之，不能马上治之。寻找富于远大目标的治理型人才显得十分迫切。

其四，秦虽然自襄公立国，与东方各国平起平坐，但东方诸国对秦始终抱有偏见，打心眼里瞧不起这个西方边境的所谓"蛮夷之邦"。他们采取冷漠、排斥、贬低的态度来对待秦国，这使秦人在长期同戎狄的斗争中建立起来的自信心受到了前所未有的严重打击，认为是莫大的耻辱。为了超越这种自卑，秦穆公希望通过奋斗来显示自己的实力。你们不是瞧不起我这个落后之邦吗？好吧，我要以实际行动，让你们认识到，你们的这一举动是多么的错误！多么的荒谬！各国卑秦使秦人产生巨大的逆反心理，这是秦穆公自成为秦国国君以来急于招揽人才、大举图兴的一个重要因素。

考诸历史，春秋时期，秦穆公的霸业，多赖下列数人的辅佐与支持。

公孙枝——公孙枝，字子桑，岐人。年少时游宦于晋，秦穆公闻其贤，想方设法招他入秦。公孙枝入秦后，秦穆公以他为师，言听计从，在秦国与晋的外交事务决策上发挥了不可替代的作用。据《吕氏春秋·慎人》中的记载，公孙枝奉秦穆公之

---

① 《史记·六国年表》。

命以五张羊皮从楚人手中将百里奚赎回时，发现百里奚是一个王佐之才。于是，他不仅郑重地将百里奚推荐给秦穆公，请求秦穆公大用之，而且将自己的上卿位置让给百里奚，甘居其次。这件事表明：公孙枝不仅有王佐之才，更有王佐之德。

百里奚——百里奚，虞人，虞国大臣。晋灭虞时，将他抓获。后来，晋献公嫁女给秦穆公做夫人时，迫他去做陪嫁，他认为是莫大的耻辱，于是出走逃亡到宛地，偏又时运不佳被楚国鄙人抓个正着，百里奚被迫替他们放牧。后来，秦穆公发现少了一名陪嫁，又听说他是一名有才德的老者，现在正流落在楚国乡间为奴，于是就派公孙枝拿了五张羊皮将他赎了回来。百里奚到秦后，与秦穆公"语三日，公大说，授之政，且以为师。号曰'五羖大夫'"①。这个时候，百里奚已经是七十多岁的老人了。秦人赵良形容秦穆公对百里奚的信任与重用，是"举之牛口之下，而加之百姓之上"②。秦穆公爱才、识才、用才，于此可见一斑。

蹇叔——蹇叔，原本是宋国人，早年流落齐国，不为齐君所用，遂在齐国一个小部落中做了个酋长。当年，百里奚中年来到齐国，因无人引荐，囊中空涩而流落街头，盘缠用光后作了讨饭的乞丐。后来，蹇、百二人相遇，经交谈后互相倾服对方之才，大有相见恨晚之慨，遂为挚友。后经蹇叔托人举荐，百里奚得以在虞国拜为中大夫，蹇叔对百里奚说："虞君眼光短浅，只见眼前小利，并且刚愎自用，并非有为之主，我打算隐居在宋国的鸣鹿村，他日有事可来找我。"百里奚到秦国后，向秦穆公推荐蹇叔。百里奚说：

> 臣不及臣友蹇叔，蹇叔贤而世莫知。臣常游困于齐而乞食铚人，蹇叔收臣。臣因而欲事齐君无知，蹇叔止臣，臣得脱齐难，遂之周。周王子颓好牛，臣以养牛干之。及颓欲用臣，蹇叔止臣，臣去，得不诛。事虞君，蹇叔止臣。臣知虞君不用臣，臣诚私利禄爵，且留。再用其言，得脱；一不用，及虞君难，是

① 王蘧常撰：《秦史》，上海古籍出版社 2000 年版，第 148 页。
② 《史记·商君列传》。

以知其贤。①

于是，秦穆公使人厚币迎蹇叔入秦，用为上大夫。

由余——由余的先人是晋人，他因家族关系会说晋语，逃亡西戎后被戎王所用。后来，"戎王闻穆公贤，使余观秦"。秦穆公不过跟他见过一面，谈过一席话，就看出他是一个非凡的人才，就开始动心眼儿想方设法笼络他。最后，秦穆公甚至不惜手段，采用内史廖的计策，用反间计迫使由余弃戎归秦。"公出迎，拜之上卿。"②

丕豹——丕豹是晋国大臣丕郑之子。晋惠公为丕郑等大臣所立。晋惠公继位不久，杀丕郑。丕豹乃出奔秦国，并仕于秦。秦穆公白白得了一大帮手，其欢喜之情，不言而见。丕豹是晋国大臣，深谙晋国情况。秦穆公要想在东进扩张的事业上有所作为，就必须任用深通晋国事务的人才，丕豹用于秦，正合了穆公之意。司马迁认为秦穆公在对晋国政策上"阴用豹"③，这是合乎历史事实的。

孟明视、西乞术、白乙丙——分别是百里奚、蹇叔之子。王蘧常在其所撰的《秦史·三帅传》中认为，孟明视"知人"、西乞术"赡辞"，"皆不愧其父，岂仅知兵而已哉！"三帅皆得到秦穆公的信任与重用。他们帮助秦穆公"增修国政，重施于民"，三次伐晋、出使鲁国等内政外交方面取得了重大的成绩，可以算得上秦国自百里奚、蹇叔之后外籍集团领袖的第二代人物。

以上八人，都不是秦国人，但是，为了霸业的需要，秦穆公只要闻其贤，就不计一切代价将他们罗致到秦，不问身世、年龄，一概破格重用。这是秦穆公能够称霸西戎、东进中原的重要秘诀之一。

在上述八子之中，秦穆公的分工是：公孙枝、丕豹用在对付晋国上面，由余用在吞并西戎诸国上面，孟明视、西乞术、白乙丙主要用在军事指挥上面，而百里奚、蹇叔二人则为秦国全盘规划发展战略。事实说明，能够驾驭群才同为国家服务，这

---

① 《史记·秦本纪》。

② 王蘧常撰：《秦史》，上海古籍出版社 2000 年版，第 154 页。

③ 《史记·秦本纪》。

是秦穆公能够成为春秋五霸之一的一个重要因素。

这有史料记载。

史料一：秦穆公请教百里奚："我们秦国僻居西方的岐雍间，不能参与中原的会盟，请您教导我该怎么做，才不致落后于中原诸侯国？"

百里奚回答："其实，岐雍之地地势险要，是周王朝建国的发源地，如今周王室不能守而送给了秦国，这是个非常了不起的礼物啊！处在戎狄的威胁下，可以使秦国永远保持强大的军事战斗力；不能参与中原的会盟，正可使我们不必分神，全心全意建设国家。西戎地区，总共不过十余国，各自独立，组织松懈，很容易并吞它们。最重要的是如何开发这些土地，以提升秦国的综合实力；如何组织这些民众，以加强我们的武装力量，这种有利条件是其他诸侯国所没有的。我建议主公应先好好地经营这块地方，服从我们的，以德抚之；不服我们的，以力征之。完全掌握这块西陲之地后，再利用这块进可攻、退可守的土地向东方中原地区发展，一有机会，便可发动攻势，则霸业可成。"

百里奚的这种战略为秦穆公先西后东、先内后外的发展规划指出了方向，深得秦穆公的赞许，以后秦国数百年发展方向基本上没有超出这个范围。

史料二：秦穆公请教蹇叔："百里奚非常推重先生的才能，请问先生对我秦国未来的霸业有何赐教？"

蹇叔回答："秦国僻居西土，和戎狄为邻，地势险要，军队强盛，进可以战，退可以守，条件比别人好，但却无法跻于中华大国之列，这是因为威德不及的缘故啊！没有威势，别国自然不怕；没有恩德，别国自然也不服。既不怕又不服，自然就成就不了霸业。"

秦穆公问："威与德哪一个应当排在首位？"

蹇叔回答："德为本，威济之。德而不威，其国外削；威而不德，其民内溃。"

秦穆公又问："寡人欲布德而立威，何道而可？"

蹇叔回答："秦杂戎俗，民鲜礼教，等威不辨，贵贱不明，臣请为君先教化而后刑罚。教化既行，民其尊敬其上，然后恩施而知感，刑用而知惧，上下之间，如手足头目之相为。管夷吾节制之师，所以号令天下而无敌也。"

秦穆公问："有了威德，便可以称霸天下吗？"

蹇叔回答："没有那么简单。想称霸天下的雄主必须有三戒：毋贪、毋忿、毋急。贪则多失，忿则多难，急则多蹶。对目标的大小早有规划，便不必贪；衡量自己和别人的力量再行动，就不会有气急败坏的灾难；一切有计划，轻重缓急分得清楚，就不会急功近利，造成缺失。主公若能有此三戒，便有资格争霸天下了。"

秦穆公说："您说得很好。请先生先为寡人指明眼下就应当做的事情。"

蹇叔回答："秦立国西戎，这是主公的祸福之本。现在齐桓公年纪已老，霸业将衰。主公应当用心安抚雍、渭民众，并号召诸戎。不服者，讨之。诸戎既服，然后再敛兵以俟中原之变，在齐国霸业的基础上，广布德义。届时，主公即使不欲称霸，形势也不允许了！"

从上面的君臣问答中可以看出，蹇叔的建策其实与百里奚如出一辙，只是对百里奚提出的战略方策进一步深化。如果说，百里奚从纵向发展上为秦穆公全面规划了称霸西戎、参与中原大国事务的蓝图的话，那么，蹇叔则是从横向发展上规劝秦穆公戒贪、戒忿、戒急，饭要一口口地吃，路要一步步地走，脚踏实地地一步步具体落实百里奚制定出来的西取东进的战略目标。

百里奚与蹇叔，两人一左一右，为秦穆公规划出了百年宏图，为秦国的霸业撑起了腾飞的双翼。难怪秦穆公听了他们的建策后高兴地说："我得到两位先生，真是秦国人最好的长老了。"

在秦穆公的身上，始终洋溢着一种取之不竭的进取精神。这种异于同时代别国诸侯的精神，在很大程度上，应当归功于他的先人们在为了生存的斗争中所激发出来的坚强毅力和不畏艰难的巨大勇气。这种精神是秦人存在的意义，是秦民族不断发展壮大的原动力。

秦穆公继位时，已经三十余岁，正是壮年鼎盛、身心舒发时期。由于父兄打下的基础，他在国内的统治地位已经相当的稳固。他为人强悍勇武、胸襟开阔、耿直诚恳、志向高大。列祖列宗们开辟榛莽的事业、西进运动的艰难历程，都经常让他心驰神往。他要效法祖宗的开创精神，弘扬父兄之基业，让秦国的国势发展到一个新的高峰。目标：东进中原，西吞诸戎。

今天看来，秦穆公毕生的功业，应当说最集中地表现在他率领秦军东进中原、独霸西戎的军事行动上面。

百里奚、蹇叔虽然为秦穆公规划了先整顿好内部再东图中原、先吞并卧榻之前的西戎诸国再向东挺进的战略，但四百余年来秦人因受到东方各诸侯国的轻视而产生的急于起而表现自己的激进心理一直困扰着秦穆公。虽然蹇叔反复提醒他"戒贪、戒忿、戒急"，踏踏实实地先增强秦国的综合国力，但秦穆公认为，"一万年太久"，他要在有生之年"只争朝夕"。因此，秦穆公时期，秦国的跃进战略实际上是先东后西，先让列国诸侯真正承认自己的能力，而后再整顿扩大自己内部版图和实力。

秦穆公在位前期，正值晋献公执掌晋国政权。

当时，晋国正处在强盛势头，先后吞并耿、霍、魏、虢、虞等一批小国，版图急剧地扩大。地理位置上，虢据殽函，虞扼茅津，正好挡住了秦国东出的要道。晋国占了先机，秦国毫无办法。为了称霸中原，参与"国际事务"，秦穆公转而施展军事外交双管齐下的手段，以和晋为主的方式与强晋相周旋，以等待时机，向东挺进。

秦穆公的成就主要表现在：

第一，秦晋联姻。

公元前659年，秦穆公即位伊始，就立即率兵东进，进攻茅津之戎，取得了初战告捷的成果，将秦国的势力范围由西向东推进到黄河一带。但继续东进则为晋所扼，不得已，秦穆公班师回国，然后向晋国求取婚姻。公元前655年，秦晋联姻，秦穆公迎娶晋献公的女儿为夫人。今天，我们将夫妻新婚称为缔结秦晋之好，即源于此。秦穆公娶得晋献公的女儿，这对于秦国具有重大的象征意义。晋国在当时为东方一个大国，秦晋联姻，标志着秦国与晋国一样，具有了大国的身份，在名分上进入了中原诸国的行列。

第二，三定晋乱，三立晋君。

公元前651年，晋献公死。晋献公生前宠爱骊姬，听信骊姬谗言，逼死太子申生，赶走公子夷吾、重耳，欲立骊姬之子奚齐为君。这样，晋国在晋献公死后立即大乱。

晋献公刚死，晋国大臣里克、丕郑父就接连两弑幼主——奚齐、卓子。公子夷吾乘机以割"晋河西之地与秦"① 为条件，请求秦国协助他夺取晋国君位。于是，秦穆公命令百里奚率领秦军护送夷吾回国即位，是为晋惠公。

这是秦国一定晋乱，一立晋君。

晋惠公继位后，立即失信，拒绝兑现当初答应秦穆公的割地条件。秦穆公基于对形势的判断，压制住心中的怒火，没有立即发兵讨伐。

公元前 647 年，晋国国内大荒，仓廪空虚，民间绝食。晋惠公向秦国乞粮。"四年，晋饥，乞籴于秦。穆公问百里奚，百里奚曰：'天灾流行，国家代有，救灾恤邻，国之道也。与之。'丕郑子豹曰：'伐之。'穆公曰：'其君是恶，其民何罪！'卒与粟，自雍属绛。"② 秦穆公采纳百里奚的意见，大度地输粟于晋，救济灾荒。于是运粟万斛于渭水，直达河、汾、雍、绛之间，舳舻相接，命曰"泛舟之役"，以救晋国的饥荒。

第二年冬，秦国年荒，晋反大熟，秦请粮于晋。晋惠公不仅不卖给秦国粮食，反而乘机兴兵伐秦。于是，秦穆公亲率三军，与晋惠公在韩原展开大战。这一战，秦军大获全胜，晋惠公被俘，史称"韩原大战"。

三个月后，晋惠公被迫"献其河西地，使太子子圉为质于秦"③ 后，获释回国。秦穆公立即在河西设置政权机构，秦国的东方国境首次到达黄河的岸边。

几年后，晋惠公死，此前从秦国逃回晋国的子圉即位为君，是为晋怀公。

为了控制晋国，秦穆公"怨圉亡去，乃迎晋公子重耳于楚，而妻以故子圉妻"④。公元前 636 年，秦穆公亲自统兵护送重耳回晋，夺取君位，杀死子圉，是为晋文公。

---

① 《史记·晋世家》。
② 《史记·晋世家》。
③ 《史记·秦本纪》。
④ 《史记·秦本纪》。

这是秦国二定晋乱，二立晋君。

晋文公当国后不久，惠公、怀公时的重臣吕省、郤芮蓄谋发动兵变，焚烧公宫，杀害重耳。晋文公得到消息后，潜走秦国。秦穆公再次出兵平乱，除掉吕省、郤芮，再次送重耳回国主政。

这是秦国三平晋乱，三立晋君。

秦穆公时期，晋国国内大乱，齐、楚等国都想趁火打劫，但秦穆公审时度势走在了各国的前面。通过三平晋乱，三立晋君，秦国不但将领土向东扩展到了黄河边上，而且在外交上纵横捭阖，成功登上了当时的"国际大舞台"，这部分地满足了秦穆公的称雄之心，也进一步提高了秦国的政治地位与秦人的民族自信心。

第三，灭梁。

梁国是临近秦国的一个东方小国。长期以来，晋、梁同盟，对付秦国。公元前637年，梁君无道，大兴土木，引起民怨，秦穆公乘晋惠公病重不能视朝、晋国无力出援、梁国民心浮动的时机，命百里奚率军袭梁，一举灭掉梁国，吞并了东方又一块宝地。

第四，千里袭郑，兵败殽山。

晋文公主政晋国后，由于他多年流浪在外，积累了丰富的政治、外交经验与人脉关系，很快，就使晋国由乱变治，而且在伐王、破曹、败楚、会盟诸侯等重大行动上建立业绩，最终成就了在中原的霸业。秦穆公本欲弱晋、图晋，不料晋国在晋文公的统治下很快强大起来。于是，作为一个极具现实感的政治家，秦穆公决定改变策略，转而采取联晋的方针，在外交上紧紧追随晋国。此后，他协助晋国平定周王室的内乱，又与晋国联手制楚，使秦国在东方各国中建立了大国实力的名声。但是，得陇望蜀是人之常情。很快，秦穆公即不以此为满足，他要东进扩展自己的领土，进一步加强在东方大国国际舞台上的地位，在此基础上建立自己的霸业，而不是追随晋文公之后，为他人作嫁衣裳，空讨一个美滋滋的虚名号而已。

公元前628年，晋文公病死，秦穆公认为自己进一步东进的时机已经来到。公元前627年，秦穆公为东出中原争霸的野心所驱使，不顾蹇叔、百里奚等人的苦苦劝告，固执地派遣孟明视、白乙丙、西乞术三将率兵偷越晋国，千里袭郑。计划流产后，又攻灭晋的边邑滑国。终于，秦晋反目，发生殽山大战，秦国落了个全军覆没、三将被俘的糟糕下场。

公元前625年，秦军再次伐晋，欲报殽山之仇，结果再次败北。这年冬，晋国纠合宋、陈、郑等国伐秦，夺取江及彭衙二邑而还。

秦军接连受挫，使秦穆公急于东进中原、建立霸业的热情降下温来。他从失败的教训中认识到了秦国综合国力的不足、后方的不稳。在这种情况下，他又重新估量蹇叔、百里奚多年前为他提出的吞并西戎、夯实综合国力战略的正确性。

但是，殽山之仇不报，无以对国人、对各国诸侯有所交代。争强好胜的秦穆公不能咽下这口恶气。

公元前624年，经过精心的准备，孟明视与秦穆公第三次伐晋。孟明视立誓："若今次不能雪耻，誓不生还。"秦穆公也说："寡人凡三见败于晋矣。若再无功，寡人亦无面目返国也。"他们"渡河焚船，大败晋人，取王官及鄗"。面对秦起倾国之兵、破釜沉舟的拼命劲头，晋襄公传谕四境坚守，勿与秦战。"晋人皆城守不敢出。"于是，秦穆公自茅津渡河，收殽山死士之骨，"为发丧，哭之三日"[1]。并收江及彭衙二邑失地，凯歌班师。

殽山之战对秦国政治、军事、外交等方略产生了重大影响。秦穆公虽说趁晋献公之死取得了河西之地，但多次出兵函谷关、图霸中原的行动始终没有成功。其主要原因在于秦国东邻晋国十分强大。秦晋长期交战，秦国势力始终不能在河东立足。鉴于晋国扼住了秦国东进的道路，秦穆公决定改变外交方针，由联晋制楚向联楚制晋转变，后世的远交近攻谋略在此端倪初露。此后，由于秦穆公的努力，秦楚结盟有力地遏制了晋国向西发展的锋芒，减轻了晋国对秦国的压力，最重要的是，秦穆公从此决心改变秦国的战略发展方向，将多年前百里奚、蹇叔为他制定的吞并西戎

---

[1] 《史记·秦本纪》。

诸国、增强秦国实力的战略付诸实施。

第五，并国二十，称霸西戎。

四百多年来，秦人在开拓西部历史中，无时无刻不在与戎狄发生着斗争。可以确定地说，长时期的刀光剑影，早把秦人培养成了一个不怕作战、勇于作战的军事团体。

公元前 623 年，秦穆公采纳由余的谋略，利用西方诸戎各自为政、互不统领的状况，分化瓦解，集中优势兵力，各个击破。通过大规模的军事征战，秦穆公"益国十二，开地千里，遂霸西戎"[①]。通过吞并诸戎、开疆拓土，秦穆公终于把秦国的领土西展至今陕甘边境，北拓至今陕西北部，不仅消除了戎狄侵扰后方的顾虑，而且将周王室"王兴之地"真正变成了巩固的后方基地。秦国在后方稳定、军事力量日益壮大的同时，又把目光投向了东方。

秦康公时，开始倾全力进攻东进道路上的拦路虎——晋国。他一败晋军于令狐，再败晋军于武城，三败晋军于羁马，四败晋军于河曲。此后，秦国与晋国之间互有攻守、胜负。战国初年，三家分晋，秦国利用这个机会，迅速征服了山西全境的诸戎，又接连征服了甘肃东北及汉中一代的诸戎。到秦孝公时，秦国已经具备了进一步侵略东方中原各国的力量。

五、孝公变法

秦国自厉公以来，内部危机迭出，发展的步伐大大减弱下来，与正在轰轰烈烈变法改革的中原各主要国家相比，秦国因宗室贵族的力量强大、君位继承权争斗不已等问题，而逐渐失去了先辈秦穆公时的雄风，退离了当时的"国际政治"大舞台。在那样一个物竞天择、适者生存、争战激烈的年代，落后本身就意味着挨打甚至灭亡。

---

① 《史记·秦本纪》。

自秦躁公即位以后，秦国的宗室贵族操纵了国家的政权，少数庶长甚至可以任意决定国君的废立，争夺君位的斗争也时有发生，造成了国君更替不迭、君臣乖乱的局面。

秦怀公在位不到四年就被庶长鼌逼死，于是，秦国大臣又立了秦灵公。秦灵公死后，灵公的叔父发动宫廷政变，废太子公子连，篡夺了君位，这就是秦简公。公子连被迫在国外流亡了二十一年。

在秦简公统治时期，秦国经常受到魏国的进攻，结果是丢城失地，放弃河西。因此，史称"秦以往者数易君，君臣乖乱，故晋复强，夺秦河西地"[1]。政治腐败、经济落后的秦国，已经无法同变法后富强起来的魏国相匹敌。面对着这种"国内多忧、未遑外事"的局面，秦国的统治者迫于形势，也开始了社会变革。

公元前408年，秦简公宣布实行"初租禾"，国家根据土地面积向田主征收租税。尽管这个变革比鲁国实行的"初税亩"晚了近三百年，但是，它毕竟标志着土地私有制的确立，为秦国生产力的发展打下了充分的基础。

秦简公在位十六年卒，其子惠公立，惠公励精图治，收回了南郑等领土。

秦惠公在位十三年卒，国内权臣再度发动政变，并结合诸侯的力量攻陷京城，太子及其母后均遇害。早年被废的公子连被拥立，是为秦献公，秦国此时的内乱已经达到了高峰。

公元前385年，秦献公正式即位。为了改变秦国长期内忧外患、贫弱落后的局面，秦献公决心仿效中原各国，发愤图强，积极进行社会变革。

公元前384年，秦献公宣布"止从死"，废除了在秦国实行了三百多年的杀人殉葬的旧制度。

公元前383年，秦献公建都栎阳（今陕西临漳东北），将政治中心进一步东移，从战略上把秦国的东进事业向前推进了一大步。

公元前379年，秦献公在蒲、蓝田、善名氏等地设县。县是直属于国君的地方

---

[1]《史记·秦本纪》。

行政组织，县令也由国君直接任免。县的增设，有利于实行中央集权，这对于加强王权与巩固国防，都起到了十分重要的作用。

公元前375年，秦献公初步制定了户籍制度，把全国人口编入国家户籍，五家编为一伍，称为"户籍相伍"。户籍制度的实行，不仅确认了以一家一户为基础的个体封建经济的合法性，破坏了旧有的宗法关系，保证并增加了国家的财政收入，而且大大加强了国君的权力。国君从此不仅直接掌握了全国的劳动人手，而且掌握了征发兵员、组织军队的权力，这样，就打击与削弱了宗室贵族的利益，限制了他们的私人武装。

秦献公时期，由于实行了上述改革，秦国宗室贵族和少数庶长操纵国家政权的局面基本结束，秦国也开始逐渐由弱变强，这为接下来秦孝公任用商鞅变法打下了良好的基础。

公元前361年，秦孝公即位。时年二十一岁的秦孝公正充满着青春与理想、热血与激情。但是，摆在他面前的形势却明显地不让人乐观。一方面，秦献公在临终时留下了遗言：没有收复河西之地是为父的耻辱。他要继任者子继父业，实现强秦的大业。另一方面，秦国已经在一个相当长的时期内，在内外交困的谷底痛苦地挣扎着。

司马迁在《史记·秦本纪》中这样写道：

> 孝公元年，河山以东强国六，与齐威、楚宣、魏惠、韩哀、赵成侯并。淮、泗之间小国十余。楚、魏与秦接界。魏筑长城，自郑滨洛以北，有上郡。楚自汉中，南有巴、黔中。周室微，诸侯力政，争相并，秦僻在雍州，不与中国诸侯之会盟，夷翟遇之。

这就是说，秦孝公即位初期，他所面临的"国际政治"大舞台已经是一个全新的局面。东迁后的周王室，经过数百年的苟延残喘，已经形同虚设。黄河及太行山脉以东、长江流域，六国争雄的政治局面业已形成。夹杂其间的，还有淮水及泗水中的十余个不足道的小国。秦国南有楚国，东有魏国，又受到中原各国的轻视，在大国竞争中处于十分不利的地位。

正是在这样的情况下，年轻气盛的秦孝公在秦民族复兴的一片呐喊声中，登上了秦国的政治舞台。

成为秦国国君的秦孝公，其心情与其说是兴奋，倒不如说是激愤。

秦孝公回顾了先祖秦穆公的历史功绩，总结了秦国强弱兴衰的经验教训，肯定了先父秦献公勇于变革、收复失地的雄心壮志，汲取了秦献公改革过程中暴露出来的错误与教训。

秦孝公认为，战国以来，秦国内忧外患，各诸侯国瞧不起秦国，这是莫大的耻辱。他说，每当他想到秦献公的遗志还没有实现时，便非常的痛心。为了继承父亲的未竟之业，秦孝公一即位就马上颁布了招贤令，号召群臣宾客献计献策，只要能使秦国富强，便封赏他高官，封给他土地。招贤令中说：

> 昔我穆公，自岐、雍之间，修德行武，东平晋乱，以河为界，西霸戎翟，广地千里，天子致伯，诸侯毕贺，为后世开业，甚光美。会往者厉、躁、简公、出子之不宁，国家内忧，未遑外事，三晋攻夺我先君河西地，诸侯卑秦，丑莫大焉。献公即位，镇抚边境，徙治栎阳，且欲东伐，复穆公之故地，修穆公之政令。寡人思念先君之意，常痛于心。宾客群臣有能出奇计强秦者，吾且尊官，与之分土。①

从这个招贤令中可以看出，秦孝公最为关心的还是王权的重建。他认为这是导致秦国国势衰退，被各国轻视的主要原因。为此，秦孝公要以秦穆公为榜样，进一步强化王室的权威，集权于中央，变法革新，决心为秦国开创一个辉煌的新时代。

在秦孝公招贤令的鼓舞下，商鞅来到了秦国。在秦孝公的支持下，商鞅展开了一场对于中国历史具有划时代意义的变法活动。

商鞅治国思想的核心是"农战"，其中"农"处在基础性的地位。新法规定，凡

---

① 《史记·秦本纪》。

粮食和布帛生产得多的人可以免除劳役和赋税。从事商业、手工业和因游手好闲而贫穷的，将其个人连同妻子、儿女一起没入官府为奴。用司马迁的原话就是"僇力本业，耕织致粟帛多者复其身。事末利及怠而贫者，举以为收孥"[①]。国家不许商人买卖粮食、不许开设旅店，通过"贵酒肉之价，重其租，令十倍其朴""重关市之赋，则农恶商"[②] 等措施，加强对工商业者的限制，加重他们的徭役和赋税，促使他们尽可能多地破产，从而扩大农业劳动者的队伍。

在重视农本、富利国家的情况下，商鞅推出了强兵的政策。其目标是收回河西之地，并进而东进中原，开疆拓土。

商鞅在秦国推行郡县制。"集小乡邑聚为县，置令、丞，凡三十一县。"[③] 商鞅在法令中规定：郡县的长官不能世袭，由国君直接任免。县下设立乡、亭、里等地方机构，直至"什伍"编部的最基层组织。

经过商鞅的一系列改革，秦国的政权、兵权、财权、人事任免权完全集中到了国君的手中，君主集权的政治体制在秦国以法律制度的形式正式确立。秦国正是凭借这种先进的政体，迅速改变了当时所谓的"国防格局"，从一个落后挨打的西方国家一跃而成了东方各国的克星。

东汉王充说："商鞅相孝公，为秦开帝业。"[④]

商鞅的变法，无论对当时的秦国，还是对以后的中国，都不是一件可有可无的事情。它不但实现了秦孝公的理想，而且为秦王朝统一六国开辟了坚实而广阔的道路。无商鞅变法，秦恐怕无力得天下，其诸多变法内容对于以后中华两千年历史影响之大，已经由后世作了很好的注脚与证明。经过二十多年的变法实践，秦国国富民强，彻底改变了战国七雄原有的格局。秦国从此在王业、帝业之路上向前迈出了坚实的一步。

---

① 《史记·商君列传》。
② 《商君书·垦令》
③ 《史记·商君列传》。
④ 〔汉〕王充：《论衡·书解》。

六、惠文称王

李斯在《谏逐客书》中说:

> 惠王用张仪之计,拔三川之地,西并巴、蜀,北收上郡,南取汉中,包九
> 夷。制鄢、郢,东据成皋之险,割膏腴之壤,遂散六国之纵,使之西面事秦,
> 功施至今。[①]

这里提到的惠王,就是秦孝公之子秦惠文王嬴驷。

公元前 338 年,秦孝公去世,秦惠文王即位。

秦惠文王是秦国第一位称王的国君。他在位二十七年,子承父业,实行新政,发展经济,推行法治,东征西讨,不断扩展秦国的疆土。

秦惠文王五年,即公元前 333 年,秦惠文王任用魏人公孙衍为大良造,积极谋划攻魏。

秦惠文王七年,秦国攻打魏国,斩首八万。

秦惠文王八年,秦国再次夺回了河西之地。

这时,著名的纵横家张仪来到秦国,向秦惠文王献上"远交近攻"的"连横"战略。

所谓"合纵",是"合众弱以攻一强",这是张仪的同学苏秦发明的联合六国共同对付秦国的战略。

所谓"连横",则是张仪针对苏秦的"合纵",想出来的"事一强以攻众弱"的策略,主要内容就是秦国根据自己的实际情况,随时调整策略,联合一两个国家来攻打其他的国家。这是破坏"合纵"的最好办法。

公元前 328 年,即秦惠文王十年,张仪趁秦讨魏胜利之机,乘间以外交手腕迫

---

① 《史记·李斯列传》。

使魏襄王将上郡、少梁等十五个县献给秦国，至此，全部河西之地重新归入秦国版图。中原诸国为此震惊，秦惠文王为此大喜。

就在这一年，秦惠文王终于作出了选择，任命张仪为秦国国相。张仪以前，秦国没有相位，只有将相合一的大良造。大良造不仅拥有行政权力，而且还拥有军事大权。大良造的设立，对于秦国的君主无形中构成了一种威胁。秦惠文王设立相位，隐含着削弱权臣、集权于国君的意图。

在秦惠文王的支持下，张仪频频出手，运用"连横"策略，先后破坏了楚齐联盟、魏齐联盟，出兵伐魏、伐韩，占据了函谷关，秦国历代君主东进中原的梦想，在秦惠文王的手中终于变成了现实。

公元前316年，秦惠文王又派大将司马错率军灭蜀、灭巴、灭苴，在此设立了巴郡，从此，秦国完全拥有了巴蜀之地。

公元前312年，秦惠文王派军攻打楚国，夺取汉中六百里的土地，设置汉中郡。这样，秦国就占据了关中、巴蜀两个"天府之国"，控制了黄河、长江中上游地区，关中、汉中、巴蜀连成了一片，对六国形成了虎踞鹰视之战略态势，为秦后来统一六国奠定了坚实的基础。

公元前311年，秦惠文王病死。

公元前310年，太子荡在他的父亲秦惠文王的灵柩前宣誓就职，这就是历史上有名的秦武王。

秦武王当政之初，秦国的形势一派大好。

当时，东方大国赵、魏、齐、楚、韩、越都因惧怕而连横于秦。

在这种有利的形势下，秦武王首先致力于整顿内政和巩固后方。

在秦惠文王统治时期，任命张仪为相，从事破坏各国合纵抗秦的活动，张仪在那时很吃得开。秦惠文王对张仪的游说成果也十分欣赏，曾封张仪五邑，号曰武信君。但是，武王即位后，对张仪的做法很不满意，秦国的许多大臣也十分讨厌他。于是，逞勇好武的秦武王将张仪放归魏国，并于公元前309年初置丞相，任命樗里疾、甘茂为左右丞相。秦武王这样做，主要是因为张仪的做法不符合他的政策。他是一个绝对奉行通过军事扩张来达到目的的大国君王。

这位在位只有四年，死时年仅二十二岁的秦国国王，在如此短暂的人生中却有着不同凡响的表现。

史载，在武王荡为太子时，一日，他突然问他的老师："九鼎有多重？"老师一时被问得惊惶失措，脸色大变。这不仅因为九鼎重量他们也不知道，更重要的是，九鼎只归天子所有，"问鼎"之罪，十恶不赦。有此念头小则夷灭三族、大则灭亡社稷国业。

"我能举得起来吗？"少年太子不待师傅回答，便又进一步追问起来。许久，见到老师吃惊无措的样子，少年太子大笑而自信地回答了自己的问话："我能，我一定能举得起来。"

现在，眼看着秦国一天天强大，秦武王的雄心也一天天膨胀起来，他已不满足于做各诸侯国的盟主，而是十分向往周天子的宝座。他要取代周天子，最终成为天下实至名归的共主。

恰好，在这期间，东方的齐国和北方的燕国发生了长期的你死我活的战争，许多国家也卷了进去，这就给西方的秦国提供了东进的有利机会。于是，秦武王公开宣言："寡人欲容车通三川，窥周室，死不恨矣。"[1] 然而，要"窥周室"，问鼎中原，就必须经过韩国最重要的战略之地——宜阳。这难不倒秦武王。公元前308年，秦武王急不可待地派左丞相甘茂率兵进攻宜阳。公元前307年，宜阳被秦军攻下，韩军被斩首六万有余。通往周王室的门户已经打开，前进道路上的障碍已经清除干净。

公元前304年，秦武王在秦军的簇拥下耀武扬威地来窥周室。心情激动的秦武王，偏要与大力士孟说比赛，力举龙文九鼎，以实现他少时的理想。结果，不幸被鼎砸断胫骨。8月，秦武王在痛苦中死去。

秦武王虽然在秦国的王位上只有短短的四年，但在秦国统一大业上，他却留下

---

① 《史记·秦本纪》。

了不可磨灭的痕迹：

第一，他将消灭六国、吞并天下的统一大业提上了议事日程，给他身后的继承者提出了"做天子"的目标。

第二，因为他的雄心与个性，秦国军队再一次得到了前所未有的重视与加强。秦国无敌军团再次呼之欲出。在这种形势下，几年后秦国大军中终于出现了一位战神式的人物——白起。

第三，自他开始，中国历史上真正出现了丞相制度。

第四，宜阳的攻取与永久占领，揭开了秦国统一天下的序幕。早在秦惠文王时代，张仪就曾经说过："秦攻新城、宜阳，以临二周之郊；据九鼎，索图籍，挟天子以令天下，天下莫敢不听。"①

七、昭襄称帝

秦武王死后，其弟秦昭襄王即位。

李斯在《谏逐客书》中说：

> 昭王得范雎，废穰侯，逐华阳，强公室，杜私门，蚕食诸侯，使秦成帝业。②

秦昭襄王在位五十六年，他是一位能自觉坚持法治、礼贤下士、知人善任的君王。他在位期间，重用范雎、蔡泽、白起等人主持内外军政大事。在这些大臣的辅佐下，秦昭襄王先后解决了诸公子叛乱和魏冉专政等内政问题，进一步强化了中央集权，同时实行远交近攻的蚕食政策，为秦国的统一大业明确了策略与方向。

秦昭襄王称"帝"是一件标志性的历史事件。不断攻取楚、魏、韩土地而耀武

---

① 马非百著：《秦史集》，中华书局1982年版，第61页。

② 《史记·李斯列传》。

中原的秦昭襄王不满足于"王"的称号，欲为自己加上"帝"号。为了弱化各国的抵制，他拉拢齐缗王共同称帝。公元前288年，秦昭襄王自称"西帝"，并派使节尊齐缗王为"东帝"。谁知齐国另有所图。为了邀买人心，防止秦国独尊，齐缗王竟然背叛盟约，与诸侯会盟，出兵逼迫秦国取消帝号。秦昭襄王被迫去帝号。尽管由于尚未取得压倒性优势，秦国的帝业尚需时日，但是这一事件标志着秦国已经正式迈开了统一天下的步伐。

公元前285年，秦将蒙武伐齐，夺取九城。随后秦国又积极组织燕、秦、韩、魏、赵五国联军攻齐。燕国上将军乐毅几乎将齐国灭亡。齐国从此一蹶不振。公元前272年，秦国彻底灭亡义渠国，设置陇西郡、北地郡和上郡，解除了西北边患，巩固了后方和侧翼，从此专注于东方。此后，是否应当"帝秦"成为各国外交活动的一个重要主题。

八、秦皇一统

自秦昭襄王以来，"远交近攻"的军事、外交战略逐步明确。秦军频频出师东征，蚕食邻国，消灭敌军，削弱对手。

公元前298年，秦军出武关击楚，斩首五万，夺取十六城。

公元前293年，在伊阙之战中，秦将白起大败韩、魏联军，斩首二十四万，攻取韩国大片领土。

公元前280年，秦将白起攻赵，斩首二万，取光狼城。

公元前279年，在鄢之战中，秦将白起引水灌城，淹死楚国军民数十万，随后攻占楚国国都郢（今湖北江陵西北），在此设置南郡。两年后秦国又夺取巫郡及江南地，在江南地设置黔中郡。

公元前275年，秦相穰侯攻魏，斩首四万，魏献三县请和。转年，秦军攻取魏国的卷、蔡阳、长社，斩首四万。

公元前273年，在华阳之战中，秦将白起战胜赵、魏联军，斩首十五万，又乘胜追击，沉赵军二万余人于河中，并攻取大片土地。

公元前 264 年，秦将白起攻韩，斩首五万，拔九城。

公元前 260 年，秦军攻取上党，随后与赵军战于长平，秦将白起先后击毙、坑杀赵国主力军四十五万人。

仅这几次大战，秦国就消灭韩、魏、赵、楚军队一二百万人。此外，中等规模的征战连年不断，小战更是不计其数，秦国胜多负少，也消灭了相当数量的敌军。每一次军事胜利都伴随着攻城略地、设郡置县。这就严重削弱了相邻四国的实力，使这四国先后丧失了独力抗衡秦国的能力。

秦赵邯郸之战，秦国被魏、楚、赵联军击败，三晋收复部分失地。但是，秦军稍事休整之后，又采取了进攻的态势，不断攻城略地。公元前 256 年，秦军攻韩，斩首四万，夺取数城；继而攻赵，斩首九万，夺取二十余县，诸侯大震。西周君与诸侯合纵，率天下锐师攻秦。秦昭襄王大怒，决意灭周。秦军兵临城下，周赧王被迫入秦，"顿首受罪，尽献其邑三十六，口三万"。不久周赧王卒。秦灭西周，"取九鼎宝器"①，标志着周王朝寿终正寝。到秦孝文王、秦庄襄王时期，秦国不断出兵东征，连连击败韩、赵、魏军，又夺取邻国大片土地，还灭亡了东周。统一战争的序幕已经拉开。

秦王嬴政亲政之初，六国皆弱而秦独强，天下一统已经呈现出不可逆转之势。只要秦国的政治、军事、外交重大方略不出现失误，只要各国得不到休养生息、重整旗鼓的机会，只要六国不能结成同心协力的抗秦联盟，就必然会被秦国一一吞掉。战国七雄的兼并战争即将进入尾声。

不过，历史上有太多的教训启迪人们：优势并不等于胜势，胜势并不等于胜利，胜利并不等于成功。在中国历史上，国与国之间、军队与军队之间，以少胜多、以弱胜强、反败为胜、化弱为强的事例多不胜数。在一定条件下，众多弱国只要众志成城、团结一心，完全有可能共同战胜霸权。在秦之前，殷商亡于以西岐周人为首

---

① 《史记·周本纪》。

的"八百诸侯"，智伯亡于韩、赵、魏三家，夫差亡于勾践有例在先。在秦之后，西汉末年的昆阳之战，东汉末年的官渡之战、赤壁之战，东晋时期的淝水之战等，都是弱者通过一战而扭转整个局面的著名范例。秦王嬴政亲政之后，他的确手握胜算。然而，他的对手皆非等闲之辈，秦国一招不慎就可能导致全盘皆输。要获得最后的成功，秦王还必须运用智慧，进行充分的"庙算"与准备。

1. 修明内政

中国历来有"七分政治，三分军事"的说法。统一战争的胜利之本在于成功的政治制度和政治策略。

在内政方面，首先，秦王嬴政贯彻既定的各项法律制度和勋爵制度，做到了令行禁止、赏罚分明。他从谏如流，采纳李斯的建议而废止逐客令，听从茅焦的诤谏而改善与太后的关系，落实尉缭的意见而对占领地实行安抚政策，同时又减轻了对嫪毐、吕不韦仆从的处罚，令一些流放者回归。嬴政的这些积极政策，在一定程度上缓和了统治集团内部的矛盾，改善了秦国的政治形象。其次，秦王嬴政竭力勤政。他重视各种利国利民的基础建设，兴修水利，发展生产，致力于安定民生、富国强兵。

历史表明，在统一战争期间，秦国内部的君臣、君民关系基本上是融洽的。内政修明，这是秦国统一战争所以能够取得最后胜利的保障。

2. 战略正确

在军事战略上，秦王嬴政在谋臣们的帮助下制定了由近及远、中间突破，先灭韩亡魏，拦腰斩断南北之间的联系，然后南灭强楚，北扫燕国，最后再灭亡齐国的战略方针。

在正式发动统一战争之前，秦王嬴政派遣大军大举进攻三晋，通过占领韩魏城池，将战线推到了齐国的边境，完成了中央突破、分割南北、切断六国"合纵"之脊的战略任务。具体而言：在统一战争的第一阶段，秦军的主要战略目的是灭亡韩、魏。韩、魏地处中原，临近秦国，本着由近及远的战略构思，从吞并韩、魏入手，自然是高明正确之策。在统一战争的第二阶段，秦军以三晋为腹地，展开两翼进攻，向南：征服楚国，向北：攻灭燕、赵。在东进、南征、北战的任务完成后，最后乘势将统一战争推进到最后一个阶段：大兵压境，争取不战而让齐国投降。后来统一战争的进程，充分证明了秦王嬴政这一战略决策的英明。

3. 在敌国内部开辟第二战场

在注重军事打击的同时，秦王嬴政也十分重视破坏敌国内部的君臣团结，运用外交、金钱等手段，从敌国内部进行分化、瓦解。据史料记载，尉缭向嬴政献策说："愿大王毋爱财物，赂其豪臣，以乱其谋，不过亡三十万金，则诸侯可尽。"[①] 嬴政从其计策，指派姚贾、顿弱等人专门负责这方面的工作。他们携带重金珠宝，贿赂诸侯，收买大臣，发展奸细，铲除对手。这些手段主要包括：（1）用离间计破坏敌国的君臣关系，使其贤能之士得不到信任与重用；（2）用重金收买敌国的权臣、名士，让他们为了自己狭隘的私人利益去进谗言、害忠臣；（3）用行刺手段消灭那些坚决反对秦国统一战争的敌国内部的能臣猛将。司马迁说：嬴政"阴遣谋士赍持金玉以游说诸侯。诸侯名士可下以财者，厚遗结之。不肯者，利剑刺之。离其君臣之计，秦王乃使其良将随其后"[②]。秦王嬴政的这一谋略在统一六国的战争中发挥了重要的作用。例如，王翦强攻邯郸不下，秦国就改用反间计，促使赵王错杀良将李牧。秦国在大军压境的同时，用重金收买齐相后胜，最终让秦国兵不血刃地灭掉了齐国。

4. 致力连横，孤立对手

在外交上，秦王嬴政君臣继续贯彻破坏六国合纵的方针，运用外交手段破坏各国之间的邦交。东方六国最大的弱点在于各国之间存在着利益矛盾，难以齐心，而且目光短浅，意在苟安，容易分化。秦国正是抓住了这个弱点，以连横破合纵，或利诱，或威胁，屡屡得手。

5. 抓住时机，及时决战

在经过七八年的战争之后，秦国统一天下的时机已经成熟，秦王嬴政抓住时机，

---

① 《史记·秦始皇本纪》。

② 《史记·李斯列传》。

及时启动了统一战争。秦国君臣上下齐心，决策果断，兵锋如风。他们调兵遣将如紧锣密鼓，行兵布阵如雷霆万钧，连年征战，马不停蹄，夺地、拔城、虏王、灭国一个接着一个，没有一招缓棋，不给对手留下任何喘息的机会。在秦王嬴政的指令下：

公元前 230 年，秦国灭韩，转年就会师攻赵；

公元前 228 年，秦国灭赵，转年就进军燕国；

公元前 226 年，在歼灭燕国的主力军后，转年就进攻楚国；

公元前 225 年，秦国战胜楚国后，立即以得胜之师回兵灭魏；

公元前 224 年，秦王发兵六十万与楚国决战，转年就灭亡楚国；

公元前 222 年，在平定江南后，立即发兵北上，消灭燕赵残余势力；

公元前 221 年，覆燕灭赵之师南下，齐国不战而降。

至此，春秋以来分崩离析的分裂局面宣告结束，天下重新归一，大秦帝国诞生。不过，这还只是军事上、政治上的统一，天下人心并未归附秦国。大秦帝国的最高统治者能否做到让天下人归心，从内心中认可这个新统一的政权，还需要时间与政策来考验。

第二章　秦人立国之根本

从西周后期秦的崛起到秦帝国灭亡的公元前206年，秦人的历史跌宕起伏，思想文化丰富多样，展示出了个性鲜明的精神气质。秦所表现的进取、创新、功利、兼容、同一的精神气质，是一种弱小者奋发自强的精神气质，是一种在长期的战争中养成的精神气质。这种精神气质伴随着秦的统一有了更大的影响，而且在不同的时代被以各种形式反复倡导，从某种程度上成为中华民族的精神气质。从历史来看，秦人的进取、创新、功利、兼容、同一与周人的重孝、亲人、贵民、崇德精神皆成为中国人政治精神之底蕴。

一、重视礼乐制度之建设

讨论秦人的制度建设，当然不能离开其相应的历史环境。因为考察任何时代的典章制度，都离不开其所处时代的历史环境。研究探讨秦人的文化、政治、制度建设，当然离不开周的礼乐文化对它的熏陶和影响。事实上，秦制度的很多方面，都渊源于周文化，这是无可置疑的。

秦人立国正是在所谓春秋战国"礼崩乐坏"的时期。长期以来，在人们的意识中，秦人是以积极进取、军事强大而著称，这往往给人一种误解，以为秦的礼乐制度不发达，但事实上，恰恰相反，秦人在立国过程中，国家制度的主体正是礼乐制度，这是秦人不断从弱小走向强大并且能够最终统一天下的根本原因之所在。

周人是一个十分讲究礼仪的民族。中国礼仪之邦的文化基因就是源于周的礼乐文化。

西周时期，礼的分类主要有两种。一种是将礼分为吉、凶、宾、军、嘉五礼。《周礼·大宗伯》说："以吉礼事邦国之鬼神示""以凶礼哀邦国之忧""以宾礼亲邦国""以军礼同邦国""以嘉礼亲万民"。这显然是从国家制度层面对礼的定位和分类，其中吉礼包括祭祀昊天上帝、日月星辰，祭社稷、五祀、五岳、山林川泽、四方百物等；凶礼包括丧礼、荒礼、吊礼、恤礼等；宾礼包括四季朝聘、时聘等；军礼包括大师之礼、大均之礼、大田之礼、大役之礼、大封之礼等；嘉礼包括饮食之礼、冠昏之礼、宾射之礼、飨燕之礼、脤膰之礼、贺庆之礼等。另一种是将礼分为冠、昏、丧、祭、乡、相见六礼，见于《礼记·王制》，这主要是着眼于社会生活中人生的礼仪规范而言的。梳理秦人的礼制应该按照第一种分类来进行，这也正是《七国考》《秦会要》等文献的叙述思路。

田延峰在其《中华帝制的精神源头——秦思想的发展历程》一书中，以《秦会要订补》中对礼的分类为线索，结合考古发现与学界成果，对秦从西周到春秋秦穆公时期与礼乐相关的主要活动进行了梳理，大致归类如下：

吉礼。

郊祭：秦襄公时立西畤祠白帝，祭祀的用牲为骝驹、黄牛、羝羊，《史记·秦本纪》说各三，《史记·封禅书》说各一，《汉书·郊祀志》亦说各一。秦文公立鄜畤祠白帝，《史记·秦本纪》说用三牢，《史记·封禅书》说用三牲。秦德公元年（公元前677年），以三百牢祭于鄜畤，雍之诸祠自此兴。《史记·封禅书》说秦始皇封禅时，"其礼颇采太祝之祀雍上帝所用，而封藏皆秘之，世不得而记也"。

社稷：据《史记·秦本纪》中的记载，秦文公十年（公元前756年），"初为鄜畤"，即初作社。

宗庙：《礼记·曲礼》说："君子将营宫室，宗庙为先，厩库为次，居室为后。"

据此，秦在西犬丘、平阳、雍城等都城都曾立宗庙进行祭祀。雍城的宗庙遗址在今凤翔马家庄，属于春秋中晚期的秦宗庙。

陈宝：据《史记·封禅书》记载，秦文公"获若石云，于陈仓北阪城祀之"，以一牢祠，命曰"陈宝"。

凶礼。

西垂陵区：位于今甘肃礼县永坪乡赵坪村的大堡子山。1993年3—11月对该墓地进行了抢救性发掘，对其中的两座中字形大墓、一座瓦刀形车马坑、九座中小型墓葬进行了清理。两座中字形大墓有封土，墓主人的葬具为木椁漆棺，有人殉。车马坑内原有殉车四排，每排并列三乘，每车两服两骖，计四匹马。永兴乡赵坪村亦有一处墓地。

雍城陵区：位于今陕西凤翔县西南八公里处。陵区东西长七公里，南北宽三公里。西、南、北侧均有宽二至七米、深二至六米的隍壕。陵区内已探出四十四座大墓。平面作中字形、甲字形、凸字形、刀把形、目字形和圆坑六种，组成十三座陵园。隍壕可划分为三种类型：一是双隍型。以双马蹄形内隍围绕中字形主墓，再以中隍环围主墓、附葬墓及车马坑。二是单隍型。主墓两侧无内隍，仅以中隍环围主墓和车马坑。三是组合型。几座陵园共用中隍或陵中套陵。经发掘的秦公一号大墓平面呈中字形，重棺重椁，墓内填泥积炭，填土中有男女殉人。平民墓葬区在城南郊。

从西垂陵区、雍城陵区的情况看，秦的凶礼一定非常完备。

宾礼。

《史记·秦本纪》说："襄公于是始国，与诸侯通使聘享之礼。"

《秦会要订补》卷七列举秦穆公以前与诸侯朝聘二十五事，其中穆公时二十次，包括朝聘、入王、入邻君、入质、盟会、来贺、馈遗，等等。

军礼。

《史记·秦本纪》：秦文公"三年，以兵七百人东猎。四年，至汧渭之会"。

《水经·渭水注》：秦"文公十九年，感伯阳之言，游猎于陈仓"。

《史记·秦本纪》《尚书·秦誓》皆记载，穆公三十六年（公元前624年），复使孟明等将兵伐晋，大败晋人，封殽中尸，誓之。

嘉礼。

《史记·秦本纪》载，穆公十五年（公元前645年），晋君夷吾"使太子圉来质于秦，秦妻子圉以宗女"。

《国语·晋语四》载，晋公子重耳在秦，"秦伯归女五人，怀嬴与焉……乃归女，而纳币，且逆之"。

《左传·僖公二十四年》载，穆公二十四年（公元前636年），晋侯重耳迎夫人嬴氏以归。

以上三事，属于婚姻。

《史记·秦本纪》载，穆公三十七年（公元前623年），"霸西戎，天子使召公过贺穆公以金鼓"。

《国语·晋语四》："秦伯享公子如享国君之礼，子余相如宾。卒事，秦伯谓其大夫曰：'为礼而不终，耻也。'"

《国语·晋语四》："明日宴，秦伯赋《采菽》，子余使公子降拜。秦伯请辞。子余曰：'君以天子之命服命重耳，重耳敢有安志，敢不降拜？'成拜卒登，子余使公子赋《黍苗》……秦伯赋《鸠飞》，公子赋《河水》。秦伯赋《六月》，子余使公子降拜。秦伯降辞。子余曰：'君称所以佐天子匡王国者以命重耳，重耳敢有惰心，敢不从德？'"

另外，礼乐器将礼乐制度具象化，传世的、考古发现的各种礼乐器亦可以使我们直观地了解秦人的礼乐制度。多年来，关于秦国早期礼乐器的发现接连不断，如秦公鼎、秦公簋、秦公镈、秦公钟、秦子钟、秦短剑、秦戈、秦石磬等出土文物在一定程度上改变了史学界对秦国早期历史"缺乏礼乐文明"的错误印象。

虽然因为秦文献稀缺，上述有关秦人礼乐活动的探讨比较简略，但我们仍然可以窥一斑而见全豹，对秦的礼乐制度多少有点新认识。

下面，我们再依据《诗经》的内容，继续探讨秦的礼乐制度。

诗是周文化礼乐制度的重要组成部分，也是我们认识秦人礼乐活动的重要文献来源。从西周到春秋时期，在礼仪场合，诗分为歌和诵两种。歌诗配以乐舞，诵诗常称为"赋"，春秋时的诵诗常常表达宾主的某种意愿。这种情况在秦国也很流行，前所列举的秦穆公用宴宾之礼接待重耳，双方赋诗，就是很好的例证。《左传·襄公二十九年》记载了吴国公子季札来聘于鲁国、观周乐的过程，其中有对秦诗的评价："为之歌《秦》，曰：'此之谓夏声，夫能夏则大，大之至也，其周之旧乎？'"夏与雅通，《墨子·天志下》引诗《大雅》曾作"大夏"。《论语·述而》："子所雅言，《诗》、《书》、执礼，皆雅言也。""夏声""雅言"大约就是标准音，"歌《秦》"就被视为标准音。现在不能判定季札所观的"歌《秦》"是否今本《诗经》中的《秦风》，但季札观周乐的时间是在周景王元年（公元前 544 年），距孔子删诗的时间已经很接近了，他又是在鲁国观周乐，"歌《秦》"至少应该包括今本《诗经》中《秦风》的部分诗篇。①

在《诗经》中，《秦风》共有十篇，它们分别是：《车邻》《驷驖》《小戎》《蒹葭》《终南》《黄鸟》《晨风》《无衣》《渭阳》《权舆》。对《秦风》各篇的完成时代历代多有争议，但它们形成时间大致从西周晚期到春秋中期是没有问题的。由于《诗经·国风》多是民歌，学者们多重视其文学价值，多从观风俗的角度了解《国风》所代表地区

---

① 参见田延峰著：《中华帝制的精神源头——秦思想的发展历程》，人民出版社 2011 年版，第 61 页。

的风气习惯，透视秦人的尚武精神。《汉书·地理志》就说："天水、陇西山多林木，民以板为室屋，及安定北地、上郡、西河，皆迫近戎狄，修习战备，高上气力，以射猎为先。故《秦诗》曰'在其板屋'；又曰'王于兴师，修我甲兵，与子偕行'。及《车邻》《驷驖》《小戎》之篇，皆言车马田狩之事。汉兴，六郡良家子选给羽林、期门，以材力为官，名将多出焉。"王照圆《诗说》云："而秦犹雄厉，或以为水土使然……且帝王不易民而治，彼强悍战斗之俗，独非忠厚仁让之道欤……秦晋之风多剽急，而少舒缓之体……晋音迫促，秦音雄大。"① 但实际上，《秦风》作为礼乐文化的载体，还展现了秦国礼乐制度中的飨礼、车舆、田狩、丧礼等各个方面，为我们了解秦人的社会治理提供了很多的信息。

1.《车邻》《权舆》与飨礼

飨礼是西周、春秋时天子、诸侯、卿大夫之间流行的招待贵宾的隆重礼仪。飨礼也有以本国的卿大夫为宾的。飨礼可以分作如下礼仪程序：戒宾、迎宾之礼，通知并迎接宾客；献宾之礼，宾主之间饮酒的礼仪；作乐，乐舞和歌唱；正式礼乐完毕后的宴会和习射等。

《车邻》记述了君主与贵族聚会的情景，诗云："有车邻邻，有马白颠。未见君子，寺人之令。阪有漆，隰有栗。既见君子，并坐鼓瑟。今者不乐，逝者其耋。阪有桑，隰有杨。既见君子，并坐鼓簧。今者不乐，逝者其亡。"全诗分三段：第一段为宾客乘车前来，"寺人"通报，可见主人是秦国的国君；第二段、第三段是宾主作乐的情景，其中提到了"并坐鼓瑟""并坐鼓簧"，"簧"，就是笙。飨礼中的作乐一般用"瑟""笙"伴奏，也有用"箫"的。《车邻》中提到的"瑟""簧"不是秦本有的乐器。李斯《谏逐客书》有："夫击瓮叩缶，弹筝搏髀，而歌呼呜呜快耳者，真秦之声也。"② 由此可见，"瑟""簧"是秦在构建本国礼乐制度的过程中从外国引入的两种乐器。

---

① 马非百著：《秦史集》，中华书局 1982 年版，第 520—521 页。

② 《史记·李斯列传》。

《权舆》记述没落贵族留恋过去的生活，哀叹今不如昔。嬴秦为求霸业，多有好养游士食客之君主，其中秦穆公便是其中较为突出的一位。他取由余于戎，获百里奚于宛，迎蹇叔于宋，求丕豹、公孙枝于晋，并且屡败犹用孟明，善马以养勇士，一时间四方游士，望风奔秦。及至穆公死，其子康公立，忘旧弃贤，使游侠之士生活水平急剧下降。诗人在此背景下，唱出这首嗟叹的歌。《权舆》云："於我乎，夏屋渠渠，今也每食无余。于嗟乎，不承权舆！於我乎，每食四簋，今也每食不饱。于嗟乎，不承权舆！"诗中的"夏屋渠渠"，"夏屋"，大俎，一种大的食器；"每食四簋"，"簋"是古代一种重要的食器，青铜或陶制，按礼制，"四簋"是卿大夫的等级才能使用的礼仪。《权舆》也是秦人缛礼的反映。

2.《驷驖》与田狩

在西周时期有"大蒐礼"，具有军事检阅、军事演习和军事部署的性质，完整的"大蒐礼"前半部为教练之礼，后半部借用田猎进行演习。"蒐"和"狩"原来都是田猎的名称，后来成为军事训练和演习的名称。春秋时只有临时举行的"大蒐礼"，有的仍然借用田猎来进行。《驷驖》云："驷驖孔阜，六辔在手。公之媚子，从公于狩。奉时辰牡，辰牡孔硕。公曰左之，舍拔则获。游于北园，四马既闲。輶车鸾镳，载猃歇骄。"《驷驖》一诗描述了"公"田猎的盛况，"公"当指秦国的君主，田猎不是一般意义的游猎，而是军事演习性质的田狩，秦人之风在此诗中显露无遗。

3.《黄鸟》与凶礼

《黄鸟》是讽诵秦穆公死后，秦国统治者杀三良为殉葬的作品。全诗云：

交交黄鸟，止于棘。谁从穆公？子车奄息。维此奄息，百夫之特。临其穴，惴惴其栗。彼苍者天，歼我良人！如可赎兮，人百其身！　　交交黄鸟，止于桑。谁从穆公？子车仲行。维此仲行，百夫之防。临其穴，惴惴其栗。彼苍者天，歼我良人！如可赎兮，人百其身！　　交交黄鸟，止于楚。谁从穆公？子车鍼虎。维此鍼虎，百夫之御。临其穴，惴惴其栗。彼苍者天，歼我良人！如可赎兮，人百其身！

《黄鸟》记述秦穆公死后子车氏三良从死的史实，哀婉动人，作者以"彼苍者天，歼我良人"发泄自己的怨气，与丧礼的气氛很吻合。用活人殉葬是秦国长期以来留下的一套陋俗。从秦始皇死后用兵马俑殉葬来看，到秦帝国时代，这项陋俗已经被废除。

4.《小戎》与车舆制度

西周、春秋时期，车是身份等级的象征，车战是战争的主要形式，并形成了系统的车舆制度，《小戎》一诗再现了当时的驷马兵车。"小戎"是相对于"元戎"而言的，《小雅·六月》："元戎十乘，以先启行。"元戎即大戎。《小戎》概括了驷马兵车的基本形制，言及车马的系驾方式、立乘茵席、车毂加固、马的颜色、驾车方式、车载盾牌与兵器等，使驷马兵车的形象跃然纸上。

5.《蒹葭》《晨风》《终南》《渭阳》与秦人风情

歌诗和诵诗都是用于表达某种意愿的。《秦风》中的《蒹葭》表达了对"伊人"无限的爱慕之意；《晨风》表达了"未见君子""忧心钦钦""忧心靡乐""忧心如醉"的思念担忧之情；《终南》则是对"君子"的赞美之辞，最后表达了对"君子"的祝福："佩玉将将，寿考不忘"；《渭阳》则是一首送别诗。《蒹葭》《晨风》《终南》《渭阳》所表达的爱慕、思念，相见、赞美、祝福、送别构成了人际交往中的完整情境。在相关的礼仪活动中，歌或诵都可以充分地表达人们的思想感情，所以，这几首诗同样可以看作是秦人生活方式的反映。

《无衣》是一首慷慨激昂的战歌，其中的"修我戈矛""修我矛戟""修我甲兵"带有备战的性质。吟诵《无衣》，可以在战前鼓舞士气、激发斗志，战时并肩战斗，奋勇杀敌。

从秦有关的礼仪活动、考古发现的礼乐器、《秦风》所反映的礼乐制度等方面来看，在周末春秋之际秦的立国过程中，秦构建了比较完备的礼乐制度。秦的礼乐制度是对西周礼乐制度的学习，秦在立国之前活动于陇东地区，这里距西周王室所在的关中地区不远，很早就受礼乐文化的影响，在秦人不断向关中推进过程中，更是全盘接受与继承了周人的先进文化。当然，这并不意味着秦的礼乐制度等同于西周礼乐制度。秦所构建的礼乐制度体现了自己的一些特点。

第一，秦的礼乐制度表现了秦地的风俗，更多地发挥着政治和军事的国家治理功能。秦的礼乐制度首先明确了君主的祭祀权力，国君通过時祭天帝表明自己受命于天，拥有至高无上的权力，并且使秦的祭祀进一步秩序化。秦人还通过礼乐制度的构建进一步明确了社会等级秩序。从非子为附庸到襄公为诸侯，从僻处西汉水流域到文公占领岐丰之地，秦的地位上升非常迅速，发展非常快，其领土的扩张、政治权力的实施、内部统治的稳定，都是通过礼乐制度象征的社会等级来实现的。

第二，秦的礼乐制度也蕴含着统治者"教训正俗"的意义。秦尚武好战的特点从《秦风》中即能获得直接的感受。《汉书·赵充国辛庆忌传》赞曰："山西天水、陇西、安定、北地处势迫近羌胡，民俗修习战备，高上勇力鞍马骑射。故《秦诗》曰：'王于兴师，修我甲兵，与子偕行。'其风声气俗自古而然，今之歌谣慷慨，风流犹存耳。"实际上，秦的建国过程艰苦卓绝，无论是与西戎争夺生存空间的斗争，或是襄公立国、疆域的扩展，天下的统一，无不是通过战争实现的。通过礼乐教化，可以培养军事意识，保持战斗精神，进行军事训练，做好备战，所以，礼乐的军事功能在秦被进一步强化。《秦风》中田狩、车马等内容给人的印象非常突出，表现出一种旷达之风、慷慨之情、悲壮之意。

第三，秦的礼乐制度还使臣下对君主的人身依附关系得到进一步加强。秦国君主有更大的权威，对臣下有更大的人身支配权，这点充分反映在秦墓的从死、殉人现象上。在西周晚期到春秋时期，中原地区殉人之风渐衰，而秦还保留了较多从死、殉人的习俗。据《史记·秦本纪》记载：秦武公二十年（公元前 678 年），"武公卒，葬雍平阳。初以人从死，从死者六十六人"。实际上，从死和殉人在秦有更悠久的历史，这种风气在秦穆公、秦景公时达到高潮。"穆公卒，葬雍。从死者百七十七人"，连秦之"三良"奄息、仲行、鍼虎也在从死之列，秦民作《黄鸟》之诗哀之。秦公一号大墓是秦景公之墓，椁室四周的台阶上有殉人一百六十六具，靠近椁室有棺椁齐备的"箱殉"七十二具，用薄木棺盛殓的"匣殉"九十四具。秦公一号大墓从死、殉人数量之多让人吃惊。秦墓的从死者、殉人，国君墓的从死者应该就是按照礼的要求从死的，是君臣关系的象征。

第四，秦人的礼乐制度的特点表明它具有更强的规范性、约束性和强制性，适应秦人当时发展的需要和时代的要求。"礼崩乐坏"是春秋战国时期突出的政治现象，在《礼记·礼运》所说的"故坏国、丧家、亡人，必先去其礼"的时代，秦却通过对礼乐制度的构建悄然崛起，这和东方各国"礼崩乐坏"形成了鲜明的对比，是秦迅速跻身于诸侯大国并最终能够胜出的立国之本。[①]

二、重视培植国民之精神

秦民族文化的特点，是该民族在其特定的生存环境和历史发展过程中逐渐形成的。

秦人特殊的发展道路，形成了其独特的精神风貌与文化内涵。

秦人在开国过程中，十分重视进取精神的养成。《吴子兵法·料敌》说："秦性强，其地险，其政严，其赏罚信，其人不让，皆有斗心。"的确，秦人国民性格之养成，既是秦历史的产物，也有秦政引导的因素。这可以从以下几个方面加以说明：

1. 崇武尚战，坚韧勇悍

秦人在早期发展中，因为周人的压迫，为了生存，不断向荒凉、空旷的西北地区迁徙，面对陌生而艰难的生存环境，需要具有坚强的毅力和巨大的勇气以及团结拼搏的精神才能生存下来。

秦人起初所处的生存环境是极其残酷的。

当时，在秦人的周围，是尚处于游牧阶段的戎狄部落。他们富于攻击性、掠夺性，在势力强大时，侵略秦人的领土、掠夺秦人的财物，是这些部落自然的选择。

---

① 参见田延峰著：《中华帝制的精神源头——秦思想的发展历程》，人民出版社 2011 年版，第 64—66 页。

周王朝对秦人的几次分封，所开出的都是空头支票，因此，秦人要获得生存和发展的空间，站稳脚跟，开创基业，必须也只有依靠武力，在刀光剑影中开拓并巩固属于自己的领地。长期处于战争与动荡的严苛环境之中，不怕失败，不怕挫折，不怕困难，不怕死亡，养成了秦人强悍不羁的心理素质。在长期的战争环境中，秦人养成了崇武尚战、勇悍坚韧、集体主义的性格。在长期与游牧部落的接触和斗争中，秦人自然也受到其影响和熏陶，这与东方各诸侯国居民主要从事农业以及一家一户的小生产，彼此之间缺乏联系而形成的保守怕变、眼界狭小、崇尚传统、善于忍耐、墨守成规和缺乏进取的心理性格有很大的不同。

商周时代，秦人有着深厚的游牧文化传统。他们与周围游牧民族"逐水草而徙。毋城郭常处耕田之业……儿能骑羊，引弓射鸟鼠，少长则射狐兔，用为食。士力能弯弓，尽为甲骑，其俗，宽则随畜，因射猎禽兽为生业，急则人习战攻以侵伐，其天性也。其长兵则弓矢，短兵则刀铤。利则进，不利则退，不羞遁走。苟利所在，不知礼义"①。"强则分种为酋豪，弱则为人附落，更相抄暴，以力为雄……以战死为吉利，病终为不祥。堪耐寒苦，同之禽兽。虽妇人产子，亦不避风雪。性坚刚勇猛，得西方金行之气焉。"②经过长期杂居、交往、战争和同化，秦民族大量吸收了游牧戎狄民族的尚武文化，并和自己在长期发展中形成的文化相结合，形成了独立、质朴、尚武、剽悍、粗犷、坚韧的民族性格特点。这种特点在秦人的发展和后来统一中国的战争中不断体现出来，并发挥了十分重要的作用。

2. 重功利，求效果

在严酷的生存条件下，秦人最需要的是对自我以外的客观世界的正确认知、探索和对满足自身生存需要的物质的不断索取。所以，各阶层关心的是生产、作战等与日常生活密切相关的利益问题，尚功思想导向明显，并没有将注意力集中于仁义礼智信等道德文化层面之完善。

---

① 《史记·匈奴列传》。
② 《后汉书·西羌传》。

在秦国的社会风尚中，不重亲情、讲求功利、追求效果、关心现实利害的氛围非常浓烈。贾谊说："故秦人家富子壮则出分，家贫子壮则出赘。假父耰锄，虑有德色；母取箕帚，立而谇语。抱哺其子，与公并倨；妇姑不相说，则反唇而相稽。其慈子耆利，不同禽兽者亡几耳。然并心而赴时，犹曰蹶六国，兼天下。功成求得矣，终不知及廉愧之节，仁义之厚。"[1]指出秦人为了功利，不讲礼义道德，不讲孝悌辞让，活脱脱绘出了一幅实用主义的风俗画。

秦国讲究实用主义的国民性格在睡虎地秦墓竹简中发现的《日书》和甘肃天水放马滩秦墓中出土的《日书》中都有具体的反映。

睡虎地《日书》产生于秦昭襄王时期，是秦国下层民众关于推择时日、躲避鬼神危害、预测吉凶的迷信工具书，为日者所用，它所反映的是秦人普遍的价值观念和文化心理。《日书》中反映的很多思想观念和同一时期中原地区传统的鬼神观念有很大差别。例如：《日书》中有大量篇幅涉及秦人的经济生活，包括农业、畜牧业、商业等很多方面，还有大量与日常生活有关的内容，如出门回家、娶嫁生育等。但对国家大事却很少提及，对当时的战争只有个别抽象的反映，这说明秦人功利主义的思想观念在下层十分普遍。人们对与自己切身利益无关的事情很少关心。在《日书》中，有多如牛毛的禁忌。东汉思想家王充在描写秦汉时期的迷信禁忌情况时说："世俗信祸祟，以为人之疾病死亡，及更患被罪，戮辱欢笑，皆有所犯。起功、移徙、祭祀、丧葬、行作、入官、嫁娶，不择吉日，不避岁月，触鬼逢神，忌时相害。故发病生祸，绝法入罪。至于死亡，殚家灭门，皆不重慎，犯触忌讳之所致也。"[2]对照《日书》所反映的秦代社会，事实亦的确如此。《日书》把星辰的运行、日月的交替，直接与人间的吉凶祸福联系起来。人们但凡一举一动，完全受禁忌的限制，以至于形成世俗。在秦人的鬼神观中，鬼神无处不在，无所不有。能够控制人们祸福的鬼神，不仅仅是"天"和"上帝"，世间林

---

① 《汉书·贾谊传》。

② 《论衡·辨祟篇》。

林总总的事物、现象几乎都可以在秦人的神的世界中占据一个位置。鸡、牛、石、树，鸟、兽、虫、豸皆是精灵，并能决定人的命运。显然，这里带有许多原始崇拜的色彩。在秦人的鬼神世界中，鬼神不分，鬼神亦有人的许多特性，也要吃饭，也有七情六欲，而且喜和人处。如："鬼婴儿恒为人号曰：'鼠（予）我食。'是哀乳之鬼。""犬恒夜入人室，执丈夫，戏女子，不可得也，是神狗伪为鬼。""鬼恒逆人，入人宫，是游鬼。""鬼恒从人女，与居，曰：上帝子下游。"[①] 等等。从这里可以看出，在秦人的观念里，鬼神也是功利的，他们也要满足自己的生活要求和欲望。特别值得注意的是，秦人认为神、妖、鬼，造福或降灾于人，与人间的伦理道德毫无关系，因而人们祈求赐福消灾也毫无道德伦理的色彩，而是具有极明显的功利特点。在秦人的《日书》中，根本找不到"德""仁""义"这一类表示道德伦理意义的字眼，最多的是"吉""凶""祸""福""贫""富""利""害"等与实际生活利益密切相关的概念。对于鬼神，秦人亦采取功利主义的方式。对有利于自己的神灵，予以祭祀，对不利于自己者，则给予打击。秦始皇时，建封禅、求神仙、敬神灵，但对阻止自己过江的湘水女神则大动干戈，对阻止自己求仙药的蛟龙则亲自射杀。秦始皇的这种做法看起来似乎矛盾，其实是秦人鬼神观的延续。对有利于自己的鬼神表示敬意，对不利于自己的鬼神予以反抗。这反映了秦人讲究功利、轻视道德的性格特点。

3. 兼容并包，拿来主义

春秋战国时期，各国都在争夺人才，但中原各国，包括楚国在内，重要人才的选用，仍然没有超出诸侯王宗族的势力范围，例如战国四公子就是明显的例子。而对宗族以外的人才的任用总是作为权宜之计，并始终有所防范。如吴起在楚悼王时代主持变法，似乎有很大权力，但终因其得不到"宗室大姓"的支持，最后仍被楚国宗室杀害。宗法制的特点，就在于别亲、疏、贵、贱，这种制度与国家统治体系融合在一起，其机制是排斥外族、疏族以及低层人才进入统治集团的。

---

① 吴小强著：《秦简日书集释》，岳麓书社 2000 年版，第 129—133 页。

秦国则不同。

由于长期处于战争与争夺生存资源的环境之中，秦国必然会把一切有利于生存与发展的机制放在选拔人才的首要位置。追求战争的胜利与生存环境的改善必然要求让有能力、善决断的人主事，如果领袖人物年纪过小，或能力过差，就可能导致战争的失败。因此在秦国的制度中，并未形成严格的传子制，更没有确立嫡长子继承制。自秦襄公建国到秦穆公以前，共有九代国君，其中，兄终弟及者三人，以次子立者一人，以孙立者二人，不明嫡庶者一人，而真正以长子身份即位的仅有武公、宣公二人。由此可见，秦国选拔君主时，是从去世国君的诸弟诸子中选择能力出众、善于指挥作战者即位，以求国家的兴旺强盛，至于嫡长子与否并不重要。由于没有严格的宗法制，使得秦国在许多政策和措施方面，显示出与其他诸侯国的不同之处。比如在选拔人才的标准和对人才的重用信任程度方面，中原各国由于受宗法制的影响，执政者大多以宗族任之，宗族以外的人很少受到重用，即使重用一些外来人才，也往往不让他们担任有实际职权的官职，而只是用其粉饰太平，以显示君主的纳谏和任贤，所谓"不治而议论"。偶尔有重用者，也不会长久。秦国却恰恰相反。由于没有严格的宗法制度的约束，同族人被重用的不多，外来的有用人才却能在秦得到真正的重用。

秦国长期处于与外敌争夺领土的战争环境，需要大量的有用人才，秦国的文化传统造就了秦统治者开放的用人心态，再加上秦国文化相对落后，本国人才不足，早在穆公时期就大量使用外国人才，对此，清儒洪亮吉指出："春秋时，列国皆用同姓，惟秦不然，见于经传者，亦不过数人，公子縶、小子憖、公子铖、公子士雅等是也。至好用外国人，则亦自穆公启之。《秦本纪》所云：求百里奚于楚，迎蹇叔于宋，取由余于戎，求丕豹、公孙枝于晋，外又有内使廖、随会等人。若孟明视、西乞术、白乙丙，则又百里奚及蹇叔之子也。"① 宋人洪迈也曾把六国与秦国的用相情况

---

① ［清］洪亮吉著：《更生斋文集甲集》卷第二《春秋惟秦不用同姓而喜用别国人论》，《洪北江先生遗集》，清光绪己卯年授经堂重刊本。

作过对比："六国所用相，皆其宗族及国人，如齐之田忌、田婴、田文，韩之公仲、公叔，赵之奉阳、平原君，魏王至以太子为相。独秦不然，其始与之谋国以开霸业者，魏人公孙鞅也，其他若楼缓，赵人；张仪、魏冉、范雎，皆魏人；蔡泽，燕人；吕不韦，韩人；李斯，楚人。皆委国而听之不疑，卒之所以兼天下者，诸人之力也。"①

　　总之，秦国对人才尤其是外国人才的使用，由于宗法观念淡薄，所受的羁绊和束缚较六国为少，所以能够重才能功绩、不求全责备。对一些特殊的人才可以做到破格提拔擢用。如把百里奚从奴隶提升为重臣，并"委以国政"。由余原为戎人，受到穆公的信任和重用。张仪是魏国人，被人认为"贫无行"②，魏人范雎"家贫无以自资"③，都被提拔到卿相之位。秦国对各国人才，不仅给予高官厚禄而且能够用人不疑，绝对信任并放手使用，给予实权，使其进入政治权力的核心。这与六国对人才，尤其是外国人才的任用方式形成了鲜明的对比。秦统治者的真诚信任对六国贤能之士产生了巨大的吸引力，各国人才纷纷来秦，并尽力在政治舞台上一展身手，为秦国政治、经济、军事全方位的持续发展，为秦国国力的不断增强作出了巨大的贡献。

　　4. 寻求超越，追求一统

　　秦国早期，在与文化发展先进的周族相处过程中，秦族处于相对落后、弱小的地位。他们羡慕周人先进的文化和生产力，积极学习和吸收周族文化的先进成果，渴望得到周王朝的庇护和承认。在非子时代，由于为周孝王养马的成绩显著，被"分土为附庸"，又"邑之秦，使复续嬴氏祀，号曰'秦嬴'"④。嬴姓的获得和成为"附庸"，对秦的发展具有至关重要的意义，这使秦人摆脱了戎人的身份，成为周王室的家庭成员，在名分上与周边的戎狄部落区分开来，但"附庸"的身份和"诸侯"相比还有很大的差距，这一特殊的身份给秦人心理带来巨大影响。它激起了秦人成为正式封国、成为诸侯的强烈愿望，激发了秦民族的发展潜能。受

①　［宋］洪迈著：《容斋随笔》卷二《秦用他国人》。

②　《史记·张仪列传》。

③　《史记·范雎蔡泽列传》。

④　《史记·秦本纪》。

这一愿望的影响，秦迅速进入了周化阶段，从各方面吸取周文化的营养以充实自己。在秦仲时，秦人被周王朝封为"大夫"，襄公时被封为"诸侯"。尽管这些分封都是周天子为了让秦人从戎狄手中夺取土地，把秦人推向为周人抵御和抗击戎狄的第一线，但这也使秦人有了名义上的合法性，从而促使秦人进一步激发内在力量去努力取得与东方诸侯国平起平坐的政治地位。

但是，由于秦民族特有的有别于中原民族的文化传统，以及长期在西北地区生存发展所形成的独特文化，使关东各国对秦国始终抱有偏见，"秦始小国僻远，诸夏宾之，比于戎翟"①。东方诸侯以排斥、贬低的态度对待秦国，这使秦人难以忍受，认为是莫大的侮辱，在长期同戎狄部落的斗争中建立起来的自信也受到了严重的打击。为了超越这种自卑，他们更加急剧地扩张势力，扩大领土，以显示自己的实力。在秦穆公时，穆公女怀嬴曾对晋的流亡公子重耳说："秦、晋匹也，何以卑我！"②这里所说的"匹"，既有名分上的同为诸侯国，更有实力上相同一致的含义。秦国努力发展实力对抗六国的"卑秦"，形成了强烈的团结一致、同仇敌忾的民族意识，六国卑秦使秦民族产生了巨大的逆反心理，刺激了秦人超越的渴望和激情，对秦民族最后征服六国、一统天下产生了巨大的影响。③

三、重视耕战政策之延续

以国家为本位，这是秦国发展的中心与主线。言秦国的"耕战"政策，不能不言及《商君书》，这是因为，在战国时期的法家典籍系统中，言"耕战"的著作，要以《商君书》为代表。韩非说："今境内之民皆言治，藏商、管之法者家有之。"④看来就"言治"而言，《商君书》在战国时期就已经流传并且产生了较为普遍的影响。

① 《史记·六国年表》。
② 《国语·晋语四》。
③ 参见王绍东著：《秦朝兴亡的文化探讨》，内蒙古大学出版社 2004 年版，第 15—33 页。
④ 《韩非子·五蠹》。

秦国的"内务耕稼，外劝战死之赏罚"[1]国策的完善与强有力推行，与商鞅变法推行的"决裂阡陌，教民耕战"[2]有着很大的关系。

推行耕战政策，实现富国强兵，进而统一天下，是秦国政治上追求的最高目标。

商鞅认为，"力"原则决定着国家及政治集团政治关系的走向，经济实力是军事行动的基础，而国家的综合力量则来自农战政策实施的好坏。

农战，就是指农耕与作战。

农战思想就是重农重战、农战合一的思想。

商鞅说：

> 国待农战而安，主待农战而尊。[3]

商鞅劝告秦孝公，要复兴秦穆公之霸业，就得靠农战。只要民众致力于务农，就会"国富而治"；积极为国家而战，就能"尊主安国"。要采取一切办法，把民众引导到农战的轨道上来。

农战思想主要是从战争的角度而言的。在兼并激烈的战国时代，烽烟四起，战火连绵，战争是国家自强、生存和兼并的最主要的方式。诸侯国要扩展土地，避免被兼并，就必须富国强兵，发展农业，扩张军备。

《商君书·慎法》中说：

> 先王能令其民蹈白刃，被矢石。其民之欲为之？非。如学之，所以避害。故吾教令：民之欲利者，非耕不得；避害者，非战不免。境内之民莫不先务耕战，而后得其所乐。故地少粟多，民少兵强。能行二者于境内，则霸王之道毕矣。

---

① 《史记·秦本纪》。
② 《战国策·秦策三》。
③ 《商君书·农战》。

从前有作为的帝王能使他的民众脚踩白亮亮的刀口，身受飞来的乱箭、石块。他的民众真愿意干这种事吗？不是的。他们之所以能够前赴后继，是为了避免刑罚的祸害。所以我们的教令应该是：民众想得到利益，不种田就得不到；想避免祸害，不打仗就避免不了。这样，国内的民众就会首先致力于种田、打仗，然后才能得到他们想要的东西。所以国家的土地虽然很少，粮食却很多；民众虽然很少，兵力却很强。如果能在国内推行这两项教令，那么称霸称王的办法就完备了。

1. 商鞅特别重农，把粮食看成是国家财政充裕与否的重要指标

> 国好生粟于境内，则金粟两生，仓府两实，国强。①

商鞅指出，国家富强之道在于农耕政策的贯彻与落实。要实现这项国策，就应该做到：

第一，"劫以刑"。

《商君书》虽然提倡农耕经济，但是并不认为农耕是一件人们多么乐意做的事情。

> 民之所苦者无耕。②
> 民之内事，莫苦于农。③

然而，农耕虽苦，但如果不务农就要受到刑罚，而且所受刑罚比务农还要苦的话，民众就会把务农当成是件乐事了。

第二，"驱以赏"。

把"赏"作为鼓励民众积极农耕的一项政策，对于力耕者要赏以"官爵"④。《商君书·去强》中提出"粟爵粟任"，即用粮食换取官爵。《商君书·靳令》也提出："民有余粮，使民以粟出官爵。官爵必以其力，则农不怠。"

---

① 《商君书·去强》。
② 《商君书·慎法》。
③ 《商君书·外内》。
④ 《商君书·农战》。

第三，制定经济政策以鼓励农耕。

商鞅主张重农抑商，利用价格和税收鼓励农耕。《商君书·外内》中说：

> 民之内事，莫苦于农，故轻治不可以使之。奚谓轻治？其农贫而商富——故其食贱者钱重，食贱则农贫，钱重则商富；末事不禁，则技巧之人利，而游食者众之谓也。故农之用力最苦，而赢利少，不如商贾、技巧之人。苟能令商贾、技巧之人无繁，则欲国之无富，不可得也。故曰：欲农富其国者，境内之食必贵，而不农之征必多，市利之租必重。则民不得无田，无田不得不易其食。食贵则田者利，田者利则事者众。食贵，籴食不利，而又加重征，则民不得无去其商贾、技巧而事地利矣。故民之力尽在于地利矣。

商鞅说：民众的国内事务，没有什么比务农更艰苦的了，所以轻微宽松的政治措施是不能用来驱使他们去务农的。什么叫作轻微宽松的政治措施呢？那就是指农民贫穷而商人富裕——因为粮食便宜了钱币就贵重了，粮食便宜了农民就贫穷，钱币贵重了商人就富裕；奢侈品等不重要的生产不受到禁止，因而做手艺的人能得利，而到处游荡混饭吃的人很多。所以农民用力最苦，而获得的利益却很少，不及商贩、做手艺的人。如果能够使商贩、做手艺的人不增多，那就是要国家不富也是不可能的。所以说，要想靠农业来使自己的国家富起来，那么国内的粮食价格必须昂贵，而对不务农的人所征的徭役必须增多，对市场利润的税收必须加重。这样，民众就不得不种田，不种田的人就不得不购买粮食。粮食昂贵，种田的人就有利；种田的人有利，去从事农耕的人就会多起来。粮食昂贵，购买粮食不合算，又加上沉重的赋税徭役，民众就不得不抛弃那经商、卖手艺的行当而去从事农业生产了。这样，民众的力量就会全花在农业生产上了。既然"食贱则农贫，钱重则商富"，因此，就必须采取抑末政策，限制人们从事工商业活动，"不农之征必多，市利之租必重"，只有采取这种办法，粮价就可以提高，农民就会安心从事农耕。

第四，加强行政管理。

《商君书·垦令》中提出了二十条重农措施，它们分别是：（1）"无宿治"；（2）

"訾粟而税"；（3）"无以外权爵任与官"；（4）"以其食口之数赋而重使之"；（5）"使商无得粜，农无得籴"；（6）"声服无通于百县"；（7）"无得取庸"；（8）"废逆旅"；（9）"壹山泽"；（10）"贵酒肉之价，重其租，令十倍其朴"；（11）"重刑而连其罪"；（12）"使民无得擅徙"；（13）"均出余子之使令，以世使之，又高其解舍，令有甬官食，概"；（14）"国之大臣诸大夫，博闻、辨慧、游居之事，皆无得为，无得居游于百县"；（15）"令军市无有女子；而命其商，令人自给甲兵，使视军兴；又使军市无得私输粮者"；（16）"百县之治一形"；（17）"重关市之赋"；（18）"以商之口数使商，令之厮、舆、徒、重者必当名"；（19）"令送粮无取僦，无得反庸，车牛舆重设必当名"；（20）"无得为罪人请于吏而饷食之"。由这二十条法令来看，其内容相当丰富，涉及行政管理、地税征收、官吏任用、劳动力管理、粮食买卖、音乐服装的控制、雇佣的禁止、旅馆的废除、矿藏资源的国有化、酒肉的价格政策、刑罚制度、居住制度、贵族特权的限制、高级官员的管理、军队管理、政治制度的统一、关税商品税政策、抑制商人的徭役制度、运粮制度、刑狱辩护制度，等等。对这种种法令的论证，充分体现了商鞅的重农思想及其对策。[1]

第五，废井田，开阡陌。

鼓励农耕和土地制度的改革是并行的。商鞅变法"为田开阡陌封疆，而赋税平"[2]。这是商鞅变法中的一件大事，影响重大，即铲除田间原有的疆界，确认土地私有权，国家按照私人占有田亩的数量征收地税，使赋税均平。商鞅通过土地改革，在秦国境内正式废除了井田制，确认地主和自耕农的土地所有制，在法律上允许土地买卖，便利地主经济的发展，增加了国家政权的地税收入。

在中国古代，阡、陌为土地的疆界。商鞅变法时"为田开阡陌封疆"，指的是破除了旧的"阡陌封疆"，设立新的"阡陌封疆"。商鞅变法后的秦国，对"阡陌封疆"的管理非常严格。1979 年在四川省青川县战国墓中发现的秦《田律》木牍，记载了

---

① 参见张觉译注：《商君书全译》，垦令第二，题解，贵州人民出版社 1993 年版，第 11 页。

② 《史记·商君列传》。

秦有关阡陌的制度。根据青川《田律》木牍，田宽一步，长八步，就要造畛，每亩地造两条畛，一条陌道；百亩为顷，修一条阡道。道宽三步，封高四尺，长宽与高度相称，埒高一尺，埒基厚二尺。每年八月修封埒，正疆界，刈除阡陌上的荒草；九月修路通渠；十月造桥梁，修堤坝，疏通河道，清除草莱。[1]

由于"阡陌封疆"是土地亩制的划分界限，所以"阡陌封疆"的改变与亩制的变化有关。《说文解字》说："六尺为步，步百为亩。秦田二百四十步为亩。"唐代《一行算法》说："自秦孝公时，商鞅献三术，内一，开通阡陌，以五（当作'六'）尺为步，二百四十步为亩。"杜佑《通典》说："按周制，步百为亩，亩百给一夫。商鞅佐秦，以一夫力余，地利不尽，于是改制二百四十步为亩，百亩给一夫矣。"因此，"开阡陌封疆"的具体内容就是把原来"百步为亩"改为二百四十步为一亩。《商君书·算地》中涉及了亩的问题，"故为国分田数：小亩五百，足待一役，此地不任也；方土百里，出战卒万人者，数小也"。这是追述过去的"任地持役之律"，认为小亩也可以满足战争的需要，反之，当下则必须开垦耕地，扩大田亩才能满足需要。这从一个侧面也说明"开阡陌"是扩大田亩。[2]

商鞅"开阡陌封疆"的目的是鼓励农民积极生产。《汉书·地理志》将商鞅"开阡陌"后建立的土地制度称为"辕田"。"辕田"又作"爰田"。"爰田"并非商鞅的首创，春秋时的晋国在与秦国的韩原之战中失败后，曾"作爰田""作州兵"。关于晋"爰田"的内容长期以来争论不已，但有一点是可以肯定的，"爰田"是为了提高生产积极性而采取的一项措施。商鞅变法应是吸取了过去各国的成功经验，进一步加以发展。亩制增大，农民耕种的实际土地面积增大，按亩纳税后的剩余收获物增加，生产积极性提高，客观上推动了农业生产。

---

[1] 参见《四川省青川县战国墓发掘简报》，《文物》1992 年第 1 期。

[2] 参见田延峰著：《中华帝制的精神源头——秦思想的发展历程》，人民出版社 2011 年版，第 147—148 页。

2. 商鞅特别重视开疆拓土的对外战争

在重视农本、富利国家的情况下，商鞅推出了强兵的政策。

在商鞅变法中，始终把农战放在了压倒一切的重要位置。司马迁在《史记·商君列传》中说："余尝读商君《开塞》、《耕战》书，与其人行事相类。"

战国时期是一个争战不已、由割据走向统一的时代，胜败高下只能由战争决断。农耕虽然是件苦事，但比农耕更苦的还是战争。商鞅非常清楚地认识到，民之所"危者无战"[①]，而政治的妙用就在于使民不得不勇战。其办法如同使民务农一样，一方面鼓励人们去打仗，使人们从打仗中获取利益；另一方面，你不是怕流血，怕死吗？那么就要造成一种环境，让你感到比流血、比死更为难受，相比之下，还不如去流血打仗。这种办法便是重罚和株连。《商君书·外内》说："欲战其民者，必以重法。赏则必多，威则必严。"赏之重、罚之酷要达到这种境地："民见战赏之多则忘死，见不战之辱则苦生。赏使之忘死，而威使之苦生。"重赏之下，必有勇夫；严刑之下，变怯为勇，殊途而同归。为激励民众为国作战，商鞅提出要通过赏罚与宣传，造成全国皆兵和闻战则喜的局面，达到"民之见战也，如饿狼之见肉"[②]的宣传效果。在商鞅农战政策的激励下，秦国上下形成了一片积极踊跃参战的局面。父送子、兄送弟、妻送夫，出征时都说这样的话："不得，无返！"意思是："不能杀敌立功，你就不要回来！"秦国形成如此高涨的士气，战争当然是无往而不胜了。

《商君书·外内》说：

> 民之外事，莫难于战，故轻法不可以使之。奚谓轻法？其赏少而威薄、淫道不塞之谓也。奚谓淫道？为辩知者贵、游宦者任、文学私名显之谓也。三者不塞，则民不战而事失矣。故其赏少，则听者无利也；威薄，则犯者无害也。故开淫道以诱之，而以轻法战之，是谓设鼠而饵以狸也，亦不几乎！故欲战其

① 《商君书·慎法》。
② 《商君书·画策》。

民者，必以重法。赏则必多，威则必严，淫道必塞。为辩知者不贵，游宦者不任，文学私名不显。赏多威严，民见战赏之多则忘死，见不战之辱则苦生。赏使之忘死，而威使之苦生，而淫道又塞，以此遇敌，是以百石之弩射飘叶也，何不陷之有哉？

商鞅认为，就民众的对外事务而言，没有什么比作战更艰难的了，所以轻微宽松的法制是不能用来驱使他们去作战的。什么叫作轻微宽松的法制呢？那就是奖赏少而刑罚轻，淫荡的歪门邪道不加堵塞。什么叫作淫荡的歪门邪道呢？就是指那些搞诡辩、耍聪明的人能得到尊贵，到处游说谋求官职的人能得到委任，研究文献典籍而有个人名气的人能显赫荣耀。这三条歪门邪道不加堵塞，那么民众就会不愿作战而对外战争就会失败。奖赏少，听从法令而立功的人就得不到什么好处；刑罚轻，犯法的人就不会受到什么伤害。所以开辟了淫荡的歪门邪道来引诱民众，又用轻微的法制去使他们作战，这如同要捕取老鼠而用猫去引诱，恐怕是没有什么指望的吧！所以，要想使民众积极作战，就必须用重典。奖赏一定要优厚，刑罚一定要严厉，淫荡的歪门邪道一定要堵塞，搞诡辩、耍聪明的人不能得到尊贵，到处游说谋求官职的人不能得到委任，研究文献典籍而有个人名望的人不能显赫荣耀。奖赏优厚、刑罚威严，民众看到作战立功的奖赏优厚就会舍生忘死，看到逃避作战所受到的刑辱就会把苟且偷生看作是一种痛苦。奖赏使民众不怕死，刑罚使他们不愿苟且偷生，而淫荡的歪门邪道又被堵住了，用这样的民众对付敌人，就好比用上万斤的力量才能拉开的强弓去射飘落的树叶，哪会有攻不破的道理呢？

在商鞅看来，"故为国者，边利尽归于兵，市利尽归于农。边利归于兵者强，市利归于农者富。故出战而强、入休而富者，王也"。[①]治理国家的人，要把边境上得到的利益都给战士，把市场上得到的利益都给农民。边境上的利益归给战士的国家就强大，市场上的利益归给农民的国家就富裕。如此，出外作战时兵力强大、回来

---

① 《商君书·外内》。

休整时能致富的国家，能不称王天下吗？在通过战争争高下的战国年代，商鞅直截了当地宣布战争是解决问题的唯一办法，王冠只有通过战争来取得，这比当时其他诸子的政治主张要高出一筹。

耕战政策，当时许多改革家在各诸侯国都提出并尝试过，然而惟独秦国的效果特别显著，其中重要的原因，就是商鞅的政策措施更符合秦国的需要与实际情况，更加具体，可操作性更强。

商鞅的重战政策十分严格有效而具体实用，主要措施包括：

第一，要求全民皆兵，也就是"壹民于战"①。即使贵族也要服兵役，"宗室非有军功论，不得为属籍"。②

第二，厚赏军功。"兴兵而伐，则武爵武任，必胜。"③把军功作为任官和赐爵的基本依据。并制定了斩首计功的详细规定："能得甲首一者，赏爵一级，益田一顷，益宅九亩，除庶子一人，乃得入兵官之吏。"④为此，在原来的基础上，对秦国的爵位制度进行了系统的整理，设置了二十等爵位，并规定了与之相应的特权：（1）公士；（2）上造；（3）簪袅；（4）不更；（5）大夫；（6）官大夫；（7）公大夫；（8）公乘；（9）五大夫；（10）左庶长；（11）右庶长；（12）左更；（13）中更；（14）右更；（15）少上造；（16）大上造；（17）驷车庶长；（18）大庶长；（19）关内侯；（20）彻侯。

与官爵配套的，便是享有相应的特权与待遇：

其一，凡在战争中能杀得敌人甲士一人，并取得其首级者，赐爵一级，赐田一顷，宅九亩。

其二，凡在战争中杀得敌人甲首一人，并取得其首级者，可得百石之官。

其三，凡在战争中斩得敌一甲首者，还可役使一人（或一家）为自己的农奴，"除庶子一人"，得五个甲首的即可"隶五家"。

---

① 《商君书·画策》。
② 《史记·商君列传》。
③ 《商君书·去强》。
④ 《商君书·境内》。

商鞅同时规定：无军功者虽是宗室贵族，也不得超越规定的标准多占田宅、臣妾。"宗室非有军功论，不得为属籍。明尊卑爵秩等级，各以差次名田宅、臣妾。衣服以家次。有功者显荣，无功者虽富无所芬华。"①

要想取得更高的社会地位和更好的生活，奋勇杀敌是最好的途径，"所谓壹赏者，利禄官爵抟出于兵，无有异施也"②。"民之见战也，如饿狼之见肉。"与奖励军功联系最密的是爵位制。在商鞅变法之前，秦国也有官爵，如上造、大夫、庶长等，但不细密。经过商鞅的改造，军功与国民荣誉及利益紧密结合在一起，吸引人们去为之拼搏奋斗。

第三，严厉惩处战争中没有战功或逃跑者。面对战争，家属都要嘱托战士"不得，无返"，如果"失法离令，若死，我死。乡治之。行间无所逃，迁徙无所入"。③也就是说，倘若在战场上不奋勇杀敌，那么不但自己要被处死，还将连累父母妻孥。如果临阵逃脱，那么天下虽大，也没有藏身之地。这样，一方面是功名利禄，一方面是严刑峻法，奋勇杀敌，就是士兵的惟一选择了。"是以三军之众，从令如流，死而不旋踵。"④

总体而言，商鞅奖励农战的政策，与李悝的"尽地力之教"相比较，内容全面而措施得力，符合实情更便于实施。与吴起变法相比较，吴起主要是通过身先士卒，爱护士兵，来达到"乐战"；商鞅则靠严密的赏罚措施，把民众纳入战争的轨道。变法就是为了实施，靠严密的政策法令和具体的制度推行新法，自然会取得实际的效果。

商鞅变法，采取了一系列奖励军功的政策，并与秦国传统的崇武尚战精神相结合，使战争成为秦人社会生活的重要组成部分，有效地刺激了秦人以奋勇杀敌来获取爵位、享受特权的热情，以至于出现"是父兄、昆弟、知识、婚姻、合同者，皆曰：'务之所加存战而已矣。'夫故当壮者务于战，老弱者务于守，死者不悔，生者务

---

① 《史记·商君列传》。
② 《商君书·赏刑》。
③ 《商君书·画策》。
④ 《商君书·画策》。

劝，此臣之所谓壹教也。民之欲富贵也，共阖棺而后止。而富贵之门必出于兵。是故民闻战而相贺也，起居饮食所歌谣者，战也"[1] 的局面。商鞅奖励军功的思想和政策被秦国后代君主继承和发扬，从而造就了一支英勇善战、士气旺盛的无敌于天下的秦国军团，秦国也因此迅速取代了山东各国的军事强国地位。秦昭王时，荀子所见到的秦国军队，其士兵素质和战斗能力已经为山东各国所望尘莫及，"故齐之技击，不可以遇魏氏之武卒；魏氏之武卒，不可以遇秦之锐士……有遇之者，若以焦熬投石焉"[2]。张仪向韩王游说："秦带甲百余万，车千乘，骑万匹，虎贲之士跿跔科头（前者为跳跃意，后者为不著兜鍪入敌阵）贯颐（弯弓）奋戟者，至不可胜计也。秦马之良，戎兵之众，探前趹后（指马前突后跳），蹄间三寻腾者，不可胜数也。山东之士，披甲蒙胄以会战，秦人捐甲徒裎以趋敌，左挈人头，右挟生虏。夫秦卒之与山东之卒，犹孟贲之与怯夫也；以重力相压，犹乌获之与婴儿也。"[3] 这段话难免有所夸张，然而秦国士兵在战场上意气风发、奋勇杀敌、无所畏惧、勇往直前的"虎狼"之气确实是山东各国无法相比的。

在战国兼并战争的大背景下，为了保障在战争中取胜，商鞅变法向军国主义发展，通过"农战"政策、什伍制度，在秦国推行发展经济、开疆拓土的政治，并试图在组织、思想和行为上控制整个社会，使秦国一跃而成为七国中综合实力最强的国家，这为秦国一统天下在治理与政策方面扫清了道路。《汉书·地理志》说："孝公用商君，制辕田，开阡陌，东雄诸侯。"这个结论是正确的。

四、重视以法治国之推行

法制建设是任何一个国家治国理政的重要部分。

---

① 《商君书·赏刑》。
② 《荀子·议兵》。
③ 《战国策·韩策一》。

在商鞅变法之前，秦国就十分重视法制建设。商鞅变法以后，秦更是系统地以法治国，逐步建立起君主专制中央集权统治，这是中国古代政治形态的一个重要变化。

在《商君书》中，法被认为是权衡度数。权是秤锤，衡是秤杆，权衡泛指称量东西的用具；度数指称量物品所得的尺寸分量。权衡度数可以精确地度量物品，以权衡度数比喻法，是说法具有确定性，是客观的依据和标准。君主治国应该以法作为指针和行为准则。

商鞅认为以法为治可以保证国家的富强。以法为治，政务统一，官吏就没有奸邪，国家才能专注于根本，百姓才会致力于农业和战争，最后才能实现富强的目的。如果不坚持法治，国家不仅不会强大，反而会陷于危险的境地。他说："先王县权衡，立尺寸，而至今法之，其分明也。夫释权衡而断轻重，废尺寸而意长短，虽察，商贾不用，为其不必也。故法者，国之权衡也。"[1] 治理国家，必须强调法是"权衡度数"，只有这样才会取得良好的效果。反之，忽视法是"权衡度数"，即使有法，也不能治理好国家，即所谓"秉权而立，垂法而治，以得奸于上，而官无不，赏罚断而器用有度。若此，则国制明而民力竭，上爵尊而伦徒举"[2]。君主掌握权力，确定法治，高高在上，洞察奸情，官吏没有奸邪，赏罚则有依据，器物有一定的制度，像这样，国家法度明确，百姓愿意尽力，朝廷的爵位尊贵，各种人等都会振作。相反，"法无度数，而事日烦，则法立而治乱矣"[3]。以法为治又可称为"治法"。"凡将立国，制度不可不察也，治法不可不慎也，国务不可不谨也，事本不可不抟也。"[4]"以治法者强，以治政者削。"[5] 作为意识形态的法反映了商鞅变法以来成长起来的军功利益阶层的思想，紧紧围绕富国强兵和君主专制这两个中心，包括了富与贫、强与弱、公与私等政治原

① 《商君书·修权》。
② 《商君书·壹言》。
③ 《商君书·错法》。
④ 《商君书·壹言》。
⑤ 《商君书·去强》。

则，以及为了实现"治、富、强、王"的途径等，涵盖了政治、法律、道德，是秦政思想很重要的理论提升。①

作为秦律的最初缔造者，商鞅开创了秦国法律基本框架、原则和内容制度建设的先河。

商鞅说：

> 国之所以治者三：一曰法，二曰信，三曰权。法者，君臣之所共操也；信者，君臣之所共立也；权者，君之所独制也，人主失守则危。君臣释法任私，必乱。故立法明分，而不以私害法，则治。权制独断于君则威。民信其赏，则事功成；信其刑，则奸无端。惟明主爱权重信，而不以私害法。故上多惠言而不克其赏，则下不用；数加严令而不致其刑，则民傲死。凡赏者，文也；刑者，武也。文武者，法之约也。故明主任法。明主不蔽之谓明，不欺之谓察。故赏厚而信，刑重而必；不失疏远，不违亲近，故臣不蔽主，而下不欺上。世之为治者，多释法而任私议，此国之所以乱也。②

商鞅认为，国家之所以治理得好，是因为依靠了三样法宝：一是法度，二是信用，三是权力。法度，是君主和臣下共同遵守的东西；信用，是君主和臣下共同建立的东西；权力，是君主单独控制的东西，君主如果没有保住就危险了。君主和臣下如果舍弃了法度而任凭私意办事，国家一定会混乱。所以建立法度、明确名分，而不以私意损害法度，国家就治理得好。权力由君主专断，君主就威严。民众确信君主的奖赏，那么功业就能建成；民众确信国家的刑罚，那么邪恶的事情就不会发生。只有英明的君主才爱惜权力、注重信用，而不以私意损害法度。如果君主多说给人恩惠的话而结果却不能实施他的赏赐，那么臣民就不会被君主所利用；如果君主屡次增加严厉的命令而结果却不能施行他的刑罚，那么民众就不在乎死刑了。一

① 参见田延峰著：《中华帝制的精神源头——秦思想的发展历程》，人民出版社 2011 年版，第 210 页。
② 《商君书·修权》。

般地说，奖赏，是一种起鼓励作用的"文"的手段；刑罚，是一种起强制作用的"武"的手段。这文、武两种手段，是法治的要领。所以英明的君主使用法度，奖赏优厚而且讲信用，刑罚严厉而且一定实施；实行奖赏不漏掉关系疏远的人，执行刑罚不回避关系亲近的人，所以臣子不敢蒙蔽君主，而下级不敢欺骗上级。英明的君主不会被人蒙蔽，所以被称为英明；不会受人欺骗，所以被称为明察。而今一些国家的统治者，多舍弃法度而听信私人的议论，这就是国家混乱的原因。

根据刘泽华、葛荃在其主编的《中国古代政治思想史》一书中的总结，商鞅的法治思想十分丰富，主要包括定分尚公、利出一孔、胜民弱民和轻罪重罚等项内容。[①]

1. "定分"

定分尚公是商鞅法治理论的主旨，这一点与慎到的政治主张基本相同。

定分，就是确定名分，用法令把人的职分与地位、财物的所有权等确定下来。《商君书》中有《定分》专篇进行论述。

《商君书·定分》首先记述了商鞅有关推行法令的具体办法：配置通晓法令的法官以负责法律咨询；对那些删改法令或不答复民众咨询的法官法吏予以严惩；为了防止法令被篡改，法令必须设置副本，藏于天子殿中，每年颁布一次，供郡、县、诸侯等学习。通过广泛的推广宣传，就可使"天下之吏民无不知法者"，也就能使"吏不敢以非法遇民，民不敢犯法以干法官"，即使有"贤良辩慧""千金"者，也不能歪曲与破坏法令。这样，那些"知诈贤能者"，也都会奉公守法。接着，指出法令是治国的根本措施，利用法令来确定名分是一种"势治之道"，它可以使"大诈贞信，巨盗愿悫（诚实），而各自治矣"；而"法令不明""名分不定"则是一种"势乱之道"，它将使"奸恶大起、人主夺威势、亡国灭社稷"。最后，再次强调了法令必须"明白易知"，并设置法官法吏，广为宣传，使"万民无陷于险危"，以达到有刑法而"无刑死者"的政治境界。可见，商鞅提倡严刑峻法，是为了使天下大治，而不是为了残杀生灵。

---

① 参见刘泽华、葛荃主编：《中国古代政治思想史》，南开大学出版社2001年版，第95页。

2. "壹赏，壹刑，壹教"

商鞅说：

> 圣人之为国也，壹赏，壹刑，壹教。壹赏则兵无敌，壹刑则令行，壹教则
> 下听上。夫明赏不费，明刑不戮，明教不变，而民知于民务，国无异俗。明赏
> 之犹至于无赏也，明刑之犹至于无刑也，明教之犹至于无教也。①

商鞅说：圣人治理国家的时候，统一奖赏，统一刑罚，统一教化。统一了奖赏，军队就能无敌于天下；统一了刑罚，命令就能贯彻执行；统一了教化，臣民就会听从君主。明确的奖赏并不耗费财物，严明的刑罚并不会杀人，明白的教化并不需要去强行改变民众的风俗，而民众就知道自己应该做的事情，国家也没有异常的风俗。明确的奖赏发展到极点可以达到不用奖赏，严明的刑罚发展到极点可以达到不用刑罚，明白的教化发展到极点可以达到不用教化。

关于"壹赏，壹刑，壹教"的政治主张，《商君书·赏刑》有专门的论述。"壹赏"，就是只奖赏有军功的人，即所谓"利禄官爵抟出于兵"。这样，民众就会"出死而为上用""战必覆人之军"，君主就能"因天下之货以赏天下之人"，即使厚赏，也不会破费自己的财富，而平定天下后，又无须再进行战争，也就无须再进行奖赏，也就达到了"无赏"的境界。"壹刑"，就是"刑无等级。自卿相、将军以至大夫、庶人，有不从王令、犯国禁、乱上制者，罪死不赦"②。不论亲疏贵贱，不论过去有无功劳，只要犯了罪，一律加以查处，一律施以重刑，并株连治罪。这样，人们就不敢以身试法，刑罚也就无处可施，也就可以达到"无刑"的境界。"壹教"，就是反对种种不利于农战的意识形态，利用赏罚来养成民众好立战功的风气。这种风气一旦养成，即使不再进行教育，人们也会积极参战，也就达到了"无教"的境界。"壹赏""壹刑""壹教"是治国的纲领，如果加以贯彻实施，就是法度严明的表现，那么无论是

---

① 《商君书·赏刑》。
② 《商君书·赏刑》。

"圣人"还是"凡主",都能够把国家治理好。《商君书·赏刑》提出的"无赏""无刑""无教",表达了法家的政治理想,值得研究与重视。

3．"利出一孔"

为了保证耕战的成功,《商君书》提出了"利出一孔"的政治主张。

所谓利出一孔,就是用立法的办法,将国家对于爵禄的奖赏,只留出一条利途,把其他的利途统统堵死。这条利途就是耕战。利出一孔还是利出多孔,关系到国家的兴衰。《商君书·靳令》说:"利出一空者,其国无敌。利出二空者,国半利。利出十空者,其国不守。"《商君书·弱民》说:"利出一孔,则国多物;出十孔,则国少物。守一者治,守十者乱。治则强,乱则弱。强则物来,弱则物去。故国致物者强,去物者弱。"为了确保耕战,必须打击一切不利于耕战的人、事与思想。《商君书》把"豪杰""商贾""游士""食客""余子""技艺者"等列入非农战之人,主张采取政治、法律与经济手段加以限制和制裁,将国家的导向集中在农战上面,这是符合时代需要的。

4．"弱民"

弱民,就是使民众懦弱,削弱民众对法令的抗拒力,使民众俯首帖耳地遵循法令。商鞅认为,民众懦弱守法,才能加以利用,国家才会强盛。君主应该利用法度,掌握权变,用奖赏农战的办法,使富裕的民众用粮食捐取官爵,使民众上前线打仗不怕牺牲,同时必须反对空谈仁义,利用民众所厌恶的刑罚来使民众懦弱守法,从而达到国富兵强、称王天下的目的。

商鞅认识到,官与民、法与民是一种对立关系。解决这种矛盾的办法,就是民众必须服从法。法一经颁布,都必须遵从,不得违反,即所谓"法胜民"是也。

《商君书·弱民》说:

> 民弱国强,国强民弱。故有道之国,务在弱民。朴则强,淫则弱。弱则轨,淫则越志。弱则有用,越志则强。故曰:以强去强者,弱;以弱去强者,强。

商鞅认为,民众懦弱守法,那么国家就强盛;国家强盛,在于民众懦弱守法。所以掌握了统治术的国家,致力于使民众懦弱守法。民众朴实,国家就强盛;民众放荡，国家就削弱。民众懦弱，就会遵纪守法；民众放荡，就会有争强好胜的意念。民众懦弱守法，就可以利用；民众有了争强好胜的意念，就会强悍不羁。所以说：采用使民众强悍不羁的措施来清除强悍不羁之民，国家就削弱；采用使民众懦弱守法的措施来清除强悍不羁之民，国家就强盛。

《商君书·弱民》又说：

> 政作民之所恶，民弱；政作民之所乐，民强。民弱，国强；民强，国弱。故民之所乐民强，民强而强之，兵重弱。民之所乐民强，民强而弱之，兵重强。故以强重弱，弱，重强，王。以强政强，弱，弱存；以弱政弱，强，强去。强存则弱，强去则王。故以强政弱，削；以弱政强，王也。

国家治理首在治民。政治措施采用民众所厌恶的刑罚之类，民众就懦弱守法；政治措施采用民众所喜欢的仁义道德之类，民众就强悍不羁。民众懦弱守法，国家就强盛；民众强悍不羁，国家就削弱。民众所喜欢的政治措施会使民众强悍，民众已经强悍，而再用这种措施使他们强悍，那么兵力就会弱上加弱。民众所喜欢的政治措施会使民众强悍，民众强悍，而采用刑罚之类使他们懦弱守法，那么兵力就会强上加强。所以，采取使民众强悍的措施，兵力就弱上加弱；采取使民众懦弱的措施，兵力就强上加强，也就能称王天下。采用使民众强悍的措施去整治强悍的民众，国家就会削弱，因为强悍的民众还存在；采用使民众懦弱的措施去整治懦弱的民众，国家就强盛，因为强悍的民众被除去了。强悍的民众还存在，国家就削弱；强悍的民众被除去，就能称王天下，所以采用使民众强悍不羁的措施来整治懦弱的民众，国家就会削弱；采用使民众懦弱守法的措施来整治强悍的民众，就能称王天下。

商鞅还说：

> 民胜法，国乱。法胜民，兵强。[1]

---

[1]《商君书·说民》。

民众不遵守法律制度，国家就会混乱；法律制度能制服民众，兵力就会强大。

如何治理才能实现"民弱"？《商君书》中提出了一些解决的办法，主要有以下几方面：

第一，使用严刑重罚，使民众时时处处如临深渊，如履薄冰，民众自然就怯弱而服法了。

第二，奖励告奸，挑动人们互斗，使人们互相监视，造成人人自危的局面。

第三，根据民众的不同情况，有针对性地实行奖赏或者刑罚。"民勇，则赏之以其所欲。民怯，则杀之以其所恶。故怯民使之以刑则勇，勇民使之以赏则死。怯民勇，勇民死，国无敌者必王。"①

第四，设法使民在贫富之间不停地转化。"治国之举，贵令贫者富，富者贫。贫者富，富者贫，国强。"②民疾恶贫苦，政府要通过农战之路，使之变富。可是人富了又易生淫乱，那就要设法使他们再变穷，如用粟捐官爵、用刑治罪等等。法的妙用之一就是要使民在贫富之间循环转化，君主则坐收转换之利。民在贫富转换之中变得愈弱，君主就会变得愈加强大。

第五，使民变得愚昧无知。③《商君书·弱民》认为，民愚朴是民弱君强的基本要素。《商君书·算地》则提出："圣人之治也，多禁以止能，任力以穷诈。"

5. 实行连坐，轻罪重罚

在商鞅的眼中，严刑峻法是保障他实行富国强兵道路上的卫兵。他本人就亲口说过："禁奸止过，莫若重刑。"④这里的刑，应当理解为法律政令，通过刑治确保变法的顺利实施与社会的治安和稳定，是商鞅法治思想的一项十分重要的内容。

在变法过程中，商鞅把全国居民编入户籍。五家为一伍，二伍为一什，互相监

① 《商君书·说民》。

② 《商君书·说民》。

③ 参见刘泽华、葛荃主编：《中国古代政治思想史》，南开大学出版社 2001 年版，第 96—97 页。

④ 《商君书·赏刑》。

督，一家犯法，其他九家同法治罪，发现有人犯罪要及时报告，"不告奸者腰斩，告奸者与斩敌首同赏，匿奸者与降敌同罚"①。这种什伍制度，成为后代历朝封建国家在乡村实行的保甲制度的滥觞，成为后世封建统治者治理乡村的一个重要的制度来源。

商鞅还实行轻罪重罚，主张重其轻者，以刑去刑。在商鞅看来，"重刑，连其罪，则民不敢试"②。先人发明断足、黥面、车裂等刑罚，表面上看甚是残暴，但其目的却不是用来伤民，而是为了达到禁奸止过。在重刑面前，老百姓感到恐惧，就不敢轻易地以身试法，做出违法乱纪的事情来，如果一味地强调量刑公允，以重刑罚重罪，用轻刑罚轻罪，就会让人们去钻法律的空子，容易滋长违法犯罪的心理与行为，不容易达到真正"用刑"的目的。

韩非说：

> 公孙鞅之法也重轻罪。重罪者，人之所难犯也；而小过者，人之所易去也。使人去其所易，无离其所难，此治之道。夫小过不生，大罪不至。是人无罪而乱不生也。③

为了真正达到以刑去刑的效果，商鞅对随便倒垃圾的人也要治以重罪，处以黥刑，对盗窃牛马者更是重判以死刑。

6. 以法治国

法家的"法治"是一种治国理论、治国方略。"以法治国"是先秦法家提出的一种著名的政治主张。在中国历史上最早由《管子》一书提出。《管子·明法》说："威不两错，政不二门，以法治国，则举措而已。"就是说只要国君集中权力，以法为治理国家的"举措"，就可以治理好国家。后来，法家代表人物商鞅、韩非都对此作过比较精辟的阐述。

---

① 《史记·商君列传》。
② 《商君书·赏刑》。
③ 《韩非子·内储说上》。

《商君书·壹言》说：

> 凡将立国，制度不可不察也，治法不可不慎也，国务不可不谨也，事本不可不抟也。制度时，则国俗可化，而民从制；治法明，则官无邪；国务壹，则民应用；事本抟，则民喜农而乐战。夫圣人之立法、化俗，而使民朝夕从事于农也，不可不知也。

凡是要建立一个国家，对于制度，不能不仔细审察；对于政策法令，不能不慎重对待；对于国家的政务，不能不严谨处理；对于事业的根本，不能不集中专一。制度适合时势，国家的风俗就能变好，而民众就会遵从制度；政策法令明确，官吏就不敢邪恶；国家的政务统一到农战上，民众就会听从使用；事业的根本集中专一，民众就会喜欢务农而乐意作战。圣人建立法治、移风易俗，是要使民众从早到晚都致力于农耕，这是不能不搞清楚的。

《商君书·壹言》又接着说：

> 故圣人之为国也，不法古，不修今，因世而为之治，度俗而为之法。故法不察民之情而立之，则不成；治宜于时而行之，则不干。故圣王之治也，慎为、察务，归心于壹而已矣。

所以圣人治理国家，既不效法古代，又不拘守现状，而是根据社会情况来给它制定相应的政策，考虑民情习俗来给它建立相应的法制。对于法制，如果不考察民众的实际情况而建立它，那就不会成功；对于政策，如果能适应时代的需要来实行它，那就不会受到抵制。所以圣明的帝王治理国家，只是谨慎地建立法制、采取措施，仔细地考察时务，把心思都集中到农战上罢了。

商鞅强调，国家的治乱与兴衰，关键不在于君主是否英明，而在于法律制度是否认真得到贯彻与落实；只要实行"以法治国"，就能治理好国家。正是基于这种认识，商鞅主张公布法律，强调"刑无等级"，要求"君臣上下贵贱皆从法"，这显然是具有进步意义的。

一般而言，新秩序总是在与旧势力的斗争中产生的。商鞅的政治思想在历史上起过积极的作用，按照他的设计，秦国使人们的财产、权力、地位在耕战中发生了迅速的变化，这种变化正是对西周以来旧的政治、经济关系的破坏和瓦解，而新社会的政治、经济关系便在这种运动中产生了。

商鞅变法的核心是建立君主专制的中央集权体制，其措施是以农、战为根本，摧毁旧的宗法贵族世卿世禄制，实现国家的富强与君主集权政治的一统。这样，耕与战就构成了商鞅治国理论的两个重要方面。

经过商鞅两次变法，秦国的政治制度和相应的政治理念发生了重大变化，政治结构、社会结构、经济结构和文化结构得到全面的调整，中央集权政治体制正式形成。从商鞅时代到秦始皇时代，秦国以法治国主要体现在以下方面：

以强化中央集权为核心，全面革新统治体系。（1）以发展经济为目的，配套制定相应的土地制度、赋税制度以及其他经济制度，如统一度量衡等。（2）废除世卿世禄制度，建立新的政治等级制度以及相关的礼仪制度。（3）改造民俗、统一思想。（4）不断健全法制，建立规范化政治操作体系。

商鞅最讲究"作壹"，即统一制度、统一法令、统一思想、统一利途等。他重视规范化、制度化、法律化的政治手段，认为所谓"王道"，一言以蔽之，"身作壹而已矣"[1]。君"作壹"则民"自治"。民众皆自觉依法办事，政治就可达到最高境界："有道之国，治不听君，民不从官。"[2] 在战国时代，这种重视制度、依靠法律、规范操作的统治形式令人耳目一新，它比商周统治模式要有效得多。从商鞅变法的内容看，在秦孝公时期，与"帝业"相关的"帝制"已经初具规模。秦国向战国首强地位跃进和秦始皇的统一大业有赖于这种"帝制"，而由秦始皇所确立的皇帝制度与其先人初创的制度属于同一统治模式，二者具有高度的近似性。[3]

---

① 《商君书·农战》。

② 《商君书·说民》。

③ 参见张分田著：《秦始皇传》，人民出版社2003年版，第52页。

汉初诸子对于秦政的批判，主要是指出了秦统一天下后仅仅依靠法家，没有融合儒道，否定了法家学说对治理国家的有效性。但实际上，秦王朝的灭亡，不是亡于法制完备、法治过严、法令过苛，而恰恰是亡于秦二世时期对商鞅以来"秦法"的根本性破坏，是秦帝国以法治国偏离治国理政的结果，是赵高、李斯对秦始皇治国理政路线彻底抛弃的结果，是秦帝国中央集权制度没有在六国很好得到贯彻执行的结果。

秦二世时期，秦法遭到了毁灭性的破坏。从表面上看，秦王朝仍然是按照秦始皇制定的路线前行，但实际上，赵高、李斯出于他们私人架空皇权、打击对手的目的，蛊惑胡亥，法随人变、更变法律，灭大臣而远骨肉，尽除去先帝之故臣。简单地说，就是肆意修改秦法条款，目的则是为屠戮皇族、大臣制造法律依据，以显示自己行为的"合法性"。原本始于商鞅时代的秦律是一套严密完整的法制体系，各个律条间环环相扣、严丝合缝，着眼点则是立足于国家与社会的长期治理。而胡亥对法律的修改，则完全是为了一个个非常具体的私人政治目的。原本作为秦王朝社会稳定根基的秦律，彻底沦为赵高、李斯手中重新改组政府的夺权工具。失去秦律制约的赵高、李斯很快就将秦王朝中央集权的牌子打掉，将秦王朝中央政府毁掉，"天下土崩瓦解，虽有周旦之材，无所复陈其巧"[1]，这才是导致大秦帝国政治、社会秩序彻底崩盘的最根本因素。

---

[1] 《史记·秦始皇本纪》。

第三章　影响秦皇决策的文化因素

秦始皇的许多政治行为与各种源远流长的政治传统、政治惯例、政治经验、全社会普遍认同的政治意识以及诸子百家的救世理论等均有密切的关系。秦朝统治思想中的许多内容来自历史悠久的政治习俗、政治惯例、诸子学说以及各种政治经验，特别是秦朝的许多具体制度的基本原理和主体框架大多沿袭传统制度，有关思想的源头甚至可以追溯到夏、商、周时期。自秦汉以来，人们普遍认为秦始皇是位法家皇帝，其实这种看法并不全面。准确地说，在秦帝国的统治思想与实践中，秦始皇的治国理政具有以法家为主、融合儒道法、综合百家的特点。秦始皇本人是一位具有颇高理论修养的政治家。他是一个比较偏爱法家、兼容各家的"杂家"皇帝。

一、天命思想

秦立国至秦王嬴政统一六国，其统治政策与天命思想密切相关。自秦开国至秦始皇巩固大秦帝国，历代君主都自信自己"受命于天"，几乎都有祭祀天帝的活动。据司马迁在《史记·封禅书》中记载：

> 自周克殷后十四世，世益衰，礼乐废，诸侯恣行，而幽王为犬戎所败，周东徙雒邑。秦襄公攻戎救周，始列为诸侯。秦襄公既侯，居西垂，自以为主少皞之神，作西畤，祠白帝，其牲用骝驹黄牛羝羊各一云。其后十六年，秦文公东猎汧渭之间，卜居之而吉。文公梦黄蛇自天下属地，其口止于鄜衍。文公问史敦，敦曰："此上帝之征，君其祠之。"于是作鄜畤，用三牲郊祭白帝焉。

> 自未作鄜畤也，而雍旁故有吴阳武畤，雍东有好畤，皆废无祠。或曰："自古以雍州积高，神明之隩，故立畤郊上帝，诸神祠皆聚云。盖黄帝时尝用事，虽晚周亦郊焉。"其语不经见，缙绅者不道。

> 作鄜畤后九年，文公获若石云，于陈仓北阪城祠之。其神或岁不至，或岁数来，来也常以夜，光辉若流星，从东南来集于祠城，则若雄鸡，其声殷云，野鸡夜雊。以一牢祠，命曰陈宝。

> 作鄜畤后七十八年，秦德公既立，卜居雍，"后子孙饮马于河"，遂都雍。雍之诸祠自此兴。用三百牢于鄜畤。作伏祠，磔狗邑四门，以御蛊灾。

> 德公立二年卒。其后四年，秦宣公作密畤于渭南，祭青帝。

> 其后十四年，秦穆公立，病卧五日不寤；寤，乃言梦见上帝，上帝命穆公平晋乱。史书而记藏之府。而后世皆曰秦穆公上天。

> ……

> 其后百余年，秦灵公作吴阳上畤，祭黄帝；作下畤，祭炎帝。

> 后四十八年，周太史儋见秦献公曰："秦始与周合，合而离，五百岁当复

合，合十七年而霸王出焉。"栎阳雨金，秦献公自以为得金瑞，故作畦畤栎阳而祀白帝。

其后百二十岁而秦灭周，周之九鼎入于秦。或曰宋太丘社亡，而鼎没于泗水彭城下。

其后百一十五年而秦并天下。

秦始皇既并天下而帝，或曰："黄帝得土德，黄龙地螾见。夏得木德，青龙止于郊，草木畅茂。殷得金德，银自山溢。周得火德，有赤乌之符。今秦变周，水德之时。昔秦文公出猎，获黑龙，此其水德之瑞。"于是秦更命河曰"德水"，以冬十月为年首，色上黑，度以六为名，音上大吕，事统上法。

即帝位三年，东巡郡县，祠驺峄山，颂秦功业。于是征从齐鲁之儒生博士七十人，至乎泰山下。诸儒生或议曰："古者封禅为蒲车，恶伤山之土石草木；埽地而祭，席用菹秸，言其易遵也。"始皇闻此议各乖异，难施用，由此绌儒生。而遂除车道，上自泰山阳至巅，立石颂秦始皇帝德，明其得封也。从阴道下，禅于梁父。其礼颇采太祝之祀雍上帝所用，而封藏皆秘之，世不得而记也。

历史说明，秦的立国、发展与其畤祭、天命思想直接相关。《史记·秦本纪》《史记·封禅书》都记载，秦襄公立西畤，祠白帝。畤祭的对象是天帝，或称之为上帝。此后，这种祭祀天帝的活动在秦一直延续着。文公立鄜畤，祠白帝；宣公立密畤，祠青帝；灵公立上畤，祠黄帝，立下畤，祠炎帝；献公立畦畤，祠白帝。总之，秦的畤祭是非常隆重的，具有自己的特点。秦春秋早期的青铜器秦子簋盖铭文有"畤"字，虽然铭文不全，难以准确了解相关的内容，但也说明秦的畤祭是非常重要的。

周秦时代，祭祀天帝是最重要的祭祀活动，古人专称为"郊"，就是在郊外举行的意思。按照礼的规定，只有天子才可以举行郊祀大典。秦刚列为诸侯，就开始祭祀上帝，表明了秦人的政治雄心。司马迁在《史记·六国年表序》中说：

太史公读《秦记》，至犬戎败幽王，周东徙洛邑，秦襄公始封为诸侯，作西畤用事上帝，僭端见矣。《礼》曰："天子祭天地，诸侯祭其域内名山大川。"今秦杂戎翟之俗，先暴戾，后仁义，位在藩臣而胪于郊祀，君子惧焉。

司马迁的观点客观与否我们暂且不论，但秦人将原来用于祭地的畤祭转化为对天帝的祭祀，并赋予了它新的意义，这是值得研究的一件事情。事实说明，秦襄公立西畤，祭祀白帝少皡，是与秦获得对今甘肃东部、陕西关中西部地区的名义上的统治权紧紧地联系在一起的。秦文公立鄜畤祭白帝，和占有土地的关系表达得更为明确。周王室在秦襄公时分封给秦的岐西之地只是一张空头支票，秦真正占领岐西之地是在秦文公时。秦文公四年（前762年）到汧渭之会。前文已经说过，据《史记·封禅书》记载，文公到汧渭之会后，卜居之而吉。后文公梦见一条黄蛇自天上垂到地面，其口止于鄜衍。文公问太史敦，太史敦告诉秦文公："此上帝之征，君其祠之。"于是秦文公作鄜畤，用三牲郊祭白帝。这很具有象征意义。文公梦见的是黄蛇，史敦的解释则强调"此上帝之征"。也就是说，文公到汧渭之会得到了上帝的肯定，这成为文公在此地建都的定心丸，是他向关中进军的祥瑞之兆，文公十年（前756年）立鄜畤，就是对"上帝之征"的回应。在古代社会里，宗教的力量是巨大的，秦在文公十六年（前750年）就完全占领了岐西之地。

秦献公十一年（前374年）周太史儋见献公，并说："周故与秦国合而别，别五百岁复合，合十七岁而霸王出。"[①] "霸王"是霸主和王号的结合，意味着战国时的强国、大国。秦献公十八年（前367年）的"栎阳雨金"被认为是非常明确的祥瑞之兆，于是秦立畦畤祭祀白帝。祭祀白帝和"雨金"开始结合在一起，带有阴阳五行的色彩。"栎阳雨金"的祥瑞之兆和立畦畤祭祀白帝是与"霸王"联系在一起的，表达了在新的形势下秦国新的奋斗目标。历史说明，秦襄公、秦文公、秦献公立畤祭祀白帝，都是在秦国占领土地、扩张势力的时候。秦对白帝的祭祀似乎刻意宣传一个规律，秦发展到哪里，白帝下临的祥瑞之兆就会出现在哪里。据《史记·秦本纪》的记载，秦襄公时正是秦崛起的时候；秦文公时秦占领了岐西之地，"收周余民而有之"；

---

① 《史记·秦本纪》

秦德公初居雍城大郑宫，"以牺三百牢祠鄜畤"，占卜的预兆是"后子孙饮马于河"；《左传·襄公十四年》："昔秦人负恃其众，贪于土地，逐我诸戎"，这大概是指秦穆公对西戎的战争；秦献公雄心勃勃，"徙治栎阳，且欲东伐，复穆公之故地，修穆公之政令"。这些并不是偶然的巧合，说明秦对白帝的祭祀与秦国土地扩张、政治诉求是联系在一起的。

秦将土地扩张和政治诉求与白帝少嗥联系在一起，主要有以下几个方面的原因。

第一，秦有强烈的天命思想。既然宣传受命于天，秦所占有的土地是上帝授予的，就必然要祭祀上帝。

第二，少嗥和秦人的关系非常密切。《史记·秦本纪》说秦是颛顼高阳氏的后裔，凤翔秦公一号大墓出土的残磬铭文也说秦为高阳之后。颛顼和少嗥的关系非同一般。

第三，秦祭祀白帝是一种主动的变革行为。少嗥原是东夷部落的首领。秦关于白帝的祭祀中，少嗥一直是天帝的形象。这个转化，主要是秦实现的。祭祀天帝毕竟不是单纯的宗教行为，带有强烈的政治色彩。在西周时期，帝是至上神、主宰神。秦最早祭祀的白帝少嗥是西方之神，这不同于西周时期的帝。《礼记·曲礼下》说："天子祭天地，祭四方"，"诸侯方祀"。根据周礼的规定，只有天子才能祭天地四方，以宣示据有天地四方。诸侯只能"方祀"。在周王室还存在、诸侯国热衷于"尊王攘夷"的情况下，秦祭祀西方之神，有着"方伯"自居的意思。秦最初所立的西畤、鄜畤祭祀的是西方之神少嗥。这种变通，既宣扬了天命思想，又不至于太过突兀。

第四，秦人自认为是"受天命"而建国的。1978 年，在陕西宝鸡县（今陈仓区）杨家沟公社太公庙大队发现秦公钟、秦公镈。钟镈均有铭文。宝鸡县出土的秦公钟、镈制作时间被定为秦武公时期。[1] 铭文开篇即说："秦公曰：我先祖受天命，赏宅受或（国）。"赏宅是说接受封邑，受国是说列为诸侯，这两件事都是说先祖受命于天。

---

[1] 参见卢连成、杨满仓著：《陕西宝鸡县太公庙村发现秦公钟、秦公镈》，《考古》1978 年第 11 期。

在秦的宗教祭祀活动中，秦国国君的祭祀权利得到确认，祭祀具有自己的特色。①"国之大事，唯祀与戎"，秦立国过程中使宗教祭祀规范化，使宗教成为国家制度和权力的重要组成部分，这是秦人成功的一个法宝。秦的天命思想是秦人进取的原动力与自信心的源泉。秦始皇时期，在统一六国后，封禅泰山，祈求他自己与秦帝国天命永寿，仍然是秦人"受天命"思想的继承与发展。

二、商韩学说

商鞅的政治主张，因为有秦孝公的支持，在秦国基本上得到了贯彻与执行，并且取得了成功，成为此后秦国历代君主都坚持的基本国策，这在先秦诸子的学说中，可以说是极为难得的。秦始皇时期，秦帝国全面继承了先辈的政治思想，把商鞅与韩非的治国理政思想，进一步转化为法律制度和一系列具体的政治措施。

（一）商鞅学说与秦朝政治

随着秦国统一大业的完成，"商鞅政治"也由主要影响秦国的"区域性"政治思想晋升为指导全国的秦帝国的政治思想，在秦帝国的政治生活中发挥了重要作用。

自商鞅变法以来，秦国极为重视法制建设，这与商鞅变法的富国强兵精神及其政治影响是分不开的。1975 年 12 月，在湖北云梦睡虎地秦墓中发现了大量竹简，内容包括《编年记》、《语书》《秦律十八种》、《效律》、《秦律杂抄》、《法律答问》、《封诊式》、《为吏之道》、《日书》甲种、《日书》乙种等十种。墓主人喜生于秦昭王四十五年（公元前 262 年），在秦始皇时期历任安陆御史、安陆令史、鄢令史及鄢的狱吏等与司法有关的职务。喜的去世当在秦始皇三十年，说明这批秦简所反映的时代是在战国晚期到秦始皇时期。通过对这批法律文书的解读，我们可以对秦始皇

---

① 参见田延峰著：《中华帝制的精神源头——秦思想的发展历程》，人民出版社 2011 年版，第 51、52 页。

时期的法治状况有一个基本的了解。

在商鞅的治国理政过程中,农战始终放在最重要的地位。在睡虎地秦墓出土的秦国律书中,有关这方面的内容占很大的比重。《秦律十八种》中的《军爵律》,说明军爵的颁受及对立有战功者的奖赏措施。《田律》《厩苑律》《仓律》涉及农田生产,水利建设,牛马的饲养,粮食的贮存、保管、发放,山林及鸟兽的保护等方面的内容,说明秦国把对农业生产的重视与管理纳入了法律轨道。在《法律答问》涉及的一些案例中,可以看到商鞅变法所推行的小家庭形式已经在秦国占据主导地位。商鞅主张以法为教和以吏为师,同时注重对法官及官吏的选拔和培养,这在《语书》和《秦律十八种》中的《置吏律》《司空》《内史杂》《尉杂》《束属邦》以及《为吏之道》中,都有相应的要求和规定。《法律答问》《封诊式》《秦律杂抄》等,反映了秦始皇时代秦国法律的基本状况,与商鞅重视法制的主张是一致的。《效律》中有关统一度量衡的措施和规定,也反映了商鞅治理思想的法律化规定。将商鞅的治国思想与主张纳入法律规定,有些是秦始皇以前的秦国君主完成的,在秦始皇时代仍被延续遵循,有些当是秦始皇时代所做的工作。[①]总之,这些秦简的发现,无疑是商鞅治理思想在秦始皇时代仍然发挥广泛影响的有力证据。

商鞅非常重视战争对国家盛衰的作用。商鞅认为:"国待农战而安,主待农战而尊。"国家的治安、君主的权威,应该建立在战胜敌人、占领敌人的土地基础之上。"国强而不战,毒输于内,礼乐虱官生,必削;国遂战,毒输于敌,国无礼乐虱官,必强。"[②]不进行战争,就会使强国变弱;主动发动战争,则会使弱国变强。战争的法宝在于通过刑赏使人民勇敢作战,"怯民使以刑必勇,勇民使以赏则死。怯民勇,勇民死,国无敌者强,强必王"[③]。商鞅政治主张带有浓重的军国主义特色,与战国后期激烈的兼并战争的环境有着不可分割的关系,其目标在于以武力来统一天下。

---

① 参见王绍东著:《秦朝兴亡的文化探讨》,内蒙古大学出版社 2004 年版,第 145、146 页。

② 《商君书·去强》。

③ 《商君书·去强》。

　　商鞅重战思想，对秦始皇时期的政治产生了重要的影响。在《秦律十八法》的《军爵律》中，就有这样的规定："欲归爵二级以免亲父母为隶臣妾者一人，及隶臣斩首为工士，谒归公士而免故妻隶妾一人者，许之，免以为庶人。工隶臣斩首及人为斩首者，皆令为工。其不完者，以为隐官工。"① 对于"隶臣妾"的身份，学术界尚有争议，有人认为是奴隶，有人认为是罪犯，也有人认为是世袭工匠。可以肯定的是，"隶臣妾"的社会地位应该是低于平民的。这条法律表明，秦始皇时期建立战功不仅可以得到高爵厚赏，而且可以改变立功者甚至其亲人的社会地位，从而把战争的奖励对象扩展到平民以下的社会更低阶层，这为秦始皇时期发动规模更大、更残酷的兼并战争进一步创造了条件。秦朝末年，陈胜、吴广发动反秦运动后，秦二世下令章邯率领几十万刑徒和"奴产子"，击败了周文统领的十万农民军，一度稳定了秦朝的政局。一支由罪犯临时组成的队伍能有如此强大的战斗力，无疑与秦始皇时期推行商鞅奖励战功、立功者可以改变自己社会地位的政策有很大的关系。

　　商鞅的治理思想对秦朝政治也产生了重要影响。秦始皇时期采取的许多统治措施，都有着商鞅治国理政思想的烙印。

　　尊君和崇法，是商鞅治理思想的重要内容。"处君位而令不行，则危。五官分而无常，则乱。法制设而私善行，则民不畏刑。君尊则令行。官修则有常事。法制明则民畏刑。法制不明，而求民之行令也，不可得也。"② 在商鞅的政治设计中，国家最高权力结构是由"君""官""法"组成的，其中"君"处于最高地位，五官及法律都应该服务于国君。法律是保障君主尊贵、国家富强的工具。"法令者，民之命也，为治之本也，所以备民也。为治而去法令，犹欲无饥而去食也，欲无寒而去衣也，欲东而西行也，其不几亦明矣。"③ 秦始皇统一六国后，为了更有效地实施对全国的统治，把"尊君"与"尚法"作为相辅相成的统治两翼，一方面制定一整套尊君抑臣

---

① 　睡虎地秦墓竹简整理小组：《睡虎地秦墓竹简》，文物出版社 1978 年版，第 93 页。

② 　《商君书·君臣》。

③ 　《商君书·定分》。

的法律规定，把君主权力抬高到前所未有的地步；另一方面则"事皆决于法"①，以法律作为治理国家的根本手段，制定严密的法律制度，"秦圣临国，始定刑名，显陈旧章"②。

秦帝国建立后，为了统一天下人的思想，秦始皇遵照商鞅的学说，排斥诸子百家主张，专重法家一家。《商君书·靳令》中所列举的"国害"："六虱：曰礼、乐；曰《诗》、《书》；曰修善、曰孝弟；曰诚信、曰贞廉；曰仁、义；曰非兵、曰羞战。国有十二者，上无使农战，必贫至削。"既为"六虱"，自然必须除掉。根据《韩非子·和氏》的记载："商君教秦孝公……燔《诗》、《书》而明法令。"在商鞅时期就曾经有过焚书的举动。自商鞅变法以来秦国形成的轻儒的传统，在秦始皇统一天下后并没有改变，因此当李斯建议"今陛下并有天下，别黑白而定一尊。而私学乃相与非法教之制，闻令下，即各以其私学议之，入则心非，出则巷议，非主以为名，异趣以为高，率群下以造谤。如此不禁，则主势降乎上，党与成乎下。禁之便。臣请诸有文学《诗》、《书》百家语者，蠲除去之。令到满三十日弗去，黥为城旦。所不去者，医药卜筮种树之书。若有欲学者，以吏为师"时，"始皇可其议，收去《诗》、《书》百家之语以愚百姓，使天下无以古非今"③。实际上，李斯焚书的建议并不是他本人的创造发明，而是商鞅治国理政中的文化专制政策的延续和实践。

（二）韩非思想与秦朝政治

韩非本是韩国贵族，曾与李斯一起跟随有政治经验的著名学者荀况求学。李斯出身贫贱，急于出人头地，他以长于游说被秦国重用。韩非则出身韩国宗室，不像李斯那样急于功名，就把主要精力用于著书立说上面。他看到韩国在战国末期日益走向衰亡，急切探索救弱致强之道。经过对历史和时代的研究，韩非认为只有法家

---

① 《史记·秦始皇本纪》。
② 《史记·秦始皇本纪》。
③ 《史记·李斯列传》。

路线能够改变韩国的命运，"夫慕仁义而弱乱者，三晋也；不慕而治强者，秦也"①。能否奉行法治是国家强弱的关键，"国无常强，无常弱。奉法者强则国强，奉法者弱则国弱"。"当今之时，能去私曲就公法者，民安而国治。能去私行行公法者，则兵强而敌弱。"② 在这样的认识下，韩非从时代的需要出发，研究法家的治国理论，吸收了老子的"道"、商鞅的"法"、申不害的"术"、慎到的"势"以及荀子思想中的务实成分，在此基础上形成了他自己独具特色的思想体系。韩非的政治理论虽然没有达到挽救韩国命运的目的，但因为适应了建立大一统中央集权国家的历史需要，所以当秦王嬴政看到他的著作后，亦不禁拍案叫绝，感慨道："嗟乎，寡人得见此人与之游，死不恨矣！"③ 为了罗致韩非，秦国调兵攻打韩国，用武力把韩非胁迫到了秦国。由于李斯的嫉妒和迫害，韩非冤死在狱中，但他的思想却深得秦王的赏识，成为秦国统一后政治统治的指导思想。韩非政治思想集中体现在：

1. 君主的道术

（1）虚静无为

讲政治，韩非是以君主专制为主体来谈的。

在韩非看来，一人兴国，一人亡国，君王的作用别人根本无法替代。国家治理的好坏得失，最后总决定于君主是否遵循了政治治理的基本法则。

作为君主，其治理国家的最重要的法则应该是什么？或者说，其"贤主之经"是什么？

《韩非子·主道》给出了明确的答案，这就是：

第一，君主要"虚静以待令，令名自命也，令事自定也"。

《韩非子·主道》说：

　　道者，万物之始，是非之纪也。是以明君守始以知万物之源，治纪以知善

① 《韩非子·外储说左上》。
② 《韩非子·有度》。
③ 《史记·老子韩非列传》。

败之端。故虚静以待令，令名自命也，令事自定也。虚则知实之情，静则知动者正。有言者自为名，有事者自为形；形名参同，君乃无事焉，归之其情。故曰：君无见其所欲，君见其所欲，臣自将雕琢；君无见其意，君见其意，臣将自表异……

明君之道，使智者尽其虑，而君因以断事，故君不穷于智；贤者勅其材，君因而任之，故君不穷于能；有功则君有其贤，有过则臣任其罪，故君不穷于名。是故不贤而为贤者师，不智而为智者正。臣有其劳，君有其成功，此之谓贤主之经也。

道，是产生天地万物的本原，是判定是非的准则。因此英明的君主遵循着这个本原来了解万事万物的根源，研究这个准则来了解善恶成败的起因。所以君主要用虚无安静的态度来对待一切，使名称根据它所反映的内容自己来给自己命名，使事情按照它所具有的性质自己来确定自己的内容。内心虚无而没有成见，就能了解事实的真相；安静不急躁，就能了解到行动的规律。让进说的人自己来发表言论，君主不要事先规定言路；让办事的人自己去做事，君主不要事先规定他怎么做；只要拿臣下做的事和他发表的言论互相对比验证，看是否互相契合，在这方面君主用不着做其他的事，臣下就会说真话、做实事了。所以说，君主不要表现出自己的欲望。君主显露出自己的欲望，臣下便将粉饰自己的言行来迎合君主的欲望；君主不要表现出自己的想法，君主泄露了自己的想法，臣下将利用君主的想法而独自表现出异常的才能……英明君主的统治方法，是使聪明的人绞尽他们的脑汁来出谋划策，而君主便根据他们的考虑来决断事情，所以君主在智慧方面不会枯竭；使贤能的人锻炼自己的才干，君主便根据他们的才能来任用他们，所以君主在才能方面也不会穷尽；如果有功劳，那是因为君主决断、君主用人所取得的，所以君主就有了贤能的名声，一旦有了失误，由于是臣下出的主意、是臣下干的，臣下就得承担失误的罪名，所以君主在名誉方面也不会不得志。没有才能的君主却可以做能人的老师，不聪明的君主却可以做聪明人的君长。臣下承担那劳苦，君主享受那成功，这是贤明的君主应该永远遵守的法则。

第二，君主要"道在不可见，用在不可知"。

《韩非子·主道》说：

> 道在不可见，用在不可知。虚静无事，以暗见疵；见而不见，闻而不闻，知而不知。知其言以往，勿变勿更，以参合阅焉。……是故人主有五壅：臣闭其主曰壅，臣制财利曰壅，臣擅行令曰壅，臣得行义曰壅，臣得树人曰壅。臣闭其主，则主失位；臣制财利，则主失德；臣擅行令，则主失制；臣得行义，则主失明；臣得树人，则主失党。此人主之所以独擅也，非人臣之所以得操也。

君主的统治术在于隐蔽，使臣下无法测度；术的运用在于变幻莫测，使臣下不能了解。君主应该毫无成见、平心静气、无所作为，从暗地里来观察臣下的过错；看见了好像没有看见，听见了好像没有听见，知道了好像不知道。了解了臣下的意见以后，不要去改变它，不要去更动它，而是用对照验证的形名术去考察它……所以，君主有五种被蒙蔽的情况：臣下封闭他们的君主而不让君主料理国家政事；臣下控制了国家的财富和利益；臣下擅自发号施令；臣下可以施行仁义给人好处；臣下可以扶植人。臣下封闭了他的君主而不让君主处理政务，那么君主就会失去尊贵的地位；臣下控制了国家的财富和利益，那么君主就失去了奖赏的大权；臣下擅自发号施令，那么君主就失去了用来控制臣民的制度；臣下能施行仁义给人好处，那么君主就失去了民众；臣下能扶植人，那么君主就失去了党羽。这些处理国家政事、使用国家财富、发布命令、给人好处、提拔官员的权力，都是君主应该独揽的，而不是臣下可以把持的。

第三，"人主之道，静退以为宝"。

《韩非子·主道》认为：

> 人主之道，静退以为宝。不自操事而知拙与巧，不自计虑而知福与咎。是以不言而善应，不约而善增。言已应，则执其契；事已增，则操其符。符契之

所合，赏罚之所生也。故群臣陈其言，君以其言授其事，事以责其功。功当其事，事当其言，则赏；功不当其事，事不当其言，则诛。明君之道，臣不得陈言而不当。是故明君之行赏也，暖乎如时雨，百姓利其泽；其行罚也，畏乎如雷霆，神圣不能解也。故明君无偷赏，无赦罚。赏偷，则功臣堕其业；赦罚，则奸臣易为非。是故诚有功，则虽疏贱必赏；诚有过，则虽近爱必诛。疏贱必赏，近爱必诛，则疏贱者不怠，而近爱者不骄也。

君主的统治原则，以安静退让为法宝。君主不亲自操劳事务而能知道臣下的事情办糟了还是办好了，不亲自谋划而能知道臣下的计谋是得福还是得祸。因此，君主虽然不说话，但臣下却能提出很好的意见来报答君主；君主虽然对臣下做的事情不作硬性规定，但臣下却能用很好的技能来增加做事的功效。臣下的言论已经汇报上来了，君主就把它当作券契握在手中；臣下做的事已经增加了功效，君主就把它当作信符拿在手里。信符和券契对合验证的结果，就是赏罚产生的依据。所以群臣陈述自己的意见，君主根据他们的意见分别给他们事做，然后根据他们的职事来责求他们的成绩。如果取得的成绩和他的职事相当，完成职事的情况和他的报告相符合，就给予奖赏；如果取得的成绩和他的职事不相当，完成职事的情况和他的报告不相符合，就加以惩处。英明君主的统治原则，是臣下不可以陈述了意见而做不到。所以，英明的君主施行奖赏，充沛就像那及时雨，百姓都贪图他的恩惠；英明的君主执行刑罚，威严就像那雷霆，就是君主本人也不能解除它。所以英明的君主没有随随便便不合法度的奖赏，没有可以赦免的刑罚。奖赏如果苟且随便，那么就是有功之臣也懒得去干自己的事业；刑罚如果可以赦免，那么奸臣就会轻易地为非作歹。所以，如果确实有功劳，那么即使是疏远卑贱的人也一定给予奖赏；如果确实有过错，那么即使是君主亲近喜爱的人也一定加以惩处。疏远卑贱的人一定给予奖赏，亲近喜爱的人一定加以惩处，那么疏远卑贱的人做事就不会懈怠，而亲近喜爱的人也不会骄横放纵了。

在《韩非子》中，韩非突出地阐明了君主统治术的理论来源和哲学基础。他扬弃了老子的哲学思想，把老子哲学思想中最为核心的"道""虚静"等概念改造成了法家的政治思想原则，用来指导君主的统治。

《韩非子》认为，君主统治臣民的基本原则，首先是君主应该掌握反映社会规律的"道"，以便"知万物之源""知善败之端"。这种"道"的主要内容之一是虚静无为。即君主不暴露自己的欲望和见解，"见而不见，闻而不闻，知而不知"，使臣下无法算计自己。君主应该"有智而不以虑""有贤而不以行""有勇而不以怒"，应该充分利用臣下的智慧、才能和勇力。这样才能做到"有功则君有其贤，有过则臣任其罪"，是"臣有其劳，君有其成功"。其次是君主应该对臣下加以严格的考核，实行严格的赏罚。君主无为，并不是让君主什么事都不做，而只是要君主"虚静以待"，使"有言者自为名，有事者自为形"，然后参合形名，根据考核的结果实施赏罚，做到"无偷赏，无赦罚"，"诚有功则虽疏贱必赏，诚有过则虽近爱必诛"。最后是君主应该牢牢掌握国家大权，不能让臣下"闭其主""制财利""擅行令""行义""树人"。否则，君主就有大权旁落甚至被弑的危险。

（2）赏罚利器

"人主者，以刑德制臣者也。"赏罚利器不可以示人，君主要独立实行赏罚，不可以将赏罚二柄借给臣下。

《韩非子·二柄》说：

> 明主之所导制其臣者，二柄而已矣。二柄者，刑、德也。何谓刑德？曰：杀戮之谓刑，庆赏之谓德。为人臣者畏诛罚而利庆赏，故人主自用其刑德，则群臣畏其威而归其利矣。故世之奸臣则不然，所恶，则能得之其主而罪之；所爱，则能得之其主而赏之。今人主非使赏罚之威利出于己也，听其臣而行其赏罚，则一国之人皆畏其臣而易其君、归其臣而去其君矣。此人主失刑德之患也。

明君用来控制臣下的手段，主要是两种权柄。这两种权柄，就是刑和德。什么是刑德？杀戮的权力叫作刑，奖赏的权力叫作德。做臣下的害怕杀头惩罚而贪图奖励赏赐，所以，君主如果使用刑赏的大权，群臣就会害怕君主用刑的威势，追求君主行赏的好处。但是当世的奸臣却不是这样，他对所憎恶的人，就能从他君主那里取得刑赏大权来惩治他们；他对所喜欢的人，就能从他君主那里取得刑赏大权来奖赏他们。现在如果君主不是使赏罚的威势和好处出于自己，而听任他的臣下去行使自己的赏罚大权，那么全国的民众就都会害怕他的臣子而看轻他们的君主、归附他的臣子而背离他们的君主了。这是君主失去刑赏大权的祸害啊。

（3）审合刑名

韩非的虚静参验和赏罚是紧紧联系在一起的，坚守虚静参验，进而实行赏罚，这是《韩非子》理想中的明君之道。虚静参验是过程和手段，而赏罚则是虚静参验的举措和结果。虚静、参验、赏罚一起构成明君之道的内涵。

> 人主将欲禁奸，则审合刑名者，言异事也。为人臣者陈而言，君以其言授之事，专以其事责其功。功当其事，事当其言，则赏；功不当其事，事不当其言，则罚。故群臣其言大而功小者则罚，非罚小功也，罚功不当名也；群臣其言小而功大者亦罚，非不说于大功也，以为不当名也害甚于有大功，故罚。昔者韩昭侯醉而寝，典冠者见君之寒也，故加衣于君之上。觉寝而说，问左右曰："谁加衣者？"左右对曰："典冠。"君因兼罪典衣与典冠。其罪典衣，以为失其事也；其罪典冠，以为越其职也。非不恶寒也，以为侵官之害甚于寒。故明主之畜臣，臣不得越官而有功，不得陈言而不当。越官则死，不当则罪。守业其官，所言者贞也，则群臣不得朋党相为矣。[1]

君主想要禁止奸邪，就得审察考核实际情况是否与名称相合，这也就是看臣下的言论是否不同于他们所做的事。让做臣下的陈述他们的意见，君主便根据他们的意见交给他们职事，然后专门根据他们的职事来责求他的成绩。如果取得的成绩和他的职事相当，完成职事的情况和他们的话相符合，就给予奖赏；如果取得的功绩和他们的职事不相当，完成职事的情况和他们的话不相符合，就加以惩罚。所以，

---

[1] 《韩非子·二柄》。

群臣之中那些话说大了而功绩小的就要惩罚，这不是惩罚他们取得的功绩小，而是惩罚他取得的功绩与他的言论不相当；群臣之中那些话说小了而功绩大的也要惩罚，这并不是不喜欢大功，而是认为功绩与言论不相当的危害超过了他们所取得的大功，所以要惩罚。从前韩昭侯喝醉了酒睡着了，掌管君主帽子的侍从看见君主受寒了，所以把衣服盖在君主的身上。韩昭侯睡醒后很高兴，问身边的侍从说："盖衣服的是谁？"身边的侍从回答说："是掌管帽子的侍从。"于是韩昭侯同时惩处了掌管衣服和掌管帽子的侍从。韩昭侯惩处掌管衣服的侍从，是认为他没有尽到他的职责；韩昭侯惩处掌管帽子的侍从，是认为他超越了他的职责范围。韩昭侯并不是不怕着凉，而是认为侵犯他人职权的危害比自己着凉更加危险。所以英明的君主蓄养驾驭臣下时，臣下不得超越职权去立功，说话与做事也不可以不相当。超越了职权就处死，言行不一致就治罪。诸臣都在他们自己的职权范围内恪守职务而不越职取功，所说的话与所做的事相当，那么群臣就不能拉党结派、狼狈为奸，危害君主了。

（4）使法择人，使法量功

韩非主张以法治国，要求君主按照法律规定严格执法，以维护君主的权威。"法也者，官之所以师也。"[1]"法不阿贵，绳不挠曲……刑过不避大臣，赏善不遗匹夫。"[2]

> 当今之时，能去私曲就公法者，民安而国治。能去私行行公法者，则兵强而敌弱。……故明主使法择人，不自举也；使法量功，不自度也。能者不可弊，败者不可饰，誉者不能进，非者弗能退，则君臣之间明辨而易治，故主雠法则可也。[3]

当今之世，能够除去臣下谋取私利的歪门邪道而追求实施国法的国家，民众就安定，国家就太平；能够除去臣下谋取私利的行为而实行国法的国家，兵力就强大，

---

① 《韩非子·说疑》。
② 《韩非子·有度》。
③ 《韩非子·有度》。

而敌人相对变得弱小……因此，英明的君主用法制来选择人才，不凭自己的感觉来提拔；用法制来衡量功劳，不凭自己的主观意识来估量。这样，有才能的人就不会被埋没，败坏事情的人就不能文过饰非，徒有虚名的人就不能够当官晋升，有功劳而被毁谤的人就不会被降职或罢官。可见，一切依法办事，那么君臣双方都能够明确地辨别功过是非，而国家也就容易治理了，所以说，君主的统治术，重在用法就可以了。

（5）防范"八奸"

韩非认为，人臣所能够危害君主的地方，主要表现为八个方面：

> 凡人臣之所道成奸者有八术：一曰在"同床"。何谓"同床"？曰：贵夫人，爱孺子，便僻好色，此人主之所惑也。托于燕处之虞，乘醉饱之时，而求其所欲，此必听之术也。为人臣者内事之以金玉，使惑其主，此之谓"同床"。二曰"在旁"。何谓"在旁"？曰：优笑侏儒，左右近习，此人主未命而唯唯、未使而诺诺、先意承旨、观貌察色以先主心者也。此皆俱进俱退、皆应皆对、一辞同轨以移主心者也。为人臣者内事之以金玉玩好，外为之行不法，使之化其主，此之谓"在旁"。三曰"父兄"。何谓"父兄"？曰：侧室公子，人主之所亲爱也；大臣廷吏，人主之所与度计也。此皆尽力毕议、人主之所必听也。为人臣者事公子侧室以音声子女，收大臣廷吏以辞言，处约言事，事成则进爵益禄，以劝其心，使犯其主，此之谓"父兄"。四曰"养殃"。何谓"养殃"？曰：人主乐美宫室台池，好饰子女狗马以娱其心，此人主之殃也。为人臣者尽民力以美宫室台池，重赋敛以饰子女狗马，以娱其主而乱其心，从其所欲，而树私利其间，此谓"养殃"。五曰"民萌"。何谓"民萌"？曰：为人臣者散公财以说民人，行小惠以取百姓，使朝廷市井皆劝誉己，以塞其主而成其所欲，此之谓"民萌"。六曰"流行"。何谓"流行"？曰：人主者，固壅其言谈，希于听论议，易移以辩说。为人臣者求诸侯之辩士，养国中之能说者，使之以语其私——为巧文之言、流行之辞，示之以利势，惧之以患害，施属虚辞以坏其主，此之谓"流行"。

七曰"威强"。何谓"威强"？曰：君人者，以群臣百姓为威强者也。群臣百姓之所善，则君善之；非群臣百姓之所善，则君不善之。为人臣者，聚带剑之客，养必死之士，以彰其威，明为己者必利，不为己者必死，以恐其群臣百姓而行其私，此之谓"威强"。八曰："四方"。何谓"四方"？曰：君人者，国小则事大国，兵弱则畏强兵。大国之所索，小国必听；强兵之所加，弱兵必服。为人臣者，重赋敛，尽府库，虚其国以事大国，而用其威求诱其君；甚者举兵以聚边境而制敛于内，薄者数内大使以震其君，使之恐惧，此之谓"四方"。凡此八者，人臣之所以道成奸，世主所以壅劫、失其所有也，不可不察焉。①

大凡臣下所以能够挟制君主，阴谋得逞，主要使用八种手段：第一叫作"同床"。什么叫作"同床"？高贵的皇后夫人，得宠的姬妾妃子，善于逢迎谄媚的美女，这是君主所醉心的。让她们依靠君主退朝后和她们同居时的欢乐，趁君主酒醉饭饱的时候，来求取她们想要的东西，这是一种使君主一定能听从的手段。做臣子的在内中用金玉珍宝来奉承贿赂她们，让她们去蛊惑君主，这就叫作"同床"。第二叫作"在旁"。什么叫作"在旁"？就是供君主取乐能使人发笑的滑稽演员和矮人，君主身边的侍从和亲信，这些都是君主还没有下命令就说"是是是"、还没有使唤他们就说"好好好"、在君主的意思还没有表达出来之前就能奉承君主的意图、能靠察言观色来事先摸到君主心意的人。他们联合起来，进一起进、退一起退，共同应诺、共同回答，靠统一口径和一致行动来改变君主主意的人。做臣子的在内中用金银玉器、珍贵的玩物奉承贿赂他们，在外面替他们干非法的事，然后让这些能够接近君主之人腐蚀改造他们的君主，这就叫作"在旁"。第三叫作"父兄"。什么叫作"父兄"？就是君主的兄弟儿子，是君主亲近宠爱的人；权贵大臣、朝廷上的官吏，是和君主一起谋划国家大事的人。这些都是竭尽全力一起议论而君主一定能听从他们意见的人。做臣子的用动听的音乐和美丽的少女来侍奉讨好君主的儿子和兄弟，用花言巧语来

---

① 《韩非子·八奸》。

笼络收买权贵大臣和朝廷上的官吏，和他们订立盟约，叫他们按他的意图去给君主谋划事情，事情如果成功，就答应给他们晋级加薪，用这种方法来鼓他们的劲，使他们去干扰他们的君主，这就叫作"父兄"。第四叫作"养殃"。什么叫作"养殃"？就是君主喜欢修筑美化宫殿房屋、亭台楼阁、池塘园林，爱好装饰打扮少女狗马来寻欢作乐，这是君主的祸殃啊。做臣子的用尽民力来修筑美化宫殿房屋、亭台楼阁、池塘园林，重征赋税来装饰打扮少女狗马，以便使他们的君主寻欢作乐而神魂颠倒，他们顺从了君主的欲望而在修饰亭台楼阁和美女狗马的过程中大捞油水，这就叫作"养殃"。第五叫作"民萌"。什么叫作"民萌"？就是做臣子的挥霍公家的财物来讨好民众，施行小恩小惠来收买百姓，使朝廷和城市乡村的人都称赞他们自己，用这种办法来蒙蔽他们的君主而使他们的欲望得逞，这就叫作"民萌"。第六叫作"流行"。什么叫作"流行"？就是君主本来就不畅通他的言路，很少去听取别人的议论，所以很容易被动听的游说打动而改变主意。做臣子的就搜罗各国能言善辩的说客，收养国内能说会道的人，派他们为自己的私利去向君主进说，让他们设计巧妙文饰的话语和流利圆通的言辞，用有利的形势来启发君主，用灾难祸害来恐吓君主，杜撰虚假的言辞来损害君主，这就叫作"流行"。第七叫作"威强"。什么叫作"威强"？就是统治民众的君主，是靠群臣百姓来形成强大的威势的。群臣百姓认为好的，君主就认为它好；群臣百姓不认为好的，君主也就不认为它好。做臣子的，聚集携带刀剑的侠客，豢养亡命之徒，借此来显示自己的威势，说明为自己的一定有好处，不为自己的一定要被杀死，用这个来恐吓他的群臣百姓而谋求他的私利，这就叫作"威强"。第八叫作"四方"。什么叫作"四方"？就是当君主的，自己国家小就得侍奉大国，兵力弱小就害怕强大的军队。大国的勒索，小国一定听从；劲旅压境，弱小的军队一定屈服。做臣子的，重征赋税，耗尽国库，挖空自己的国家去侍奉大国，而利用大国的威势来勾引诱惑自己的君主；厉害的，还发动大国的军队聚集在边境上来挟持国内，轻一点的，便屡次招引大国的使者来恐吓自己的君主，使君主害怕，这就叫作"四方"。大凡这八种方法，是臣子用来使他们的阴谋得逞的手段，也是君主受蒙蔽胁迫，以致丧失了自己所拥有的权威的原因。对于损害君主利益的"八奸"，英明君主不可不仔细审察呀。

（6）人主应该杜绝十项过错

韩非认为，人君应该杜绝危害国家与自身利益的十项过错。这"十过"具体就是：

> 一曰行小忠，则大忠之贼也。二曰顾小利，则大利之残也。三曰行僻自用，无礼诸侯，则亡身之至也。四曰不务听治而好五音，则穷身之事也。五曰贪愎喜利，则灭国杀身之本也。六曰耽于女乐，不顾国政，则亡国之祸也。七曰离内远游而忽于谏士，则危身之道也。八曰过而不听于忠臣，而独行其意，则灭高名为人笑之始也。九曰内不量力，外恃诸侯，则削国之患也。十曰国小无礼，不用谏臣，则绝世之势也。①

十种过错：

一是奉行对私人的小忠，那是对大忠的一种戕害。

二是只顾小利，那是对大利的一种残害。

三是放肆作恶，刚愎自用，对待诸侯没有礼貌，那是使自己身亡的原因。

四是不致力于治理国政而爱好音乐，那是使自己陷入困境的事情。

五是贪婪固执、利迷心窍，那是亡国杀身的祸根。

六是沉迷于女色享乐，不顾国家的政事，那就有国家灭亡的祸害。

七是离开朝廷到远处游玩，面对劝谏的大臣不加理睬，那是危害自身的做法。

八是犯了错误而不听忠臣的劝告，一意孤行，那是丧失崇高的名声而被人讥笑的开始。

九是对内不衡量一下自己的力量，而去依靠外国诸侯，那就有国土被割削的祸患。

十是国家弱小而没有礼貌，又不听大臣的劝谏，那就有断绝后嗣的危险。

---

① 《韩非子·十过》。

常言道，治理国家者，首先应该从修身做起，做到有理想，有道德，有文化，有能力，高瞻远瞩，具备战略眼光，防微杜渐，懂得"生于忧患死于安乐"的道理，懂得大小之辨，谨慎小心，这样才能治理好国家。

2. 君臣关系的真相与解决办法

（1）从"竖刁现象"看君臣间关系的真相

《韩非子》治吏理念的理论基础来自他对历史上君臣关系真相的探讨与研究。

在《韩非子·难一》中，韩非为我们讲了这样一个故事：

> 管仲有病，桓公往问之，曰："仲父病，不幸卒于大命，将奚以告寡人？"管仲曰："微君言，臣故将谒之。愿君去竖刁，除易牙，远卫公子开方。易牙为君主味，君惟人肉未尝，易牙蒸其子首而进之。夫人情莫不爱其子，今弗爱其子，安能爱君？君妒而好内，竖刁自宫以治内。人情莫不爱其身，身且不爱，安能爱君？开方事君十五年，齐、卫之间不容数日行，弃其母，久宦不归。其母不爱，安能爱君？臣闻之：'矜伪不长，盖虚不久。'愿君去此三子者也。"管仲卒死，桓公弗行。及桓公死，虫出尸不葬。

管仲有病，齐桓公前往问政。桓公咨询："仲父病了，假如由于自然寿数的关系而不幸逝世，您将用什么来劝告我呢？"管仲回答说："即使没有您的问话，我本来也要告诉您。希望您去掉竖刁，除掉易牙，疏远卫国公子开方。易牙为您主管伙食，您只有人肉还没有吃过，易牙就把自己儿子的头蒸了进献给您。人的感情没有不爱自己儿子的，现在他不爱自己的儿子，哪会爱君主呢？您嫉妒卿大夫而爱好后宫的女色，竖刁就自己割去了睾丸来管理后宫。人的本性没有不爱自己身体的，自己的身体尚且不爱，哪能爱君主呢？开方侍奉您十五年，齐国、卫国之间要不了几天的行程。他却抛弃了他的母亲，长期在外做官而不回家探望。连自己的母亲都不爱，哪能爱君主呢？我听说过这样的话：'从事诡诈，不会久长；掩盖虚假，不能经久。'请君主除去这三个人。"管仲死后，齐桓公没按管仲的话去做。齐桓公晚年到外地游猎时，三人果然趁间作乱，将齐桓公囚禁起来，齐桓公被饿死，好几个月都无人问及，尸体上的蛆虫爬出了门也没有收葬。

其实，管仲的君臣关系论是符合常人的基本感情的，如果一个人为了达到某种目的连自己的身体、自己的亲生儿子、自己的亲生母亲都不爱，那么他怎么可能会发自内心地爱戴并效忠于自己的君主呢？

然而，韩非对管仲的这种观点并不认同。

韩非认为："臣尽死力以与君市，君垂爵禄以与臣市。君臣之际，非父子之亲也，计数之所出也。君有道，则臣尽力而奸不生；无道，则臣上塞主明而下成私。"君臣之间不能靠亲情感情来维系，而要依靠利益这一纽带作用来维系。管仲之论是不懂得用法度来管理臣下。

在韩非看来，政治领域的人际关系法则实质上表现为权力与利益的一种"互市"关系。决定君臣处理权力与利益关系的原则，不在领导与被领导之间内在的情感与动机，而在执政者是否"有道"，即是否建立合适的法度。换言之，决定人臣最终政治行为的关键因素，不在他们的动机如何，而在君主是否能够有切实的措施来加以应对，即所谓"君有道，则臣尽力而奸不生；无道，则臣上塞主明而下成私"。韩非认为，人们追求利益之动机并不可怕。人各自利，这是一个必须面对的事实。人的动机与行为都是为了追求自身利益最大化，这是权力场的法则。权力与利益之间的博弈，可以通过外在的制度规则加以引导与约束。一方面，可以通过利益驱动机制，引导人们最大限度地发挥个人潜能及创造力，将个人利益与国家利益融为一体；另一方面，对于邪恶动机所具有的破坏倾向，可以通过外在的一系列制度规范加以最大限度的规避。所谓明主之道"设民所欲以求其功，故为爵禄以劝之；设民所恶以禁其奸，故为刑罚以威之。庆赏信而刑罚必，故君举功于臣，而奸不用于上，虽有竖刁，其奈君何？"

韩非认识到，君臣异利，蕴含着正负两面的两种可能性。关键在于执政者的治吏理念，是否意识到君臣之间实质为利益与权力的博弈关系，并且加以有效引导与防范。如果君主认识到君臣不同道、君主不同利这两个关键点，引入客观规则加以引导与防范，那么，君臣之间就可能由"异利"转变为"互利"；如果君主没有意识到君臣异利所蕴含的权力与利益之博弈，盲目信任，忽视监管，其后果不堪设想。

韩非认为，既然君臣关系的实质是一种权力与利益的互市关系，君臣之间的博弈就不可避免。在这种现实情况下，君臣关系就不能用感情关系来维系，不能将私人情感夹杂其中，而应该建立"互市规则"，即国家政治的法度秩序，在买卖博弈关系中达到一个稳定的"双赢"或者"多赢"的满意结局与比较理想的状态。

（2）君臣不同利所决定的各方责任与义务

在韩非的政治思想中，君主与群臣地位不同，利益也不相同。韩非说：

> 臣主之利与相异者也。何以明之哉？曰：主利在有能而任官，臣利在无能而得事；主利在有劳而爵禄，臣利在无功而富贵；主利在豪杰使能，臣利在朋党用私。是以国地削而私家富，主上卑而大臣重。故主失势而臣得国，主更称蕃臣而相室剖符。此人臣之所以谲主便私也。[①]

君臣的利害关系是不同的。如何知道这点呢？君主的利益在于谁有才能就任命他当官，臣子的利益在于没有才能而能得到官职；君主的利益在于谁有了功劳就给他爵位和俸禄，臣子的利益在于没有功劳却能富裕高贵；君主的利益在于发现豪杰而使用他们的才能，臣子的利益在于拉帮结派而任用自己的党羽。因此，君主的国土被侵占割削而大臣私人家邑反而富裕，君主权势衰微而大臣权势更重。因此君臣易位，权臣窃国。这就是大臣欺诈君主满足私利的原因。因为君臣利益不同，利君则害臣，利臣则害君，"君臣之利异，故人臣莫忠。故臣利立而主利灭"[②]。因此，君主与臣下时时处在尖锐的冲突之中。正因为如此，韩非才会总结"凡人臣之所道成奸者有八术"，提出臣下会利用"同床""在旁""父兄""养殃""民萌""流行""威强""四方"等八种方法来实现其阴谋。同样，君主的法、术、势三宝所要对付的，主要也是人臣。因为君臣的利益是对立的、此消彼长的关系，为了维护君主的地位和利益，

---

① 《韩非子·孤愤》。

② 《韩非子·内储说下六微》。

君主就要注意削弱臣下的利益，也就是臣下的权势和富贵。君主不能让臣下太贵、太富、太近，以防止发生君臣易位的后果。总之，按照《韩非子》的政治设计，君臣的正常关系应该是君臣之间，君上臣下，君主地位尊贵，臣下地位低下。但因为君臣一不同道，二不同利，客观上存在着博弈的关系，如果臣下地位尊贵，又拥有财富和权势，就会威胁君主的地位，因此君主必须利用好刑赏法度，以保证君主至高无上的地位，同时使臣下服从君主的意志，竭尽全力为君主服务。

既然在传统政治结构中君臣之间是一种"君臣异利""君臣互市""君臣互利"的实质性关系，那么保证这个结构正常运转就必须做到君主与臣下都要各尽其职，努力做好自己的本分。君主的统治要求前面已经专门谈到，现在谈谈韩非眼中臣下的标准与义务。

在传统政治运作结构中，韩非特别强调人臣在君臣利益交换过程中的基本要求，这就是人臣必须忠于职守，尽力做好自己的本职工作，保持一个"忠臣"形象。

按照韩非的设计，在正直透明的规则体系之中，人臣可以不必对人主有个人情感，比如报恩、爱戴、效死之类，但必须做到忠于职守，因为这是他们分内应尽之义务，即所谓食君之禄、忠君之事也。人臣在获得爵禄得偿所愿、达到目的之后，需要诚信地履行自己的责任和义务，做到尽职尽责。在《韩非子》中，韩非用大量的故事多次提到了这一点。总之，在韩非的政治学中，君臣之间是一种在利益与权力基础上建立起来的博弈关系。理想的君臣状态应为正当规则主导之下的利益交换关系。君臣各自利，自利同时又利他，故而能够促成君臣合作，实现共赢。君臣能否实现共赢的关键，在于合作规则是否公平、公正、公开、透明并且切实得到贯彻实施。如果指导君臣雇佣关系之规则没有瑕疵，那么，人臣就会像庸客为主人那样尽心尽责干活，恪尽职守，廉洁奉公，为人主尽心竭力，全心全意地做好职责范围内的事情。

3. 官吏滥权成因及主要表现

君臣之利益博弈与权力较量，若缺乏正当规则的引导，势必酿成公权之滥用，腐败由此产生。腐败概念，外延很广，长期以来，众说纷纭，很难有一个绝对标准的说法。然而，腐败概念的内核却非常清晰，那就是滥用公权力以及以权谋私。作为人类社会的一种普遍现象，腐败在国家机器尚存之时代，根本无法彻底消除。腐败涉及政治、经济、军事、文化、教育等多个领域，现代社会之腐败除了政治领域诸如以权谋私、任人唯亲之外，还更多表现为"权力寻租"，当权者彼此之间形成权权交易、政治领域与经济领域之间形成权钱交易、当权者与异性之间形成权色交易等。在特定时代背景下，韩非对腐败现象的分析，主要集中在政治领域，应该说，这是各种官吏滥权现象中之最核心部分。或者说，所有腐败，其实都与公权力之滥用密切相关，而公权力之滥用，实为政治领域腐败之最基本特征。[①]

（1）官吏滥权之主要成因

从历史上看，对于公权力滥用之成因，先秦儒家将之归结为人性的贪欲。既然"衣食男女人之大欲"是人的自然天性，那么因为"衣食男女"所引发的人之贪欲也就不可避免。孔子、孟子都对于人欲泛滥所蕴含的潜在破坏性抱有深刻的戒心。因此之故，儒家往往避免正面谈论利欲，强调诉诸内在之心性涵养，见贤思齐，修身、慎独、自律以节制个人私欲之泛滥。

与孔、孟等人对人之欲望认识的思路不同，韩非分析政治现象，并不讳言人们追求利益之动机，他不主张运用好坏道德这个标准去判断人之动机；相反，他要求执政者要根据实际情况充分利用与疏导人的这种欲望，以调动人的积极性，充分利用官吏和民众为自己谋利益的动机去驱动他们为国家服务、为社会服务。在韩非看来，人的动机如何并不重要，与其挖空心思去追究难以捉摸之内在动机，还不如立足于简单明白之实际行为，即执政者承认人之欲望，然后建立法度利用和控制好这些欲望。

第一，韩非认为，政治腐败之产生，君主负有不可推卸之责任。

马基雅维利在《论李维》一书中认为："君主不应抱怨他所统治的人民犯下的罪

---

① 参见宋洪兵著：《循法成德：韩非子真精神的当代诠释》，生活·读书·新知三联书店 2015 年版，第 176 页。

行，因为这些罪行不是来自他的疏忽大意，就是因为他的诸如此类的过失。"①与马基雅维利的观点一样，韩非认为，政治腐败之直接原因，首先应该归责于奸臣当道，而奸臣当道又应归责于君主之昏聩无能。因此，在韩非看来，政治腐败之产生，君主负有不可推卸之责任。"君臣异利"，这是一个无法回避的事实，此时，决定大臣忠奸、廉污取向的关键因素，就在于君主是否意识到"君臣异利"之事实，并且采取有效之规则来加以约束与防范。如果意识到君臣异利并加以正确引导，就会有效防止人臣权力之滥用；相反，如果一厢情愿地认定君臣同利，忽视引导与防范，其结果就会导致权臣当道及朋党政治等腐败现象之产生。君主的政治见识及其采取的政治行为，乃是决定人臣是否腐败之关键。

第二，权力与利益之内在关联是导致腐败产生之根本原因。

如果说权力滥用是腐败之表象的话，那么，在韩非看来，人类需要权力，离开权力，人类社会之正常秩序就很难得以维持，所谓"尧为匹夫，不能治三人"②。作为维持人类社会秩序的基本要素之一，权力具有强制性特征："柄者，杀生之制也；势者，胜众之资也。"③权力之强制性特征，又与人的利益密切相关。可以说，如果没有利益内涵之权力，其对于人类来说，是缺乏吸引力的。一般说来，与权力相关的利益主要包含尊重、安全与收入三个方面。韩非对此有深刻的认识，他认为权力如果没有蕴含尊重、安全与收入等方面的利益，即使是天子这样的位置，也不会具有吸引力，所以在三代时期才会出现轻辞天子之位的"禅让"现象；相反，一旦权力与利益挂钩时，即使县令这样的小官，人们也会争相夺取，原因无他："薄厚之实异也。"④正是因为权力与利益密切相关，才会导致手握权力之人为了攫取更多利益不择手段甚至铤而走险，从而导致权力被滥用，腐败由此滋生。

第三，腐败产生的深层原因是官僚体制之层级分权。

---

① 参见马基雅维利著，冯克利译：《论李维》，上海人民出版社2005年版，第397页。

② 《韩非子·难势》。

③ 《韩非子·八经》。

④ 《韩非子·五蠹》。

韩非的政治思想具有明显的官僚制色彩。在官职层级制层面，韩非敏锐地发现了一个治理该困境的思路，这就是任何统治机构的运转无法凭借一个或几个人实现，势必需要一个统治集团，由此意味着统治权力的等级分配。只要政治权力不是完全集中于一人并由其单独行使，那么就无可避免地存在统治集团中的个人或群体利用手中权力谋取私利之可能性。如何借人成势在实现统治的同时又不致使公权力被滥用而最终损害最高统治者之利益，在韩非看来，是一件非常困难的事情。这个困境直接导致根除腐败成为一个不可能实现的目标。

第四，政治腐败之产生，还与权力之可传递性密切相关。

由于政治统治之实现离不开层级分权，分权导致官员自身滥用权力之可能性难以避免。同时，权力可传递性特质，更使得权力滥用成为一种普遍的政治现象。所谓权力可传递性特质，是指与权力所有者关系亲密之人利用亲近关系形成的优势影响力，进而以此谋取私利。权力的可传递性特征，在政治领域无处不在，无时无刻不在影响着正常的政治运作，如此，权力滥用之可能亦随之无限增大，政治腐败亦因此成为人类难以根除之痼疾。或许，腐败是人类社会根深蒂固的宿命。只要有权力的地方存在，就会存在权力滥用之可能性。就此而言，彻底消除腐败，追求绝对的河清海晏，终究是一种虚无缥缈的政治幻想。① 由此可见，反对腐败是一个伴随人类社会发展的永久性的政治工程。

（2）官吏滥权之主要表现

在韩非看来，政治领域的腐败现象主要表现在以下几个方面：

第一，官员收受贿赂，徇私枉法。

韩非发现，在政治领域普遍存在着利用私人情感关系在人事安排及赏罚方面违背正当规则的腐败行为。韩非将这种腐败现象描述为"货赂"（财物贿赂）、"请谒"（托关系）、"私门之请"（托关系）。《韩非子·说疑》说："为人臣者，有侈用财货赂以

---

① 参见宋洪兵著：《循法成德：韩非子真精神的当代诠释》，生活·读书·新知三联书店2015年版，第186—190页。

取誉者"，将这种向上级行贿以博取好名声的做法视为"五奸"之一；《韩非子·五蠹》也称："其患御者，积于私门，尽货赂而用重人之谒，退汗马之劳。"所谓患御者，即指那种只享受利益而不承担任何义务之极端自利者，他们为了达到自身利益之最大化，通过贿赂及托关系的方式来逃避兵役及劳役等政治义务。

第二，请托之风盛行。

在《韩非子·外储说左上》中，有一个故事，说明了请托说情在政治领域尤其人事安排层面具有极大的危害性，因为它破坏了政治规则之公平性。

韩昭侯对申不害说："法度很不容易实行。"申不害说："所谓法，就是看到谁有功劳就给予赏赐，依据才能而授予官职。如今君主设立了法度，而又听从左右近臣的请托，这就是法度实行起来很困难的原因。"昭侯说："我从今以后知道怎样实行法度了。我还听什么请托呢？"有一天，申不害请求任用他的堂兄为官，昭侯说："这不是我从您那儿学来的道理呀。我是听从您的请托，从而破坏您的治国思想呢？还是忘掉您的请托这件事呢？"申不害听后后悔不已，赶紧退出宫殿并请求治罪。

事实上，所谓请托就是跑关系、走门路、通关节。这是中国传统人情社会最常见的现象。在这样的社会里，人际关系具有至高无上的神通，几乎所有的事情都需要找熟人、跑关系。有关系一路畅通，无所不能；没有关系则寸步难行，至少会遭遇冷脸和刁难。关系型社会实际意味着无序和规则的缺失。即便建立了法度，也只能是一种装饰和摆设，无法真正对社会起到约束和制衡作用。因为法律规定在人情关系面前可能会不堪一击。韩非等先秦法家努力倡导的，便是要使国家走出关系型社会，让完善的法律成为规范整个社会生活的唯一标准，从而实现社会的有序化。申不害是战国时期法家的代表人物之一，他在理论上对于法治的认识和论述非常系统和深刻。他告诫韩昭侯做事严格依照规矩，不在法度之外答应身边亲近臣子的请托，在全社会树立法律的权威和尊严。可是，当申不害遇到人情与请托二难时，他还是首先选择了破坏他自己的政治法度主张的人情社会规则，向君主请求给自己的堂兄一个官职，而没有想到堂兄是无功受禄，也没有考虑堂兄的能力如何。这个事例说明了在中国建立法治社会的必要性与艰难性。

第三，滥用职权，谋取私利。

韩非身处战国末期，目睹韩国当时政治生态中广泛存在的卖官鬻爵、滥用职权的腐败现象，感到十分忧虑。在韩非看来，官职爵禄之功能，在于君主进贤才劝有功，从而治理好国家。然而，如果金钱与权力形成合谋关系，权钱交易介入政治领域，势必导致官职爵禄原有的奖赏激励功能根本丧失，其结果便是"劣币驱逐良币"，真正有才能的人被排斥，从而引发"亡国之风"①。

韩非认为：

> 释法禁而听请谒，群臣卖官于上，取赏于下，是以利在私家而威在群臣。②

韩非强调君臣之间本质上虽然是一种基于利益的买卖互换关系，但这种关系是基于能力与爵禄之政治权利规则的公平交换，而非通常意义上金钱与权力之间形成的滥用职权，谋取私利。朝堂上官员济济，然而各怀鬼胎，阳奉阴违，欺上瞒下，人浮于事；各打自己的算盘，一门心思巩固已有的地位和既得利益，并寻求一切可能的机会投机钻营往上爬，或者拼命为自己捞取更多的实惠，没有人真心实意地为国家的现实问题和长远利益考虑。韩非认为，在这样的政治氛围下，满朝文武竟然找不到为国为君之臣，岂不等于无臣？如此说来，一眼望去，人满为患的朝堂，实质上竟是空空荡荡！因此国政徒有其表，实际上已经陷入深重的危机。一旦有风吹草动，无论是内忧还是外患，都足以导致君主身亡政息。

第四，中饱私囊，贪污公家财物。

贪污公家财物亦是古今政治腐败的一种突出现象。韩非对此也有相当深刻的阐述。

《韩非子·外储说左下》中记载了这样一个故事：

> 韩宣子曰："吾马菽粟多矣，甚臞，何也？寡人患之。"周市对曰："使驺尽

---

① 《韩非子·八奸》。
② 《韩非子·饰邪》。

粟以食，虽无肥，不可得也。名为多与之，其实少，虽无臞，亦不可得也。主不审其情实，坐而患之，马犹不肥也。"

韩宣子说："我的马，豆类谷物等饲料已经给得很多了，却很瘦，为什么呢？我对此十分担忧。"周市回答说："假如马夫把所有的饲料都拿来给马吃，就是不要它肥，也不可能。名义上是给了马很多饲料，实际上马吃到的饲料很少，即使不要它瘦，也不可能。主上不去仔细考察它的实际情况，只是坐着为此发愁，马还是不会肥的啊。"

通过韩宣子与周市的对话可知，马料不可谓不丰富，然而由于喂马之人中饱私囊，克扣马料，贪污公家财物，致使马瘦弱不堪。喂马如此，治理国家的道理何尝不是如此呢？韩非是在借这个故事揭露官吏"中饱"从而导致了国家贫弱。

第五，利用裙带关系谋取私利。

利用裙带关系谋取私利也是政治腐败的一个重要表现。政治领域的裙带关系，直接侵蚀了公平与公正的政治原则。所谓裙带关系，就是亲属及关系亲近者之间形成的利益同盟关系。具体在政治领域，大多表现为任人唯亲、为亲谋利。作为手握权势一方，在人事任免及利益分配方面，倾向于为那些与自己关系亲近的人谋利，此为第一层级的裙带关系腐败；作为有权势之人的亲属或亲近之人，亦可因裙带关系而获得优势影响力，进而为自己及自己身边的人谋取私利，这是第二层级的裙带关系腐败。[①]

第六，权臣当国与朋党政治。

韩非认为，当权重臣之所以能够结党营私、以权谋私，害君害国，根本原因就在于他们手中拥有权势，而当权重臣的权势又源自君主的信任与授权。在韩非看来，权臣所以能够得逞其私欲，正在于他们善于揣摩君主心思，充分利用君主的人性弱点，投其所好，阿谀奉承，从而骗取君主信任并授权。而当权重臣一旦大权在握，

---

① 参见宋洪兵著：《循法成德：韩非子真精神的当代诠释》，生活·读书·新知三联书店2015年版，第179页。

势必充分利用自身已经获得的政治影响力，在人事任免及政治考核过程中，举荐自己的亲信，排斥异己，拉帮结派构建自己的小利益集团，从而谋取私利，胡作非为，甚至擅权以害君乱政。有鉴于权臣当国与朋党政治在政治领域之腐败情状及其巨大危害，韩非主张将其绳之以法，判处死刑："故当世之重臣，主变势而得固宠者，十无二三。是其故何也？人臣之罪大也。臣有大罪者，其行欺主也，其罪当死亡也。"①

4. 韩非的治吏术

（1）治国就是治吏

治理方略是治理国家中具有战略性的指导原则和策略。韩非的治理方略，有着一个逻辑体系的完整结构。《韩非子》的核心内容就是努力在大乱之世为君主寻找到一套能够拨乱方正、长治久安的治国之策。

韩非为君主提供的治理方略主要有②：

第一，循天守道。即遵循和顺应自然规律——"道"。老子说："道常无为而无不为，侯王若能守之，万物将自化。"③

第二，因情而治。即遵循和顺应社会规律，根据人情的实际需要治理国家，不违背人情世故。韩非说："凡治天下，必因人情。"④

第三，中央集权。即"事在四方，要在中央。圣人执要，四方来效"⑤。

第四，依法赏罚。即以法治国。赏罚是君主治理国家的两个最重要的权柄，赏罚要依法度行事。韩非说："以刑治，以赏战，厚禄以用术。"⑥

第五，治吏引纲。即治吏是治国抓纲的表现，君主治国重在治吏。韩非说："明主治吏不治民。"⑦

① 《韩非子·孤愤》。
② 参见王立仁著：《韩非的治国方略研究》，中国社会科学出版社 2012 年版，第 118 页。
③ 《道德经·第三十七章》。
④ 《韩非子·八经》。
⑤ 《韩非子·扬榷》。
⑥ 《韩非子·饬令》。
⑦ 《韩非子·外储说右下》。

第六，务力尚力。即国家要靠实力发展，发展农战，务力尚力才能使国家强大。韩非说："故国多力，而天下莫能侵也。"[1] "力多，则人朝；力寡，则朝于人。"[2]

以上六项内容中，治吏引纲可谓是韩非提供给君主的最为关键性的一项治国理政方略。

在韩非的吏治思想中，"治吏"不仅是维护专制主义中央集权，更好地发挥官僚机构的统治效能的需要，而且也是更好更有效地"治民"的需要。

韩非说：

> 人主者，守法责成以立功者也。[3]

作为君主，就是要依靠法律制度和官吏履行职责来建立自己的功绩。就是说君主治理国家主要凭借两种武器：一是法律，二是官吏。由于法律也是通过官吏来执行的，君主治理国家不能离开官吏，因而，对官吏的治理就成为君主治理国家的关键之关键。

韩非又说：

> 人主者，以刑德制臣者也。[4]

在韩非看来，君主的工作就是以刑德来控制臣下监督臣下完成既定目标。刑是刑罚，德是奖赏。这一方面是说，君主治理官吏不能离开刑德二柄，离开刑德二柄就无法做到有效治理官吏；另一方面是说，君主就是治理官吏的人，他的使命和责任就是做好治理官吏的工作。

由于臣下或官吏是君主治理国家的关键所在，因此，韩非告诫君主：

---

① 《韩非子·饬令》。
② 《韩非子·显学》。
③ 《韩非子·外储说右下》。
④ 《韩非子·二柄》。

　　明主治吏不治民。①

　　为什么说君主治理国家只治吏不治民呢？韩非给出了两点理由：

　　第一，官吏是国家治乱的关键，官吏如果不乱，国家就不会乱。

　　韩非说：

　　　　闻有吏虽乱而有独善之民，不闻有乱民而有独治之吏。②

　　中外古今大量历史事实表明，吏治是国家治乱兴衰的关键。把官吏治理好了，国家就会安宁，官吏治理不好，国家就会混乱。

　　第二，官吏是君主治理国家的工具。

　　韩非说：

　　　　吏者，民之本、纲者也。

　　　　圣人不亲细民，明主不躬小事。③

　　官吏是什么？官吏是君主治理国家、治理百姓的纲。俗话说，纲举目张。君主治吏不治民，并不是说君主治理国家不需要治理百姓，而是说君主不需要直接治理百姓。君管官，官管百姓，各司其职。选官就是为了治理百姓。君主选用官吏，就是通过他们来治理百姓，以实现国家的治理。"对于君主来说，对民众的统治必须通过官吏来进行，官吏的好坏直接关系到君主的利益，因而'治吏'比'治民'显得更为迫切、更重要。"④"韩非的思路是君主'治吏不治民'，能掌握臣下也就自然能统治民众，治理民众应当是间接的，君主不宜亲自去做。"⑤"君主最终的统治对象虽然是民，然而君主却不能直接面对民众，而必须通过官吏这一环节，才能理顺上下统

① 《韩非子·外储说右下》。
② 《韩非子·外储说右下》。
③ 《韩非子·外储说右下》。
④ 杨鹤皋主编：《中国法律思想史》，北京大学出版社1988年版，第188页。
⑤ 施觉怀著：《韩非子评传》，南京大学出版社2002年版，第188页。

治关系，取得事半功倍的效果，所以为政的重点是'治官'。""官吏如网中之纲，民如网中之目。"①

（2）治吏的关键是选用能人为官

在韩非看来，选择什么样的人作为官吏来替君主管理民众，完成政事，这是决定国家与君主存亡的大事。君主若没有选用官吏的正当方法、手段和标准，就会导致治理国家的失败。既然官吏是君主治理国家的重"纲"，是国家治乱的关键所在，那么，君主治理国家就应该把选吏与治吏作为治国理政之首要大事。

治吏首要之事就是要选拔有才能的合适官吏。

韩非说：

> 任人以事，存亡治乱之机也。无术以任人，无所任而不败。②

把政事交给什么人，是国家存亡治乱的关键。如果君主没有手段来任用人，那么无论任用什么人都会把事情搞坏。因而，必须有一个正确的标准来选择官吏，这个标准就是能者居其劳，以治理才能大小而授其官。

除了才能外，韩非也同意把个人品行作为君主选择官吏的重要标准。

韩非揭示了当时政治上存在的一种普遍现象，这就是：

> 人君之所任，非辩智则修洁也。③

即君主选拔官吏不是根据其智慧才能，就是根据其道德品行。

就是说，君主选择官吏有两个标准：一个是人的才能，另一个是人的品行。或者是根据人的能力，或者是根据人的品行选择官吏。尽管只有这两个用人标准，但是选择有能力之人为官还是选择有德行之人为官，却是很让人为难的事。因为"任

---

① 纪宝成主编：《中国古代治国要论》，中国人民大学出版社2004年版，第110页。
② 《韩非子·八说》。
③ 《韩非子·八说》。

人者，使有势也"①。君主任用大臣和官吏，就是使他们掌握权势。而"智士者未必信也，为多其智，因惑其信也。以智士之计，处乘势之资而为其私急，则君必欺焉。为智者之不可信也，故任修士者，使断事也。修士者未必智，为洁其身，因惑其智。以愚人之所惛，处治事之官而为其所然，则事必乱矣"②。韩非告诫人们，有智能的人未必受到信任，原因在于他们富有才智，因而君主怀疑他们的诚实。在人们的眼里，凭智士的聪明，加上君主给他们的权势，如果他们极力为个人打算，君主一定会受到欺骗。由于智者不可信任的缘故，于是君主便任用有德行的人，让他们去决断政事。可由于有德行的人未必有智能，因为他们品行端正，所以人们又怀疑他们的能力。如果使用庸人担任行政官员，让他们根据自己的认识行事，事情就一定会办糟糕。在这两种标准或两种人面前，"人主有二患：任贤，则臣将乘于贤以劫其君；妄举，则事沮不胜"③，君主的两种忧患是：任用能干的人，那臣子将会凭借能干来夺取君位；随便提拔人，那事情又可能会半途而废做不好。在这样的情况下，君主"无术以用人，任智则君欺，任修则君事乱，此无术之患也"④。君主如果缺乏正确的方法，就会出现任用聪明人欺骗君主、任用有德行的人为君主做坏事的恶果。这是君主治国理政中无法规避的一个矛盾而又两难的问题。治理国家不能离开官吏，而任用官吏又存在着用智士（有能力的人）被欺、用修士（有德行的人）坏事的实际情况，"今舜以贤取君之国，而汤、武以义放弑其君，此皆以贤而危主者也"⑤。舜以贤能夺取了君主尧的政权，汤、武以道义流放和弑杀了自己的君主，这都是凭借能力危害君主。那么在这两难中到底应该怎么办呢？在智能之人和修德之士之间，在被欺和坏事的可能之间，韩非主张选择前者即选用有能力的人作为官吏来为君主治理国家，而不是选择有德行而坏事的人。有德行的人品行端正，不一定有才智，不一定有能

---

① 《韩非子·八说》。
② 《韩非子·八说》。
③ 《韩非子·二柄》。
④ 《韩非子·八说》。
⑤ 《韩非子·忠孝》。

力，而有能力的人品行又未必优秀。面对这个两难的问题，韩非给出的答案是选用能人来治理国家，选拔官吏的根本标准应该是有没有能力。

韩非说：

> 官之失能者，其国乱。①

任用没有治理能力的官员，国家就会混乱。

总之，韩非处在乱世尚力的时代，面对这样一个时代，治理国家要比和平稳定时期困难得多，这个时代，更需要有能力的官员，这也是韩非特别重视以才能选拔官员的一个重要原因。

韩非说：

> 上古竞于道德，中世逐于智谋，当今争于气力。②

在一个靠实力说话的时代，选用官吏就更需要看他的实际能力。有富国强兵能力就可以做官，没有富国强兵能力就不能做官，这就是韩非在治吏或选拔官吏时坚持的一个基本标准，或者说是韩非关于选拔官吏的一个根本思想或者指导原则。③

（3）君主的课能之术

韩非的课能之术是君主使用和考验人才的方法。其要点是：

第一，"术者，因任而授官，循名而责实，操杀生之柄，课群臣之能者也，此人主之所执也"④。

所谓术治，就是根据各人的能力来授予相应的官职、按照官职名分来责求其实际的功效、掌握生杀大权、考核各级官吏的才能这么一整套的方法。这是君主所必须掌握的驾驭官吏的手段。

---

① 《韩非子·有度》。
② 《韩非子·五蠹》。
③ 参见王立仁著：《韩非的治国方略研究》，中国社会科学出版社2012年版，第121—122页。
④ 《韩非子·定法》。

第二，"术者，藏之于胸中，以偶众端而潜御群臣者也。故法莫如显，而术不欲见"①。

所谓"术"，就是藏在君主心里用来验证各方面的事情从而暗地里用它来驾驭群臣的方法。

第三，"为人臣者陈而言，君以其言授之事，专以其事责其功。功当其事，事当其言，则赏；功不当其事，事不当其言，则罚"②。

就是说，君主根据臣下所作的保证和诺言，授予某种职事，然后按其职事检查其功效。对功效与职事和诺言相符合的官吏进行奖赏，对功效与职事和诺言不相符合的官吏则实施惩罚。

由此可见，韩非的"术"，是特指君主驾驭群臣的统治术，也可称之为"刑名之术"。这种统治术要求君主暗中综合研究各方面的情况，对照群臣的职分和诺言，检查群臣活动的效能和事实真相，然后予以赏罚进退，借以达到任能、禁奸、维持统治稳定的目的。

据孙实明在《韩非思想新探》一书中的总结，韩非的政治思想中课能之术的具体步骤和方法大致有十项：

第一，君主遇事首先要集中群臣的智慧，以便确立工作方案。

第二，君臣订立工作合同。方案进言者和实行者要对方案实施的后果承担相应的责任。

第三，订立工作合同一定要讲究功效。

第四，在订立合同、考验功效时，必须将责任具体落实到臣下个人。

第五，检验功效时必须运用"参验"即"众端参观"的方法，比较研究多方面的情况，以了解事实真相，从而防止冒功和"诬能"。

第六，审合刑名时，必须要求刑（形）与名、功效与诺言完全相符。

---

① 《韩非子·难三》。
② 《韩非子·二柄》。

第七，审合刑名之后，要实行"必罚明威"和"信赏尽能"。

第八，君主所亲自考验和任用的贤能，必须通过自下而上的逐级考验和提拔，不宜单凭虚名，重用那些未经实际考验的人。

第九，君主所亲自任用和考验的贤能系由群臣推荐，明君不自举臣。举贤者举得其人则与之俱得赏，否则同受罚。

第十，要防止大臣为避免负责而不说话——包括不议论、不请事、不荐贤。①

（4）君主的禁奸之术

韩非所谓的禁奸之术，即是君主同"奸邪"作斗争以巩固其统治的方法和策略。禁奸之术与课能之术有着紧密的联系，不能决然分开。课能之术可以发现冒功诬能的奸邪，而禁奸之术亦有助于达到课能的目的。有的术，如"众端参观"等，本身就既是课能之术又是禁奸之术，因为无论课能和禁奸都必须弄清事实真相。当然，这两类统治术还是有区别的：课能之术的侧重点在于"课能"，直接服务于选贤任能的组织原则；禁奸之术的侧重点则在于直接服务于巩固君主的权势和法制的政治斗争。禁奸术按其内容可分为奸情、察奸、防奸、自神等几类②。

第一，奸情种种。

韩非将奸邪可能危害君主的事情集中总结为"八奸""六微"。

"八奸"是："一曰同床""二曰在旁""三曰父兄""四曰养殃""五曰民萌""六曰流行""七曰威强""八曰四方"。

韩非在列举八奸的同时，也指出了人主防御这没有硝烟却是来自四面八方进攻的一些具体措施："不怀爱而听，不留说而计"，不听"私请"以防同床；不准左右越职"益辞"以防在旁；"言必有报，说必责用"，追究言事之责，不验必罚，以防父兄大臣；观乐玩好的费用依法供给，不准臣下擅自进奉，以防养殃；"利于民者，必出于君"，以防民萌；言谈者对人有所毁誉，必予核实，以防流行；严禁私斗，以防威强；不听

① 参见孙实明著：《韩非思想新探》，湖北人民出版社 1990 年版，第 77—81 页。

② 参见孙实明著：《韩非思想新探》，湖北人民出版社 1990 年版，第 85—99 页。

诸侯"不法"之求，以防四方。这八项防范奸臣的办法在前面"君主的道术"中已有论述，此不赘述。

六微是指奸邪危害君主活动的六种微妙情形，其条目是："一曰权借在下，二曰利异外借，三曰托于似类，四曰利害有反，五曰参疑内争，六曰敌国废置。"韩非说："此六者，主之所察也。"① 六种隐微的情况：一是君主的权势转借给臣下；二是由于君臣的利益不同，臣下借助外国的势力来谋取私利；三是臣下依靠类似的事来欺骗君主谋取私利；四是人们的利害关系存在着相反的情况而臣下会危害君主和他人来谋取私利；五是臣下的势力互相匹敌而导致统治集团内部争权夺利的斗争；六是敌对的国家插手对大臣的废黜与任用。这六种情况，是君主应当明察并时刻要预防的。

第二，察奸。

察奸之术可简要地概括为"参言以知其诚，易视以改其泽"②。

一方面，所谓"参言以知其诚"，即"众端参观"③与"听无门户"④。也就是说，君主对臣下所言之事，要通过比较研究多方面的情况予以考察、验证，而不要偏听一人。韩非指出："观听不参则诚不闻，听有门户则臣壅塞。"⑤ 韩非认为，即使对众人异口同声之言也必须加以参验而不能轻信，因为众人之言并非都是真实可靠的。有时，众人可能因考虑利害关系而一味附和于权臣。在这种情况下，君主如果相信众言，无异于偏听一人。

另一方面，韩非主张在"众端参观"的过程中，不仅要研究来自同一个观察角度的各种情况，而且还要研究来自不同观察角度的各种情况，以便更好地排除假象，获得真情。所以他进一步提出"易视以改其泽"，即变换视线以观其是否改变光泽，也就是从不同的角度、通过不同的渠道来获取对方的情况。其办法有：

---

① 《韩非子·内储说下六微》。
② 《韩非子·八经》。
③ 《韩非子·内储说上七术》。
④ 《韩非子·八说》。
⑤ 《韩非子·内储说上七术》。

其一，"举往以悉其前"①。即参考其往事以认识其现状。

其二，"设谏"。即设置间谍进行密察，以管理专任之人。

其三，"举措以观奸动"②。即采取某些措施，引诱奸邪之人以观其动静。

其四，"卑适以观直谄"③。即使对方迎合己意，以观其人为直、为谄。

其五，"握明以问所暗"④。即心怀智故巧诈而发问，以探知对方诚实与否等隐情。

其六，"倒言反事以尝所疑"⑤。即对所疑之事用说倒话、做反事的方法加以试探。

第三，防奸。

察奸、除奸不如防奸于未然。所以韩非说："禁奸之法，太上禁其心，其次禁其言，其次禁其事。"⑥

防奸的办法有：

其一，"宣闻以通未见""明说以诱避过"⑦。通过宣传申明法制，进行正面的告诫。

其二，"以三节持之"，用三种至关利害的制约手段把持大臣。韩非说："其位至而任大者，以三节持之，曰质、曰镇、曰固。亲戚妻子，质也。爵禄厚而必，镇也。参伍贵帑，固也。"⑧

其三，"勿使民比周"⑨，防止臣民结党营私。其具体做法有："比周而赏异也，诛毋谒而罪同"⑩。奖励迥异于朋党比周的正派言行，惩罚包庇犯罪而不告奸者；"渐更以离通比"，逐渐调换人员以离散比周相通者；"作斗以散朋党"⑪，挑起一些人之间的

---

① 《韩非子·八经》。
② 《韩非子·八经》。
③ 《韩非子·八经》。
④ 《韩非子·八经》。
⑤ 《韩非子·内储说上七术》。
⑥ 《韩非子·说疑》。
⑦ 《韩非子·八经》。
⑧ 《韩非子·八经》。
⑨ 《韩非子·扬榷》。
⑩ 《韩非子·八经》。
⑪ 《韩非子·八经》。

斗争以解散他们的朋党勾结。

其四，"疑诏诡使"①，"深一以警众心"②。"疑诏"，是指君主故意下达某种诏令，使群臣相互猜疑而不敢为非。"深一以警众心"，是指君主拿某件事情做文章，严厉惩罚不守法度者。

其五，"心藏""不漏"，要求君主将臣下的密奏藏之于心、不予泄露。韩非认为，君主若不善保密，则人臣必然有所顾忌而不敢直言实情。韩非说："人臣有议当途之失、用事之过、举臣之情，人主不心藏而漏之近习能人，使人臣之欲有言者，不敢不下适近习能人之心而乃上以闻人主，然则端言直道之人不得见，而忠直日疏。"③韩非认为："浅薄而易见，漏泄而无藏，不能周密，而通群臣之语者，可亡也。"④韩非要求君主像韩昭侯那样周密："堂谿公每见而出，昭侯必独卧，惟恐梦言泄于妻妾。"⑤对于执政者而言，韩非的这一思想，颇有可以借鉴的合理因素。

第四，自神。

韩非认为，与君主进行防奸、察奸的同时，奸邪也在不断窥伺君主以利其活动。"篡臣"要了解君主的为人以作出其决策；"佞臣"要摸清君主的私意以投其所好；"奸臣"要窥探君主的内情以"谲主便私"，拉拢或构陷其同僚。因此，韩非认为，君主禁奸，一方面要防奸察奸，了解奸邪的活动规律，另一方面还要避免奸邪对君主的窥伺。要达到这两方面的目的，君主必须讲究自神之术。所谓自神，就是把自己装扮得神秘无端、高深莫测。自神的要领是虚静无为。君主既不表现个人的欲望和意图，又不好强争胜、矜夸其贤智，"掩其迹，匿其端，下不能原；去其智，绝其能，

---

① 《韩非子·内储说上七术》。

② 《韩非子·八经》。

③ 《韩非子·三守》。

④ 《韩非子·亡徵》。

⑤ 《韩非子·外储说右上》。

下不能意"①，以避免奸邪的窥伺。君主如果表现自己的欲望和意向，则臣下必将为迎合其好恶而进行自我表现、自我掩饰；如果君主去好去恶，深自韬晦，则臣下为了自保就只好各行其素，现出本来面目来。

韩非的治吏思想给了我们如下启示：

第一，治理国家的关键在于治理官吏。

一个国家无论是君主专制还是民主共和政体，总是要有人履行管理职能，官吏能力水平的高低直接影响着国家的管理水平。

第二，治理国家需要有能力的官吏，用人之能用人之长。

如果没有能吏来治理国家，国家既不能发展也不会稳定，更不会在国家之间的竞争中取得优势的地位，这是由国家事务的复杂性和国家之间的竞争残酷性决定的，在混乱纷争的时代和社会变革时期就更是如此。

第三，对官吏必须用法律制度加以制约和监督。

官吏也是人，也好利，并不是因为爱君主而为君主做事，而是为了自己的利益做事，官吏也是好利恶害。韩非的态度是一方面肯定人好利的行为，另一方面主张对官吏进行监督和约束，以使他们不得为非作歹。官吏并不因为成了官吏，就改变自己为恶的可能，因而要在使用中加强监督约束。

韩非的思想对秦始皇政治统治的影响是全方位的，秦始皇读到他的书，竟然崇拜得五体投地。由于李斯等人的谗言，秦始皇没能与韩非直接见面，韩非就被害死了，但是韩非的思想却成了秦王朝政治建设的基本纲领。这主要表现在：

中央集权的高效政治体制。

第一，与韩非"事在四方，要在中央。圣人执要，四方来效"的中央集权体制的思想相适应，秦灭六国后，用郡县制代替了分封制，建立了从中央到地方的一整套官僚政权机构。在中央实行三公九卿制。在地方，先后在全国设置四十余郡，彻

①《韩非子·主道》。

底废除封国建藩制度，所谓"陛下有海内，而子弟为匹夫"①。郡设郡守、郡尉、郡监，分别掌管一郡的行政、军事、监察。郡下设县，县下有乡、里、亭等基层政权组织，从而形成了从上到下、从中央到地方严密的行政控制网络。按照秦朝制度，中央和地方所有重要官吏都要由皇帝任免调动，从而铲除了地方割据的可能性。为了防止官吏违法弄权，秦朝制定了一套比较完善的官吏选拔和考核制度，从而保障了皇帝政令的畅通。

第二，君主与国家政权合二为一的独尊文化与观念。

在韩非的法家理论中，把"有国""保身"和"体道"三者结合起来，"夫能有其国、保其身者，必且体道"②，君主独擅权势，群臣绝对服从。秦始皇接过这一理论，宣称自己既是君主，就具有圣人的一切品格，就是"体道"者，所以他所做的一切都是神圣的、合理的。在秦始皇巡游各地的刻辞中，秦始皇宣扬，他所立的法是圣法："大圣作治，建定立法，显著纲纪。"他所做的事是圣事："皇帝躬圣，既平天下，不懈于治。"他所进行的教化是圣教："宇县之内，承顺圣意"，"训经宣达，远近毕理，咸承圣制。"他带给臣民百姓的是圣德圣恩："圣德广密，六合之内，被泽无疆。"由于秦始皇认为自己不但拥有了最高权力，而且掌握着绝对真理，能够"体道行德"，所以对于他的所作所为，子孙后代只能继承、歌颂、遵循，发扬光大，而不能有任何改变，"常职既定，后嗣循业，长承圣治"。"化及无穷，遵奉遗诏，永承重戒。"③特别是"皇帝"称号的确立，更使秦始皇完成了一项开创时代的大事，即把最尊崇的名号与最高权力有机结合为一体。

第三，与帝王独尊思想相适应，则是臣民绝对服从的观念。

在国家治理方式上，韩非主张君主掌握对大臣的生杀予夺之权，以术御臣，自操权柄；对民众则采用严刑峻法、重本抑末、什伍连坐、焚《诗》《书》而愚黔首等

① 《史记·秦始皇本纪》。

② 《韩非子·解老》。

③ 《史记·秦始皇本纪》。

措施加以控制。这些思想在秦始皇的政治统治中被付诸实践。群臣也是自私自利的，他们也想攫取更多的权势，因此，君主要集权于一人，首要的任务就是抑制左右大臣和亲近之人，对任何人都不能相信。韩非主张"人主之患在于信人，信人则制于人"①。大臣不能专擅权力，大臣军权太重，就有可能导致亡国，"出军命将太重，边地任守太尊，专制擅命，径为而无所请者，可亡也"②。大臣不能有财权，"臣制财利则主失德"。大臣也不能掌握人事任免权，"臣得树人则主失党"③。大臣如果掌握了赏罚权，"则一国之人皆畏其臣而易其君，归其臣而去其君矣，此人主失刑德之患也"④。所有权力都应掌握在君主手中，帝王的权力是至上至尊的，"万物莫如身之至贵也，位之至尊也，主威之重，主势之隆也"⑤。

　　总之，在秦始皇的思想观念和政治实践中，把韩非帝王独尊的理论奉为至典，极力宣扬并付诸实施。以商鞅、韩非思想为指导，秦王朝通过设计一整套完善的君尊臣卑的政治制度，建立起了皇帝个人的绝对权威，实现了国家最高权力与君权的不可分割性和不可转移性的文化转变。

三、吕不韦的整合与设计

　　《吕氏春秋》是秦国统一六国前夕，相邦吕不韦集合门客花费巨资所作的一部重要著作，其目的在为秦国统一天下后如何进行治理做好理论上的准备。

　　吕不韦可谓是中国历史上的一位传奇式人物。他原本是阳翟巨商，往来贸易，家累千金。商业利润虽然丰厚，但这并不能满足他的胃口。秦昭王晚年，吕不韦结交了以质子身份居住在邯郸的秦国公子子楚。子楚是秦太子安国君之子，但是安国

---

① 《韩非子·备内》。
② 《韩非子·亡征》。
③ 《韩非子·主道》。
④ 《韩非子·二柄》。
⑤ 《韩非子·爱臣》。

君有子二十余人，子楚的母亲早已失宠，因而地位低微，又因为秦赵两国长期频繁交战，不能得到赵国的礼遇。吕不韦细心观察形势，发现子楚是位可"居"而以待增值的"奇货"，于是利用安国君所宠爱的华阳夫人无子的机会，进行政治投机。他给予子楚五百金作为交游之用，又以五百金买奇物玩好献给华阳夫人，说服她同意确立子楚为继承人。

秦昭襄王去世后，安国君即位，子楚顺理成章成为太子。安国君，即秦孝文王，他在位只一年就短命而死。子楚顺理成章当上了秦王，即秦庄襄王。秦庄襄王元年，吕不韦被任命为相邦，多年的政治投资终于得到回报。三年后，秦庄襄王去世，出生在赵国的嬴政被立为王。少年秦王尊称吕不韦为"仲父"。

应当说，秦实现统一，在吕不韦专权时大势已定。后来大一统的中央集权的秦王朝的建立，吕不韦是当之无愧的奠基者之一。秦国用人可以专信，如商鞅、张仪、魏冉、蔡泽、吕不韦、李斯等人，皆委国而听之不疑，而论其功业，吕不韦完全可以与商鞅并居前列。

吕不韦是中国历史上以个人财富影响国家历史进程的第一人。从这一角度认识当时的社会与经济，或可有所新知。吕不韦以富商身份参政，并取得非凡成功，就仕进程序来说，也独辟蹊径。秦政治文化实用主义的特征，与山东各国文化"迂远而阔于事情"①风格大异。而商人务实精神，正与此相契合。司马迁笔下巨商白圭自称"权变""决断"②类同"商鞅行法"，是发人深思的。吕不韦的出身，是他身后招致毁谤的原因之一。而这种由商从政的道路，虽然履行者罕迹，但对于国家政治文化风貌的影响，有其特殊的价值。

吕不韦执掌秦国朝政时，魏国有信陵君，楚国有春申君，赵国有平原君，齐国有孟尝君，都以礼贤下士、大聚宾客闻名。秦虽强国，却不能形成同样的文化气氛，于是吕不韦也招致天下之士，给予特殊的优遇。一时宾客云集门下，据说多达三千

---

① 《史记·孟子荀卿列传》。
② 《史记·货殖列传》。

人，形成了一个实力雄厚的学术与智囊合一的团体。

当时，各地学者游学成风，多有倡论学说、著书传布天下者。吕不韦让他的宾客人人写出自己的所见、所思及所倡，又综合整理为《八览》《六论》《十二纪》，共二十余万言，以为天地万物古今之事，都充备其中，号为《吕氏春秋》。据说，书成之后，吕不韦曾经将之公布于咸阳市门，悬千金于其上，请列国诸侯游士宾客修正，号称有能增减一字者，给予千金奖励。可见这部书在当时的秦国已经占据了一种不容怀疑的文化权威地位。

《吕氏春秋》试图"备天地万物古今之事"，全书结构经过精心设计，编排体例非常严整，内容十分系统，可以说是充分吸收前人及当时诸子各家思想成果的集大成创新之作。刘泽华说："《吕氏春秋》的编写不只是一部书的问题，而是一种文化政策的产物，这一层意义，应该说，更值得注意。"①

在《吕氏春秋》中，吕不韦不囿于一家一派之成见，而是居高临下，看到各家各派之中都有利于君主统治的内容。他像百花中的蜜蜂，无花不采。他站在百家之上，用有益于统治这一标准去通百家。吕不韦没有取消任何一家的企图，也没有用一家一派把其他家吃掉的打算。他对诸家之说采取了兼收并蓄的方针。但是，在对各家各派的选择上，吕不韦是有自己的原则的，他对各家各派中走向极端的流派，一般是不选的。比如，对儒家的君臣父子伦理道德之论选取了，但对儒家许多迂腐之论和繁缛之礼弃而不选；对法家的通变、赏罚分明、依法行事的思想选取了，但遗弃了轻罪重罚那一套；对道家的法自然的思想选取了不少，但对以自然排斥社会的思想弃而不取；对墨家的节葬、尚俭思想选取了，对明鬼、非乐的思想置之不顾。总之，他很有眼光。②

吕不韦杰出之处，不仅在他能广蓄人才，而且他很善于折中，能够汲取百家的长处，去粗取精，为我所用。班固将《吕氏春秋》一书列入"杂家"之中，又说"杂

---

① 参见刘泽华著：《中国政治思想史集》第 1 卷，人民出版社 2008 年版，第 446 页。

② 参见刘泽华著：《中国政治思想史集》第 1 卷，人民出版社 2008 年版，第 447 页。

家"的特点，是兼采合化儒家、墨家、名家、法家诸说，"知国体之有此，见王治之无不贯，此其所长也"①。《吕氏春秋》的确是"兼""合"以前各派学说编集而成的一部文化名著。司马迁记述《吕氏春秋》成书过程的特点时使用"集论"一语，可谓切中肯綮。

据《吕氏春秋·序意》中记载，有人问这部书中《十二纪》的思想要点，吕不韦回答道，黄帝教诲颛顼帝说，天好比宏大的圆规，地好比宏大的矩尺，效仿天地规矩之道，才可以施行成功的统治。所以说古来之清世，都是法天地而实现的。凡《十二纪》者，所以纪治乱存亡也。要调整天、地、人的关系使之和谐，要点在于无为而行。吕不韦的这段话，很可能是当时说明《吕氏春秋》中《十二纪》写作宗旨的序言，全书的著述意图，自然也可以因此得到体现。其中关于"治乱存亡""无为而行"的话，说明《吕氏春秋》所表现的文化方向，首先是在政治上要因道、法时、顺自然，营造一个接近道家理想的"清世"。

由于吕不韦政治生涯的终结，以致《吕氏春秋》中提出的一整套治国思想，实际上并没有来得及在大秦帝国加以实践。

《吕氏春秋》全书一百六十篇，从形式上看，《十二纪》《八览》《六论》中的论文，都有定数，比较整齐。可以说，《吕氏春秋》对诸子学说的整合，在系统上是相当严密的。形式齐整，内容系统，是被称为"杂家"的《吕氏春秋》的一个重要特点。这部文化名作的另一个重要特点，是在这样的形式下，对于百家之学没有齐合裁断，而比较多地保存了各自明显的歧见。有些篇章的内容，不免相互矛盾。

《吕氏春秋》博采诸子之说的特点，应当与吕不韦往来各地、千里行商的个人经历有一定的关系。这样的人生阅历，使得他见闻较为广博，眼光较为阔远，胸怀比较宽广，策略比较灵活。不过，《吕氏春秋》能够成为杂家集大成之作的更主要的原因，还在于为即将来临的"大一统"时代，在政治上提供了理论依据，在文化形态上涵容诸子百家。曾经领略过东方多种文化因素不同风采的吕不韦及其宾客们，敏

---

① 《汉书·艺文志》。

锐地发现了这一文化进步的方向，明智地顺应了这一文化发展的趋势。《吕氏春秋》这部书的重要文化价值，突出表现在其实质是在大一统的政治体制即将形成的时代，为推进这一历史进步所进行的一种文化准备。

那么，在政治文化的总体构想方面，吕氏又是怎样为秦的最高统治者进行设计的呢？

1.《吕氏春秋》接受了当时流行的重民思想，同时，对民性的看法又接受了法家的人性好利说

这两点是《吕氏春秋》倡导的治民政策的基础。"智"识应当"由公"，这是《吕氏春秋》提出的一个基本原则。《吕氏春秋·序意》说，如果出于私，则会使公智、公识、公意受到阻塞，导致灾祸。"私视"则导致"目盲"，"私听"则导致"耳聋"，"私虑"则导致"心狂"。三者都是出于私意而"智无由公"。智识不能以"公"为基点，则福庆日趋衰减，灾祸日趋隆大。《吕氏春秋·贵公》还提出了政治公平的主张："昔先圣王之治天下也，必先公。公则天下平矣。平得于公。""天下非一人之天下也，天下人之天下也。"

得民心而得天下，失民心而失天下，这是《吕氏春秋》许多篇中反复论述的一个基本思想。《顺民》说："先王先顺民心，故功名成。夫以德得民心以立大功名者，上世多有之矣。失民心，而立功名者，未之曾有也。"民众是力量的源泉，得民心，力量无穷；逆民心，势孤力单。汤武等圣王之所以成功，主要是由于得到民众的支持。《用民》说："汤武非徒能用其民也，又能用非己之民。能用非己之民，国虽小，卒虽少，功名犹可立。古昔多由布衣定一世者矣，皆能用非其有也。"历史上败亡之主之所以败，其根本原因在于失民。失去民心，即使拥有物质力量，这种力量也会变为死的东西，不能发挥应有的作用。《似顺》以陈败为例说道："夫陈，小国也，而蓄积多，赋敛重也，则民怨上矣。城郭高，沟洫深，则民力罢矣。兴兵伐之，陈可取也。"物质力量由于没有主动的积极的主体，变成了一堆无用之物，反而为自己的灭亡准备了条件。

如何才能顺民心，得民心？这涉及如何看待民情、民欲问题。《吕氏春秋》认为，

人的生理需求和追逐物质利益是人们的共同情欲。《情欲》说："耳之欲五声，目之欲五色，口之欲五味，情也。此三者，贵贱愚智贤不肖，欲之若一。虽神农、黄帝，其与桀、纣同。"《精谕》说："同恶同好，志皆有欲，虽为天子，弗能离矣。"《审为》把人们之所以勇于"危身、伤生、刈颈、断头"等行为，都归因于"徇利"。《离谓》把问题说得更明白："凡事人，以为利也；死不利，故不死。"人的这些情欲是天生的、不可更改的。《诚廉》说："性也者，所受于天也，非择取而为之也。"因此，治民之道的纲是顺民性、从民欲。《用民》说："用民有纪有纲，壹引其纪，万目皆起；壹引其纲，万目皆张。为民纪纲者何也？欲也、恶也，何欲何恶？欲荣利，恶辱害。辱害所以为罚，充也；荣利所以为赏，实也。赏罚皆有充实，则民无不用矣。"《贵当》对问题的论述尤为别致："治物者不于物，于人；治人者不于事，于君……治天子者不于天子，于欲；治欲者不于欲，于性。性者，万物之本也，不可长，不可短，因其固然而然之，此天地之数也。"《为欲》说："圣王执一，四夷皆至者，其此之谓也。执一者，至贵也，至贵者无敌。"其中所谓"执一"，即顺从情欲。《功名》说："民无常处，见利之聚，无之去。欲为天子，民之所走，不可不察。"《达郁》指出，民欲不能通达，百害并起，"民欲不达，此国之郁也。国郁处久，则百恶并起，而万灾丛至矣"。人的欲望是多方面的，因此要从多方面利用。善于利用，众为我用；用之不当，人物两失。《为欲》说："人之欲虽多，而上无以令之，人虽得其欲，人犹不可用也。令人得欲之道，不可不审矣。善为上者，能令人得欲无穷，故人之可得用亦无穷也。"在作者看来，最难对付的是无欲望者。"使民无欲，上虽贤，犹不能用……故人之欲多者，其可得用亦多；人之欲少者，其得用亦少；无欲者，不可得用也。"

为了顺从民欲、民情，《吕氏春秋》的作者提出君主要有爱民之心，实行德政。《精通》说："圣人南面而立，以爱利民为心。"《适威》说："古之君民者，仁义以治之，爱利以安之，忠信以导之，务除其灾，思致其福。故民之于上也，若玺之于涂也，抑之以方则方，抑之以圜则圜。"《爱士》说："行德爱人则民亲其上，民亲其上，则皆乐为其君死矣。"《上德》说："为天下及国，莫如以德，莫如行义。以德以义，不赏而民劝，不罚而邪止，此神农黄帝之政也。"

先秦诸子和政治家广泛讨论过如何对待民的问题，法家的主流派主张弱民、胜民；儒家则主张爱民、利民。《吕氏春秋》在这个问题上显然倾向于儒家。秦国自商鞅之后奉行法家的主张，在政治上实行弱民、胜民政策。《吕氏春秋》上述理论是对秦传统治国政策的纠偏。①

2.《吕氏春秋》强调治国应当以农业为重

《吕氏春秋》强调，施政要依照十二月令行事。而十二月令，实际上是长期农耕生活经验的总结。《吕氏春秋·上农》强调治国应当以农业为重，指出，古代的圣王所以能够领导民众，首先在于对农耕经济的特殊重视。民众务农不仅可以收获地利，而更值得重视的，还有益于端正民心民志。《吕氏春秋》提出了后世长期遵循的重农原则，特别强调其意义不仅限于经济方面，还可以"贵其志"，即发生精神文化方面的作用。

《吕氏春秋》从三个方面说明推行重农政策的目的：

第一，"民农则朴，朴则易用，易用则边境安，主位尊"。

第二，"民农则重，重则少私义，少私义则公法立，力专一"。

第三，"民农则其产复，其产复则重徙，重徙则死处而无二虑"②。

这就是说，民众致力于农耕，则朴实而易于驱使，谨慎而遵从国法，积累私产而不愿意流徙。很显然，特别是其中前两条，"民农则朴，朴则易用"以及"民农则重，重则少私义"的内涵，其实都可以从政治文化的角度来加以理解。这样的思想，对于后来历代统治者有长久的影响。

此外，《吕氏春秋》又有《任地》《辨土》《审时》三篇，都是专门总结具体的农业技术的。《汉书·艺文志》称"农家者流"计有九家，班固以为其中"《神农》二十篇"和"《野老》十七篇"成书在"六国时"。然而这两种农书至今已经无存。因而《吕

---

① 参见刘泽华著：《中国政治思想史集》第 1 卷，人民出版社 2008 年版，第 455—456 页。
② 《吕氏春秋·士容论·上农》。

氏春秋》中有关农业的这些重要篇章，成为秦以前极其可贵的农史文献资料。《吕氏春秋》有关农业的内容，不仅体现了一种重视农耕的政策传统，还体现了一种重视发展经济以及讲究实用的文化传统。

3.《吕氏春秋》探讨了为君为臣之道

君主问题是进行政治统治的一个根本问题，也是当时国家问题的核心。君、臣应该具备什么样的品质和条件，以及如何处理两者之间的关系，这会影响政权能否稳固，又涉及国家的兴亡。《吕氏春秋》许多篇从不同角度讨论了这个问题。在论述中，历史的回顾和现实的希望与要求是交融在一起的。

研讨历史是为了说明现实；讨论君主的产生和本质，是为了给现实的君主进行理论规定。《吕氏春秋》认为，周天子已被历史淘汰，眼前的状态是群龙无首，争战不已。历史要求一位新天子君临天下。《谨听》说："今周室既灭，而天子已绝，乱莫大于无天子。"《观世》也说："乱莫大于无天子，无天子则强者胜弱，众者暴寡，以兵相划，不得休息，而佞进。今之世当之矣。"时代迫切需要一位新天子，那么新一代的天子应该具有怎样的品质呢？《吕氏春秋》的作者根据历史的经验和当时的情况，提出了如下理论规定：

第一，天子必须是法自然和与自然取得和谐的模范，并统领天下民众沿着这一条道路走，只有这样的人才可谓之天子。

第二，在与民的关系上，天子必须顺从民意。《顺民》说："凡举事必先审民心，然后可举。"《爱类》说："仁人之于民也，可以便之，无不行也。"如果民意与君主私欲发生矛盾时，必须放弃君主私欲而从民意，《行论》说："执民之命，重任也。不得以快志为故。"

第三，在公私关系上，天子必须贵公而抑私。《贵公》说："昔先圣王之治天下也，必先公，公则天下平矣。平得于公。"春秋以降，国家观念有了飞快的发展，人们认识到，君主与国家并不完全是一回事，国家之事为公，除此之外都为私，包括君主个人的事在内。为此要求君主贵公抑私。

第四，由以上规定必然引出如下结论："天下，非一人之天下也，天下人之天下也。"置君非以阿君也，置天子非以阿天子也，置官长非以阿官长也。"① 类似这种提法慎到早就说过，道家也有过论述。但把问题说得这样清楚，在先秦诸子中，《吕氏春秋》显然堪称第一家。视天下为天子私物是当时流行的观念，吕不韦支持作者向这种观念发起挑战，不能不说具有特别重要的意义。他显然是在教诫秦王政如何成为天下一统后一位合格的新天子！②

4.《吕氏春秋》坚持义兵与统一说

战国是一个争战、兼并的时代，历史发展的大趋势是要用战争的方式来结束战争、统一天下，重建和平稳定的政治社会秩序。

针对当时流行的偃兵说，《吕氏春秋》坚持义兵说，认为"古圣王有义兵，而无有偃兵"③。反对一切战争不但不能带来治，反而会招致乱。"三王以上，固皆用兵也，乱则用，治则止。治而攻之，不祥莫大焉。乱而弗讨，害民莫长焉。此治乱之化也，文武之所由起也。"④ 所谓义兵，即是顺天和为民除害。"今兵之来也，将以诛不当为君者也，以除民之仇而顺天之道也。"⑤"敌慑民生，此义兵之所以隆也。"⑥ 兵义不义，不取决于是攻是守，或谁是发动者。《吕氏春秋》指出："兵苟义，攻伐亦可，救守亦可。兵不义，攻伐不可，救守不可。"⑦ 总之，义兵是达到统一天下的必由之路，只有义兵才能结束纷争局面，新天子将随着义兵的前进步伐出现在历史舞台上！

应该指出，《吕氏春秋》是春秋战国百家争鸣时代最后的文化成就，同时又是即将进入新统一的时代的重要文化标志，可以看作中国早期历史一座文化进程的里程碑。《吕氏春秋》中的文化倾向，对秦汉帝国的政治治理有着重要的影响。从《吕氏春秋》一书来看，吕不韦不愧是一位具有战略眼光的政治家。他不为诸子门户之

---

① 《吕氏春秋·恃君览·恃君》。

② 参见刘泽华著：《中国政治思想史集》第 1 卷，人民出版社 2008 年版，第 451—453 页。

③ 《吕氏春秋·孟秋纪·荡兵》。

④ 《吕氏春秋·恃君览·召类》。

⑤ 《吕氏春秋·孟秋纪·怀宠》。

⑥ 《吕氏春秋·仲秋纪·论威》。

⑦ 《吕氏春秋·孟秋纪·禁塞》。

见所囿，而是高居其上，从现实政治需要出发，择可用者而用之，不可用者而弃之。对于当时流行的各家学说，作为一个关心国计民生的政治家，必须根据现实的需要而有所选择。先秦诸子相互之间虽然争论激烈，甚至水火不容，但他们中的绝大多数都是为了救世的目的，都是为了给君主献策献计的。吕不韦清醒地看到了这一点，所以能够超出派别门户之见，敢于博采众议。秦汉以后的封建统治者尽管名义上尊崇儒家，但在实际上走的却是吕不韦的道路。就当时秦国的实际情况看，吕不韦企图通过编辑和公布《吕氏春秋》，改变秦国一味尊法的治国路线。这个意图应该说是很有见地的，有利于秦的统一，对秦统一后的建国方略亦十分重要。

作为秦王朝的最高统治者，秦始皇虽然消灭了政敌吕不韦集团，但并不缺乏吕不韦兼收并蓄的肚量与拿来主义的魄力，在政治眼光上他应该比丞相吕不韦更高一筹。事实上，秦始皇并未如很多人所言的那样摒弃了《吕氏春秋》。在秦始皇统治时期，从他允许博士、方士、阴阳家、杂家等阶层在秦帝国的中央政府机构中同时存在来看，说明他在治国理政中采纳了《吕氏春秋》中的一些政治见解。从秦始皇治理国家的政策方面看，秦王朝的统治思想要比以《韩非子》为代表的法家学说的内容更丰富、更全面。从《史记》、睡虎地秦墓竹简等保存的历史材料看，法家的"以法治国"论，儒家的礼仪、教化和忠孝之道，道家的玄学、方术，阴阳家的"五德终始"说、"四时之政"，方士的神仙不老说等，对秦帝国的政治制度、法律与各项政策都有着重大的影响。秦帝国统治集团内部虽然时常有以一定的学术流派为背景的政策与制度之争，但作为最高统治者，秦始皇在定制、立法、行政中却是居高临下，他广泛吸收了一切有利于维护秦帝国统治的政治学说、思想观念和传统习俗，对各种学派亦有一定的包容性。在秦帝国的治国方略、定制政令、纪功碑文、法律条文中包含着传统文化的成分和诸子百家的政见。秦始皇统治思想的某些内容也有与法家的治理思路相悖的地方。这表明，秦帝国的统治思想绝非"法家"二字可以概括净尽。国家之大、政事之繁、臣民之众、风俗之异、变化之快都决定了秦帝国最高统治者不可能单凭一家一派之说来治国理政。秦始皇也从来没有像汉武帝那样公然宣称独尊某家某派。这就注定了秦帝国统治思想的"杂家"品格。秦始皇的统治思想及其政治实践很值得我们深入研究与探讨。

四、阴阳五行说

阴阳五行思想对秦王朝统治者影响很大，是秦始皇制定统治政策的理论依据之一。

"五行"一词的出现大约是在夏代。

《尚书·甘誓》说："有扈氏威侮五行，怠弃三正。"这里的"五行"，就是指金木水火土五种物质；"三正"，则是指正德、利用、厚生三大政事。大禹之子启指责有扈氏不遵守洪范之道，以此来作为讨伐有扈氏的理由。

不过，将"五行"引入社会政治并作出详细而正面阐述的则最早见于《尚书·洪范》。洪，训为大；范，训为法，"洪范"之意就是指治理国家的根本大法。相传周灭殷后，周武王向商朝遗老箕子询问治国方略，箕子依据《洛书》，详细阐述了九种大法，史官记录了他的话，写成《洪范》。《洪范》是《尚书》的重要篇章，是研究上古政治、哲学和文化的重要文献。根据《书序》，洪范应当作于周武王灭商之后。《洪范》共有九条，第一条就是五行。《洪范》记载："初一曰五行，次二曰敬用五事，次三曰农用八政，次四曰协用五纪，次五曰建用皇极，次六曰乂用三德，次七曰明用稽疑，次八曰念用庶征，次九曰向用五福，威用六极。""五行：一曰水，二曰火，三曰木，四曰金，五曰土。水曰润下，火曰炎上，木曰曲直，金曰从革，土爰稼穑。润下作咸，炎上作苦，曲直作酸，从革作辛，稼穑作甘。"① 金、木、水、火、土五行各有特性，水是湿润的，向下流动；火是炎热的，向上飞扬；木不能伸展就弯曲，能伸展就顺直；金可以改变形状；土可以种植庄稼。五行主五味。到战国时代，五行又被阴阳家广泛地和自然界、时间、空间、社会、政治、人事联系起来，形成了一个包罗万象、天人合一的宇宙构成理论框架。

---

① 《尚书·洪范》。

然而，把阴阳与五行结合起来，形成比较完整的五德终始学说并用以说明朝代之更替、权力之构成以及王权之基础的，则是由战国时期的齐人邹衍完成的。

邹衍，齐国人，战国时期著名的阴阳家代表人物，大约活跃在齐威王、宣王时期，"以阴阳主运显于诸侯"。"自齐威、宣之时，邹子之徒论著终始五德之运，及秦帝而齐人奏之，故始皇采用之。①"

邹衍"称引天地剖判以来，五德转移，治各有宜，而符应若兹"②，认为金、木、水、火、土五德各有特性，相互克制，支配着社会政治历史的变化。木克土、金克木、火克金、水克火、土克水，做天子的一定要得到五德中的一德，才能够拥有天下。"五德"是变化的、循环的，一德到一定时期就会衰落，于是五德中能够克制它的另外一德就会应运而起，新的王朝就要代替原来的那个旧王朝。具体言之，就是根据邹衍的设计，"五德"之中，每一种"德"代表着一种特定的政治模式。每一王朝都由特定的德支配，这种德的属性决定着最适宜的一个王朝的政治模式，而它的盛衰又决定着这个王朝的兴亡。五德代兴决定了王朝的更替，即五德从所不胜，虞土，夏木，殷金，周火。虞舜"以土德王"，夏禹"以木德王"，商汤"以金德王"，周文王"以火德王"，代周而兴者将"以水德王"。此后依据土胜水、木胜土、金胜木、火胜金、水胜火，无限循环往复。王朝更替之际，一德已衰，一德方兴，自然界必然出现相应的征兆。这类现象称之为"符应""符瑞"。新兴王朝必须改变政治模式，补救旧的政治模式的缺陷，并与自己所属的德相适应。"五德终始"说为统治阶级的改朝换代寻找到了理论依据，只要取得政权的统治者宣布自己属于应代替前一代统治者的那一"德"，又有自己统治之"德"，统治便合理合法了。"五德终始"说不仅论证了王朝更替的必然性，而且论证了政治模式改变的必然性。它告诉当时的人们：王朝的更替符合"天命""主运"；火德的周朝行将被一个水德的王朝取代；新兴的王朝应当改变政治模式，用符合水德的"法治"代替符合火德的

---

① 《史记·封禅书》。

② 《史记·孟子荀卿列传》。

"礼治"。这种理论无疑是非常符合秦国当时的政治需要的。

战国五德终始学说流行之时，也正是秦国逐步走向统一之时。秦国统治阶级急需一种理论来证实其吞并六国、一统天下的政治合理性，因此，与政治密切结合的五德终始学说自然得到秦国上层社会的接纳和欢迎，深受秦国统治者的青睐和重视。吕不韦曾将这种学说编入《吕氏春秋》，并广为宣扬。秦始皇统治时期，也笃信这种学说，并将其纳入秦朝的统治思想。从此以后，"五德终始"说正式成为秦汉皇帝制度法定意识形态中的重要组成部分。

《吕氏春秋》对"帝王之将兴"的征兆进行了详细的论证："凡帝国者之将兴也，天必先见祥乎下民。黄帝之时，天先见大螾大蝼。黄帝曰：'土气胜。'土气胜，故其色尚黄，其事则土。及禹之时，天先见草木秋冬不杀。禹曰：'木气胜。'木气胜，故其色尚青，其事则木。及汤之时，天先见金刃生于水。汤曰：'金气胜。'金气胜，故其色尚白，其事则金。及文王之时，天先见火，赤乌衔丹书集于周社。文王曰：'火气胜。'火气胜，故其色尚赤，其事则火。"① 在这里，《吕氏春秋》明确将五行与朝代更替结合起来。历史上所出现的朝代更替，都遵循了"五德终始"的规律，黄帝为土德，后来被能够战胜土德的夏朝的木德所代替，夏朝的木德又被能够战胜它的商朝的金德所代替，商朝则被能够战胜它的周朝的火德所代替。按照五德终始相克相代的规律，能够代替周的王朝自然可以推知是"代火者必将水，天且先见水气胜。水气胜，故其色尚黑，其事则水。水气至而不知，数备，将徙于土"②。新的王朝将对应水德而生，秦国应该抓住时机，顺应五德终始规律的要求，代周而兴，否则"数将备徙于土"。《吕氏春秋》作于秦王政八年，吕不韦在这里鼓吹五德终始说，自然是为秦朝一统天下而做的舆论准备。

秦国刚刚统一六国，秦始皇刚刚称帝，就有人向他推演"五德终始"之运说："黄帝得土德，黄龙地螾见。夏得木德，青龙止于郊，草木畅茂。殷得金德，银自山

---

① 《吕氏春秋·有始览·应同》。

② 《吕氏春秋·有始览·应同》。

溢。周得火德，有赤乌之符。今秦变周，水德之时。昔秦文公出猎，获黑龙，此其水德之瑞。"[①] 这就是说，周朝为火德，应当被水德的王朝所取代，而秦朝的先公早就获得了"水德之瑞"，理当由秦取代周而兴。现在秦朝实现了国家统一，以水德灭了火德，应当开始以水德模式治理天下。秦始皇欣然采纳，"于是秦更命河曰'德水'，以冬十月为年首，色上黑，度以六为名，音上大吕，事统上法"[②]。

具体来说，秦始皇自命"方今水德之始"，依据水德更改正朔及各项制度，为秦王朝统治的合法性寻求理论根据。依据阴阳五行之说，水属阴，方位为北方，时节为冬季，色彩为黑色，数字为六，音律为羽。于是秦始皇下令：更改黄河的名称为"德水"；改年始，定颛顼历，统一各地混乱的历法为颛顼历，以处于冬季的十月为一年之始，以建亥之月为正月，"朝贺皆自十月朔"；以黑色为秦王朝的色彩象征，"衣服旄旌节旗皆上黑"；"数以六为纪，符、法冠皆六寸，而舆六尺，六尺为步，乘六马"[③]；音乐则以大吕为上。

秦朝以水德称帝、立国、施治是毋庸置疑的。

上面说过，秦始皇规定服色尚黑，更民名为黔首。黔，即黧黑色。考古发掘也为秦朝色彩尚黑提供了实物证据。秦都咸阳遗址建筑和人物画一般为黑色。秦朝数字尚六的证据更多。秦朝的兵符、法冠皆六寸，车轨、步长皆以六尺为度，车乘则以六马为驾。秦朝的各种政治措施都偏爱使用六的各种倍数，如"分天下以为三十六郡"；铸"金人十二"；"徙天下豪富于咸阳十二万户"；修筑封禅的祭坛"皆广长十二丈"；秦代刻石三句一韵，一句四字，三句十二字。碣石刻石一百零八字，泰山、芝罘、东观、峄山刻石皆一四四字等。秦始皇统一天下后的"阳陵虎符"铭文是："甲兵之符，右在皇帝，左在阳陵。"共三句十二字。而秦统一之前的"新邦虎符""秦国杜虎符"的铭文则不然。这都与秦始皇依据水德改制有着一定的关系。[④]

---

① 《史记·封禅书》。
② 《史记·封禅书》。
③ 《史记·秦始皇本纪》。
④ 参见林剑鸣著：《秦为水德无可置疑》，《考古与文物》1985 年第 2 期。

值得指出的是，秦始皇崇尚法制，重用狱吏，嗜好刑罚，刻薄寡恩，与他相信秦朝为水德，施治之术应当符合"五德之数"有着直接的关系。秦始皇认为，水属阴，阴主刑杀，水德政治模式应采取法治，并以刑罚为主。因此，"刚毅戾深，事皆决于法，刻削毋仁恩和义，然后合五德之数。于是急法，久者不赦"①。秦始皇治理国家的有关观念与行为不能完全归咎于法家。秦的政治模式本来就与水德模式类似，秦始皇迷信阴阳家的"五德终始"说，以水德自命，使这种政治模式固定化，甚至凝固化，其结果必然是要大大强化这种政治模式。在历来的秦史研究中，多认为秦始皇对五德终始学说全面接受，并把它运用到了秦帝国的政治实践之中。但如果仔细考察和分析，真实情况并非完全如此。对于五德终始学说，秦始皇并不是全盘接受，而是在对战国时期五德终始学说加以改造的基础上，根据秦帝国的实际情况有条件地合理地加以运用。

秦始皇对五德终始学说的改造主要表现在以下两个方面：

第一，先秦时期五德终始学说的重要内涵意在对最高统治者的行为加以道德约束，而秦始皇的五德终始学说则意在说明秦朝统一的合理性。

司马迁说：

> 邹衍睹有国者益淫侈，不能尚德，若《大雅》整之于身，施及黎庶矣，乃深观阴阳消息而作怪迂之变，《始终》、《大圣》之篇十余万言。其语闳大不经，必先验小物，推而大之，至于无垠。先序今以上至黄帝，学者所共术，大并世盛衰，因载其祥度制，推而远之，至天地未生，窈冥不可考而原也。先列中国名山大川，通谷禽兽，水土所殖，物类所珍，因而推之，及海外人之所不能睹。称引天地剖判以来，五德转移，治各有宜，而符应若兹。以为儒者所谓中国者，于天下乃八十一分居其一分耳。中国名曰赤县神州。赤县神州内自有九州，禹之序九州是也，不得为州数。中国外如赤县神州者九，乃所谓九州也。

---

① 《史记·秦始皇本纪》。

于是有禆海环之，人民禽兽莫能相通者，如一区中者，乃为一州。如此者九，乃有大瀛海环其外，天地之际焉。其术皆此类也，然要其归，必止乎仁义节俭，君臣上下六亲之施。始也，滥耳。王公大人初见其术，惧然顾化，其后不能行之。①

邹衍看到春秋战国时期王公大人们骄奢淫逸，奢侈浪费，没人崇尚德行，自然也无法把仁德移风易俗到百姓身上，所以撰写了十余万字的学术著作，创造了五德终始学说。这种学说怪迂不经，目的是使统治者听了惧而修德，不应其德则不能妄求天位。以此推动国君讲求仁义道德，提倡节俭之风。在邹衍的观念里，朝代可以沿着五德终始的规律变换更替，但条件是承位者必须体现其德，而体现其德的核心是"止乎仁义节俭，君臣上下六亲之施"。

秦始皇在治国理政中接受了流行的五德终始学说，但他运用五德终始学说的目的主要是为了论证秦朝代周而起的合理性。"始皇推终始五德之传，以为周得火德，秦代周德，从所不胜。"②在秦始皇看来，秦朝以水德代替周朝的火德，是符合五德运行规律的，因而是合理的，由此推断，秦朝对六国的统一也是符合天意的，是秦顺天命应万民的自然结果。

秦始皇用五德终始学说论证秦王朝政权存在的合法性与必然性，给秦帝国统治蒙上了一层让人信服的神秘面纱。因为在战国时期，五德终始学说的影响遍及各诸侯国及社会各个阶层，人们在社会生活的方方面面都广泛运用这一学说。这从邹衍在当时受到的推崇就可以看出，他不仅在齐国有很高的学术地位，而且受到了各国国君的礼遇。据《史记·孟子荀卿列传》记载，邹衍所到之国，国君无不对他尊崇有加，"适梁，惠王郊迎，执宾主之礼。适赵，平原君侧行撤席。如燕，昭王拥彗先驱，请列弟子之座而受业，筑碣石宫，身亲往师之"。现在，秦始皇将五德终始学说用在说明秦灭六国以代周而统治天下的政治鼓吹上，这无疑有利于人们对秦帝国政

① 《史记·孟子荀卿列传》。
② 《史记·秦始皇本纪》。

权合法性的认同，有利于秦始皇皇帝地位的巩固和君主权力的加强。至于五德运行对君主道德上的要求，特别是在"仁义节俭"上的要求，秦始皇则避而不谈，因为他追求的是拥有高度集中的权力，希望独断独裁，并不希望给自己的行为加上任何道德约束的枷锁。

第二，先秦时期五德终始学说是用五德相克相代的理论告诫君主一定要守住其德，否则国运就会转移；而秦始皇则用五德终始学说制造秦王朝一家万世、江山永固的神话。

秦始皇需要用五德终始学说来证明自己政权与皇位存在的合法性、合理性和神圣性，但是"德"的循环往复、相克相代的内容，与秦始皇希望一家永远拥有天下甚至一人永远拥有天下的欲望是相悖的。因此，在秦始皇的五德终始思想里，抽去了历史循环的内容，只承认秦朝的水德可以克制周朝的火德，但是绝对不提秦朝如果失德，又会被后来的土德所代替的历史循环论。他的设计是："朕为始皇帝。后世以计数，二世三世至于万世，传之无穷。"[①] 到了晚年，随着秦始皇私欲的膨胀，他又竭力寻求仙药，希望长生不死，把政权永远掌握在自己手中，连二世、三世也不想传了。[②]

实际上，以冬季为岁首，崇尚黑色，把六作为标准数，这些从形式上适应五德的做法，并不是毫无意义的。由于五行观念长时间在社会上流行，秦始皇通过政府的力量，使社会生活的许多方面都与水德挂钩，意在强化民众对秦王朝合法性与神圣性的认识，加强秦政权的凝聚力，为建立绝对的君主集权服务。秦始皇的做法也取得了相应的效果，有资料表明，至少到秦朝末年，人们已经普遍承认秦得水德的说法了。

总之，秦始皇需要用五德终始学说来解决秦王朝代周而起的"革命性"问题、"继承性"问题以及他所制定的各项统治政策的"正确性"问题。从形式上看，秦始皇完

---

① 《史记·秦始皇本纪》。

② 参见王绍东著：《秦朝兴亡的文化探讨》，内蒙古大学出版社 2004 年版，第 170、172 页。

全接受了当时流行的五德终始学说，但是在实际上，他更多的是利用了这一学说的外壳，却暗中改换了其内核。他只讲五德却不言天命，从而把五行由限制君主的道德权威一变而为极权政治的合法依据；宣扬五德运行下秦代周德的合理性和必然性，却不讲秦朝如不修德，将来也有被替代的可能性，从而在意识形态上牢固确立了秦王朝统治的合法性与永恒性。

五、神仙学说

战国时期，人们的鬼神信仰比较普遍，社会上祭祀名目繁多。从统治者到社会大众，大家都信奉天神、地祇、人鬼等各种神仙鬼怪。这类信仰大多与传统文化有关，有的直接为现实政治服务，有的或多或少包含着政治内容。统治者或出于自身的信仰，或出于"神道设教"的需要，积极提倡、鼓励、支持、参与这类祭祀。这种情况对秦王朝统治者制定统治政策产生了一定的影响。

据历史记载，秦王朝建立以后，秦始皇亲自祭祀和指令祭祀的神明很多。统治者所认可的各种传统文化和大众信仰是其统治思想的重要来源和构成之一。从《史记·封禅书》的记载看，秦帝国的国家祭祀和大众信仰有的属于秦国特有的，有的则属于华夏传统文化所共有的。秦国在雍设星神庙祭祀参、辰、南斗、北斗、荧惑、太白、岁星、填星、二十八宿、风伯、雨师、四海、九臣、十四臣、诸布、诸严、诸述之属等，皆由太祝主持每年按时奉祠。同时还祭祀天上其他诸神，如风、雷、雨神等。这些祭祀可能有一定的地方特色。秦朝的祭祀来自华夏传统文化的更多。秦始皇曾亲自"行礼祠名山大川及八神，求仙人羡门之属"。八神，即天主（祠天齐）、地主（祠泰山梁父）、兵主（祠蚩尤）、阴主（祠三山）、阳主（祠芝罘）、月主（祠之莱山）、日主（祠成山）、四时主（祠琅琊）。"八神将自古而有之，或曰太公以来作之"。八神享受祭祀之地集中在山东半岛一隅，应来自华夏传统文化。秦统一以后在国家祭祀神明方面作了整齐划一的规范，使之与大一统局面相适应。

秦朝的许多祭祀具有重要的政治功能。据董巴《舆服志》记载，秦始皇有"郊社"

之礼，即祭祀社稷、太社。秦始皇还亲自祭祀上帝，封泰山，禅梁父。这些皆从华夏古代政治传统沿袭而来，具有论证王权神圣的政治功能。

秦始皇显然是一个有神论者。他非常迷信，不仅沿袭秦的多神信仰，还把中华大地所产生的诸多神灵都接受下来，一一加以崇拜。在他的心目中有一个多神的世界。他还对仙人世界的存在深信不疑，企盼羽化而成仙，变成长生不老的"真人"。在政治思想方面，他相信君权天授，"五德终始"，于是频频礼拜上帝及众神，祈求保佑。他极力以华夏族共同信仰的皇天上帝来证明秦朝皇权的合法性，并自命为"水德"之王。他还千方百计地消除据说弥漫于东南大地的天子之气，以防范又一位获得天命的君主夺取赢秦天下。

在秦始皇的晚年生活中，追求长生不死、得道成仙占据着重要的地位，并影响到了秦王朝的统治政策。

战国初期，神仙学说已颇具影响力。庄子在他的著作中描述仙人说："藐姑射之山，有神人居焉。肌肤若冰雪，绰约若处子；不食五谷，吸风饮露；乘云气，御飞龙，而游乎四海之外。"① "古之真人……登高不慄，入水不濡，入火不蓺……真人之息以踵，众人之息以喉。"② 庄子笔下的所谓绝对自由的"神人""真人"，就是摆脱了物质束缚与精神束缚，远离尘世、长生不死的仙人。仙是人而不同于人，属神而不同于神，不同于人，是由于仙摆脱了人的生死之限，不食人间烟火，享有无穷的快乐；不同于神，是由于他们不必等死后成神，也没有神所具有的职守，自由自在，无羁无绊。到战国后期，经过燕、齐方士们的改造，人们心目中的神仙更有了以下特性：神仙能永远年轻，长生不死；神仙可以自由地在人间和仙界中往来穿梭；神仙具有入水不湿，入火不燃，能隐身和升天等各种能力和特征；神仙能实现凡人可望而不可即的一切愿望；神仙能永远享受现世的一切快乐

① 《庄子·逍遥游》。
② 《庄子·大宗师》。

等等。正因为神仙能够实现人类现实世界得不到的一切梦想，所以在人们心目中神仙成了实现人类梦想的偶像。它迎合了人们忧惧死亡、追求长生和享乐、希望摆脱一切束缚而享受绝对自由的心理。

在战国时期，鼓吹神仙学说最积极的当属燕齐两地的方士。他们大力宣扬渤海外有蓬莱、方丈、瀛洲三神山，上有黄金、白银砌成的宫殿和纯白色的禽兽，仙人们就居住在那里。他们有不死之药，因而可以永远逍遥自在。仙人不与普通人往来，方士们自称他们掌握着神奇的办法——方术，利用方术就可以见到神仙，并从神仙那里求得不死之药。方士们还自称收藏着一些秘方，用这些秘方可以炼成仙丹，常人无论是吃了仙药还是仙丹，都可以成为仙人，长生不死。这种传说对世人产生了巨大的吸引力。《史记》中记载，战国时期的齐威王、齐宣王、燕昭王都曾派遣方士入海，到蓬莱、方丈、瀛洲三神山去求仙药，结果自然是一无所获，但统治者们仍然乐此不疲。秦始皇征服六国后，自己也很快被神仙学说所迷惑。他受方士们蛊惑，对成仙与长寿孜孜以求，按方士们的谎言办事，花费了大量人力物力，这位"千古一帝"由此做出了许多令人不可思议的事情，加剧了秦帝国社会的全面危机。

1. 出巡寻仙

秦始皇统一六国后，曾经五次出巡。他的出巡，既有到各地落实巩固统一措施的目的，也有寻找仙人、求得仙药，以期长生不死的愿望。五次巡游中，除第一次是到陇西、北地，出鸡头山，过回中，向西而行外，其余四次均是到传说神仙出没的东方燕齐滨海之地。从统一后的第三年（秦始皇二十八年，公元前219年）起，秦始皇就开始到东部巡幸，并登泰山封禅。封禅就是接受天命的帝王在泰山顶上和山下祭祀天神和地神的大典，目的是通神。泰山封禅后，秦始皇即东向渤海进发，登芝罘，又到琅琊，"遣徐市发童男女数千人，入海求仙人"[①]。此后几次出巡，也都有求得仙药、躲避死亡的迫切愿望。秦始皇的五次大规模巡游，几乎贯穿了秦帝国始终。经过数番折腾，秦始皇客死外地，直接导致了赵高、胡亥的篡权和长子扶苏被

---

① 《史记·秦始皇本纪》。

害至死，堵塞了秦朝政策转变的可能性，使秦王朝的灭亡不可逆转。

2. 北击匈奴

北击匈奴既是秦帝国国防需要，也与秦始皇迷信"亡秦者胡也"的谶语有关。匈奴，长期以来在蒙古高原上过着逐水草而居的游牧生活，活动于南达阴山、北至贝加尔湖一带的北方地区，成为北方一个强大的游牧民族，经常南下侵扰中原，掠夺人口和财富。秦始皇三十二年（公元前 215 年），"燕人卢生使入海还，以鬼神事，因奏录图书，曰：'亡秦者胡也'"①。时人称匈奴为"胡"，秦始皇认为神仙的谶语是说匈奴人将可能灭掉秦王朝，于是"乃使将军蒙恬发兵三十万人北击胡，略取河南地"②。可见北击匈奴与秦始皇轻信了方士的鬼话有着一定的关系。

3. 坑杀儒士

焚书坑儒也与秦始皇的求仙活动直接相关。秦始皇三十五年（公元前 212 年），方士侯生、卢生批评秦始皇苛刻严厉、刚愎自用、贪图权势，"未可为求仙药"，然后逃之夭夭。秦始皇为求仙而费尽心机，对方士们"尊赐之甚厚"，结果仙药始终未见踪影，方士们却在背后嘲骂他。为了巩固皇帝的权威，秦始皇"于是使御史悉案问诸生。诸生传相告引，乃自除。犯禁者四百六十余人，皆坑之咸阳，使天下知之，以惩后"③。

求生与抗死，几乎成了支配秦始皇晚年生活的主旋律，对他的个人生活和秦帝国政治都产生了巨大影响。可以说，求仙与不死的想法和举动严重损害了秦帝国的利益，这是秦始皇迟迟不定皇位继承人选以及赵高、李斯借他死在出巡途中发动政变、改变秦帝国政治走向的重要因素。长期以来，人们普遍把秦始皇界定为"法家皇帝"，而法家著名思想家一般是不相信天赋君权、神佑君权这一套的。法家大多信奉自然的"天道"或客观的"道""理"。他们闭口不谈君权神圣，更不讲什么君权天授。

---

① 《史记·秦始皇本纪》。
② 《史记·秦始皇本纪》。
③ 《史记·秦始皇本纪》。

在《慎子》《商君书》《韩非子》中，我们很难找到神秘主义的幽灵。仅就世界观与人生观而言，秦始皇与法家学说是格格不入的。他的信仰世界与芸芸众生以及大多数儒者、墨者、方术之士倒是更为接近。无论从秦帝国政权的崇拜对象和秦始皇的个人信仰看，还是从战国、两汉时期大众信仰的主要特点看，当时整个社会弥漫在浓重的神秘主义迷雾之中，我们在分析秦帝国的统治政策的时候不能忽略这个重大的历史现象。

第四章　秦始皇的文化观与文化政策

太史公在《史记》中这样写道:"至秦有天下,悉内六国礼仪,采择其善,虽不合圣制,其尊君抑臣,朝廷济济,依古以来。"① 确实,秦统一前夕,秦王嬴政已经看到了伦理道德和伦理秩序建设对于统一国家统治的重要性。在秦帝国时期,面对统一后各地风俗教化相异较大的状况,秦始皇对各级官僚和天下百姓提出了系统的道德文化建设要求。这种道德文化建设要求和君主集权统治以及国家文化统一相适应,是自上而下的伦理道德教育,带有很强的国家推动力,目的在于建立新的统一伦理社会秩序。同时,秦帝国积极为新的伦理道德文化寻找必要性和合理性依据,以使统治者的道德要求具有更强的说服力和感染力。

---

① 《史记·礼书》。

一、秦始皇的道德文化建设

秦代政治生活中的一个重要的现象，是"忠"的观念已经逐渐成为社会政治道德的基本规范。秦始皇二十八年（公元前 219 年）东巡郡县，至于琅邪，作琅邪台，立石刻，颂秦德，明得意。其中写道："尊卑贵贱，不逾次行。奸邪不容，皆务贞良。""远迩辟隐，专务肃庄。端直敦忠，事业有常。"提出了对理想的政治秩序的期望。值得重视的是，"忠"已经被明确为臣民必须遵行的政治准则。与忠直贞良的政治品行相对立的所谓"奸邪"，受到了严厉的指斥。秦王朝最高统治者正是期望用这样的政治规则，维护"尊卑贵贱，不逾次行"的秩序，最终实现居于最高权位的皇帝的绝对专制，"忠"在当时已经被看作为政之本。

秦帝国道德文化要求的核心是忠与孝。忠是臣事君的道德规范，要求臣下尽心事君和绝对服从君主；孝是子事父的道德规范，要求儿子尽心事父和绝对服从父母。"忠"旨在维护君权，"孝"旨在维护父权，两者在秦帝国的道德实践中得到了高度的统一，这对于后世各代王朝的道德文化建设具有开辟性的意义。

秦始皇死后，赵高等人发动沙丘政变，逼公子扶苏自杀，推秦二世上位，夺取了帝位，抛弃了秦始皇生前的各项既定国策。在这一过程中，双方困惑和以之为据的都是忠和孝。关于这一事件的详细过程在《史记·李斯列传》中有明确的记载。赵高劝胡亥夺取帝位时，双方有一番对话。胡亥说："废兄而立弟，是不义也；不奉父诏而畏死，是不孝也；能薄而材谫，强因人之功，是不能也。三者逆德，天下不服，身殆倾危，社稷不血食。"赵高对答说："臣闻汤、武杀其主，天下称义焉，不为不忠。卫君杀其父，而卫国载其德，孔子著之，不为不孝。夫大行不小谨，盛德不辞让，乡曲各有宜而百官不同功。故顾小而忘大，后必有害；狐疑犹豫，后必有悔。断而敢行，鬼神避之，后有成功，愿子遂之。"胡亥初闻赵高之谋，囿于义、孝、才能不足而不敢轻举妄动。赵高以诡辩说服了胡亥。赵高劝说李斯同谋时，李斯的第一反应竟是"安得亡国之言！此非人臣所当议也！"当赵高继续利诱威逼时，李斯还迟迟以秦始皇皇恩浩荡不能违背"忠义"道德而不肯就范。他说:"斯,上蔡闾巷布衣也,上幸擢为丞相,封为通侯,子孙皆至尊位重禄者,故将以存亡安危属臣也。岂可负哉!夫忠臣不避死而庶几,孝子不勤劳而见危,人臣各守其职而已矣。君其勿复言,将令斯得罪。"赵高等人伪造始皇诏书,逼迫扶苏和蒙恬自杀,用的罪名竟然是"不孝""不忠"。诏书说:"扶苏为人子不孝,其赐剑以自裁!将军恬与扶苏居外,不匡正,宜知其谋。为人臣不忠,其赐死,以兵属裨将王离。"蒙恬劝扶苏"复请",而扶苏却言道:"父而赐子死,尚安复请!"即自杀。沙丘之变的波诡云谲固然使人惊心,而双方围绕着忠、孝的对话和表现更使人感慨万端。司马迁详细地记述这件事情,大概是要表现胡亥的无能、赵高的奸险、扶苏的忠孝、蒙恬的恪守,但所反映的秦帝国的忠孝观念基本上接近事实。

胡亥即位为二世皇帝,对诸公子公主大开杀戒。公子高为保全其族上书二世说:"臣当从死而不能,为人子不孝,为人臣不忠。不忠者无名以立于世。臣请从死,愿葬骊山之足。"①由此可见秦帝国对以"忠""孝"为核心的道德文化建设是何等的重视。

对于秦帝国官僚忠于职守的制度建设,秦始皇更是不遗余力。

秦帝国是专制集权统治,皇帝的权力通过各级官僚贯彻到帝国的每一个角落,各级官僚必须尽心尽力为皇权服务,才能够为专制集权统治提供保证。官僚任何玩忽职守和违背皇帝、有损皇权的行为都被视为不忠。秦始皇三十四年(公元前213年),博士仆射周青臣等称颂始皇威德,齐人淳于越就指责说:"今青臣又面谀以重陛下之过,非忠臣。"②赵高想要诛杀蒙毅,加给蒙毅的罪名是"不忠","若知贤而俞弗立,则是不忠而惑主也"。③

秦帝国的法律、法令是皇帝意志的体现,官吏不认真执行法律、法令,或者对抗法律、法令,就是违背了忠的要求。睡虎地秦墓竹简《语书》严厉地指责那些对

---

① 《史记·李斯列传》。
② 《史记·秦始皇本纪》。
③ 《史记·蒙恬列传》。

百姓"犯法为奸私""私好、乡俗不变"的行为睁一只眼闭一只眼的令、丞,"为人臣亦不忠矣"①。

秦帝国的各级官僚都应绝对服从皇帝的命令,遵守和执行帝国的法律。各级官吏应把"忠"作为首要的道德准则去遵守执行,甚至不惜牺牲自身生命以成就忠臣之名。李斯虽然在关键的时刻首鼠两端,但仍振振有词地说:"夫忠臣不避死而庶几。"睡虎地秦墓竹简中有《为吏之道》,"为吏之道"要求官吏要"宽容忠信","吏有五善"中"一曰中(忠)信敬上"。这是当时各级官吏积极实践"忠"的规范的实证。

秦帝国的法律、法令以及各级官吏都极力维护孝的规范。睡虎地秦墓竹简《封诊式》有"告子"的案例。一位父亲向官府控告他的儿子不孝,请求处以死刑。令史将他的儿子捉拿归案,经县丞审讯,其子是其父的亲生儿子,确实不孝。虽然对这个不孝子最后处以什么刑罚,《封诊式》没有记载,但此案例肯定了当时不孝是重罪这一事实。《封诊式》中还有"迁子"的案例。一位父亲请求官府将他的儿子迁到蜀郡边远县份,叫他终生不得离开流放地点。虽然"迁子"没有说明父亲控告儿子的理由,但官府支持其父的控告,将其子迁到蜀郡。这充分说明官府是维护父权的。

秦帝国以"忠""孝"为中心,以个体小家庭的伦理关系和官僚的行为准则为基础,以建立统一的伦理道德秩序为目的,试图将皇帝、官僚、民众统一到伦理道德社会秩序之中。

秦统一后,对家庭伦理秩序表示出了极大的关注,对于家庭中的男女关系提出了明确要求。泰山刻石说:"贵贱分明,男女礼顺,慎遵职事。昭隔内外,靡不清净,施于后嗣。"②男女之间有贵贱之别,应该严格遵守相应的礼仪;男女之间在生产上有分工,应该慎重地对待自己的工作。只有严格地区分男女关系,才能有一个平静安宁的环境,并遗留给后代。碣门刻石说:"男乐其畴,女修其业,事各有序。"③

---

① 田延峰著:《中华帝制的精神源头——秦思想的发展历程》,人民出版社2011年版,第392页。

② 《史记·秦始皇本纪》。

③ 《史记·秦始皇本纪》。

男耕女织被视为一种社会秩序。对于任何破坏家庭秩序、违背家庭伦理的行为，秦帝国都要求予以打击。会稽刻石曰："饰省宣义，有子而嫁，倍死不贞。防隔内外，禁止淫佚，男女洁诚。夫为寄豭，杀之无罪，男秉义程。妻为逃嫁，子不得母，咸化廉清。"[①] 在父子关系方面，父亲则居于绝对的主导地位。睡虎地秦墓竹简《法律答问》说："'子告父母，臣妾告主，非公室告，勿听。'何谓'非公室告'？主擅杀、刑、髡其子、臣妾，是谓'非公室告'，勿听。而行告，告者罪。告者罪已行，他人又袭其告之，亦不当听。"家主擅自杀死、刑伤、髡剃其子和奴婢，作为儿子的控告父母，作为奴婢的控告主人，这叫"非公室告"，官府不予受理。如果再控告，控告者有罪，官府还是不受理。这实际上是禁止儿子告父母，奴婢告主人。还有"父盗子，不为盗"。父亲对儿子是拥有特权的。但秦律对控告不孝却表现出另一种态度。《法律答问》："免老告人以为不孝，谒杀，当三环之不？不当环，亟执毋失。"老人控告不孝，要求判以死刑，应否经过三次原宥的手续？不应原宥，要立即拘捕，勿令逃走。可见，秦所倡导的家庭伦理关系是子从父母、妻子从夫、奴婢从主这样一种以父权为核心的伦理秩序，上下主从的界限不可逾越。

秦帝国要求通过履行官僚的行为准则体现官吏的上下级关系，构建官僚伦理秩序。《为吏之道》即显示了作为官吏所应具备的道德规范与行为准则。睡虎地秦简《为吏之道》由五十一支竹简组成，湖南大学岳麓书院藏秦简《为吏治官及黔首》由八十七支竹简组成，两份简文都是在讲为官之道，其内容可互校互补，正是对读的绝好材料。两份简文内容涵盖了当时秦人为吏从政的道德行为规范和基本准则，蕴含了"忠信敬上、宽裕慈爱、正行修身"和"清正廉洁、谨慎勤勉、重民亲民"等吏治理念和管理思想。

第一，《为吏之道》规定了做官必须严格遵守的行为规范——"十毋、八不、四勿"。

"十毋"提出了官吏十不标准："审悉毋私""安静毋苛""严刚毋暴""廉而毋刖""毋

---

① 《史记·秦始皇本纪》。

复期胜""毋以忿怒决""和平毋怨""毋行可悔""毋穷穷、毋岑岑、毋衰衰""毋喜富、毋恶贫"。

"八不"明确了对官吏个人的道德修养要求：切忌"中不方、名不章、外不圆""断割不刖""强良不得""君子不病""临财见利、不取苟富""临难见死、不取苟免""欲富太甚、贫不可得""欲贵太甚、贱不可得"。

"四勿"规范官吏的从政行为："悔过勿重""慈下勿陵""敬上勿犯""听谏勿塞"。

《为吏之道》还对官员的为人处世提出较高的综合素质要求，即"七能"："怒能喜，乐能哀，智能愚，壮能衰，勇能屈，刚能柔，仁能忍"。

第二，《为吏之道》规定了为官的道德标准。

对上——忠信敬上，杜绝非上。

对民——宽裕亲民，慈爱万姓。

对己——精洁正直，终身毋咎。

第三，《为吏之道》规定了官吏的考课标准。

《为吏之道》等对吏治、课考内容进一步细化和具体，明确了官吏"五善、五失、五过、五则、六怠、回诫"等职责条例和考评标准，体现了"以法治吏""信赏必罚"的"法治"思想。

吏有五善："一曰忠信敬上，二曰清廉毋谤，三曰举事审当，四曰喜为善行，五曰恭敬多让。五者毕至，必有大赏。"

吏有五失："一曰夸以迣，二曰贵以泰，三曰擅裂割，四曰犯上弗知害，五曰贱士而贵货贝。"

吏有五过："一曰见民倨傲，二曰不安其朝，三曰居官善取，四曰受令不偻，五曰安家室忘官府。五者毕至，是谓过主。"

吏有五则："一曰不察所亲则怨数至，二曰不知所使则权衡求利，三曰兴事不当则民伤指，四曰喜言惰行则毋所比，五曰非上，身及于死。"

吏有六怠："不审所亲；不察所使；亲人不固；同谋相去；起居不指；漏表不审；征缴不齐。"

吏有四诫："戒之戒之，财不可归；谨之谨之，谋不可遗；慎之慎之，言不可追；綦之綦之，食不可偿。"

总之，秦王朝十分重视官吏的官德建设，从《为吏之道》来看，大致反映出如下几个特点：

其一，下级对上级、官吏对君主的行为准则是要求的重点。下级官吏对君主和上级要忠、敬，以维护其尊严。《为吏之道》中有"敬上勿犯""忠信敬上"等话。下级冒犯上级则会受到严惩。"非上，身及于死。"也就是说，非议上司甚至会遭到处死的结果。"吏有五失"中有"受令不偻"，即接受上司命令而不鞠躬，属于过失。

其二，秦帝国十分重视官僚队伍的廉洁及效率建设。《为吏之道》要求居官及处理公务要廉洁公正、认真细致、严格执法、赏罚适当："凡为吏之道，必精洁正直，慎谨坚固，审悉毋私，微密纤察，安静毋苛，审当赏罚。严刚毋暴，廉而毋刖，毋复期胜，毋以忿怒决。宽容忠信，和平毋怨，悔过勿重。"此外还有"清廉毋谤""举事审当"等。对于官吏不应犯的过失规定得十分具体，如："不安其朝""居官善取""安家室忘官府""不察所亲""不知所使""兴事不当"等。

其三，秦帝国对官吏的职业道德要求虽然苛细，但也有中心。中心实际上就是云梦睡虎地秦简《语书》后半篇所强调的"良吏"与"恶吏"之别："良吏明法律令，事无不能也；又廉洁敦悫而好佐上；以一曹事不足独治也，故有公心，又能自端也。""恶吏不明法律令，不知事，不廉洁，无以佐上，偷惰疾事，易口舌，不羞辱，轻恶言而易病人，无公端之心，而有冒抵之治，是以善诉事，喜争书。""良吏"除了"明法律令""事无不能也"外，最重要的是"廉洁敦悫""有公心""能自端"。也就是说"良吏"既有能，又有德。"恶吏""不明法律令""不知事""不廉洁""无公端之心"，既无能，又无德。看来，秦帝国对官吏的职业道德的要求，核心是公正和廉洁。只有公正和廉洁，才能保证官僚机器的正常运转，才能保证社会秩序的正常维护。《为吏之道》将对官吏的各种道德要求系统化为"五善""五失"，并反复宣明、一再强调"戒之戒之""谨之谨之""慎之慎之"，显得郑重其事，非同一般。

其四，秦帝国十分重视官吏的个人官德修养建设，要求官吏能够为民表率。《为吏之道》说："凡戾人，表以身，民将望表以戾真。表若不正，民心将移乃难亲。"《为吏之道》还列举了很多官吏的处世哲学和修身之道。"反赦其身，止欲去愿。中不方，名不章，外不圆。""怒能喜，乐能哀，智能愚，壮能衰，勇能屈，刚能柔，仁能忍，强良不得。""安乐必戒，毋行可悔。以忠为干，慎前虑后。""毋穷穷，毋岑岑，毋衰衰。临材见利，不取苟富；临难见死，不取苟免。"这些都反映出秦王朝统治者对官吏队伍精神建设的要求。

其五，《为吏之道》要求官吏"审知民能，善度民力，劳以率之，正以矫之"。官吏对民众要"施而喜之，敬而起之，惠以聚之，宽以治之，有严不治"。强调官吏对民众的慈爱、仁爱。《为吏之道》中多处提到为官要"慈""慈爱""除害兴利，慈爱万姓"，这说明仁的观念在秦帝国官场中是非常流行的。要求官员讲求仁慈，爱惜民力，这和人们印象中的秦政苛暴、徭役繁重反差太大，但事实终归是事实。陈胜揭竿而起后，六国响应，唯独秦故地秩序井然如常，且六国故地秦王朝任免的官员也鲜有积极参与者，这说明秦始皇的官员道德建设是有效果的。

其六，秦帝国对父权与皇权相统一、家庭伦理秩序与官僚伦理秩序相统一的重视是为了维护秦的政治等级秩序。《为吏之道》说："邦之急，在体级，掇民之欲政乃立。上毋间阹，下虽善欲独何急？""体级"即体制等级。国家的急务在于建立完善的体制等级，只有制止人们的欲念才可以做到这一点。在上位的人要努力使自己的行为和道德完善，没有漏洞，在下的百姓会自然向善。在帝国统治者的思想中，政治等级秩序和伦理等级秩序是相辅相成的两个方面，二者不可偏废。①

二、兼容并取的实用文化政策

春秋战国时期，中国历史上出现了思想上相对自由，百家争鸣、百花齐放的生

---

① 参见田延峰著：《中华帝制的精神源头——秦思想的发展历程》，人民出版社2011年版，第391—394页。

动局面。尊重人才、尊重学术的风尚盛极一时。秦王朝的统一，为学术文化的发展提出了一个全新的课题，那就是在政治上大一统的情况下，怎样认识和处理学术上的多元与统一问题。最高统治者的这种认识不仅对秦王朝，而且对中国以后政治与思想的发展，都产生了十分深远的影响。

自春秋晚期至战国时期，因为天下失序，百姓涂炭，诸子救世之论蜂起，百家争鸣。各个学派的思想家从不同的立场出发，提出各自的政治主张和学术观点。在互相辩驳中，都认为自己的观点是绝对正确的，都希望按照自己的观点去统一天下人的思想，为改变列国兼并混战的局面贡献力量。他们所争论的问题虽然很多，但都离不开政治与国家统一，主要聚焦在两个核心问题上面：一是维持还是推翻封建等级制度和贵族阶级专政；二是怎样消灭封建割据与战争，实现国家统一与稳定。主要代表有儒、墨、道、法四家。关于第一个问题，儒家主张维持贵族阶级专政，封建等级制度还要存在，其他三派都反对这种主张。墨家从小生产者立场出发，主张尚贤，打破贵族阶级的专政；法家从士阶层立场出发，要求根本取消贵族阶级专政，按照军功与对国家贡献大小论功行赏；道家则憧憬远古之世、小国寡民、没有阶级剥削和压迫、没有战争和动乱的生活。关于第二个问题，原则上似乎无人反对，但对于实现统一与和平的方法则大有分歧。儒家主张行仁政，缓和阶级矛盾；墨家主张兼爱、非攻学说；道家从根本上否认政治，对儒墨法各家的救世主张都大加反对；法家则强调搞改革，行法治，重农战，中央集权，用战争实现统一与重建秩序。

在秦人奋斗的历史上，秦国偏居西陲，文化相对落后，特殊的地理位置和发展道路，使秦国成为华戎文化的混合地带，对各种文化都容易接受。商鞅变法以后，尚耕战、重法治成为秦国的国策，也奠定了法家在秦国政治思想领域的主导地位。但是，自始至终，秦国都没有绝对排斥其他各种学说，也没有像汉武帝那样罢黜百家、独尊一家，而是给各个学说一席之地，积极吸收各家所长，以为国家崛起、富强、统一与巩固服务。

传统观念中，秦国历来被认为是缺乏儒家传统的国度，荀子西行到秦，就曾发出了"则其殆无儒邪"①的感慨。但事实上，长期以来儒家学说对秦国政治始终产生着影响。商鞅变法前期，与之辩论的甘龙、杜挚反对变法，他们所提出的"法古无过，循礼无邪"②的思想，无疑就是儒家的主张。在统一过程中，儒家人物仍然活跃在秦国的政治舞台之上。如主张实行分封制的秦帝国首任丞相王绾，敢于向秦始皇提出不同意见的淳于越等。秦始皇所任用的七十博士中，当有相当数量的儒生，其中淳于越明确反对郡县制，认为："事不师古而能长久者，非所闻也。"③秦始皇在巩固统一的一系列重大政治决策中，也都允许儒生参与其中，为其出谋划策。如议帝号，参与郡县制与分封制的讨论，向儒生询问泰山封禅大礼，以及出巡途中遇到问题随时向博士顾问咨询，等等。直到陈胜起义时，秦二世"召博士诸儒生问"④，还有三十余人殿前回答。可见在秦王朝的政治舞台上，儒生们始终是占有一席之地的，那种认为秦帝国统治者纯用法家路线治国的观点是站不住脚的。

秦王朝历史表明，在秦帝国的政治舞台上不仅有儒家人物参与，而且在秦始皇统治前期，儒家思想也被广泛采纳，成为秦王朝统治思想的一个组成部分。在上文秦始皇的道德文化建设一节中已经说过，睡虎地秦墓竹简中出土的秦朝各项法律规定，不仅要求各级官吏懂法执法，也要求他们遵循道德规范。《为吏之道》提出："为人君则鬼，为人臣则忠；为人父则慈，为人子则孝；能审行此，无官不治，无志不彻。为人上则明，为人下则圣。君鬼臣忠，父慈子孝，政之本也。"这里所讲的道德原则，基本上都是儒家的价值观念。对于违背这些伦理的，还要判以重罪。另外，在秦始皇的巡游刻辞中，也不断出现反映儒家思想的内容，如强调等级观念，倡导儒家的贞节观念等。⑤

此外，在秦帝国统治者的治国理政中，兵家、道家、阴阳家、神仙家、墨家、

---

① 《荀子·强国》。

② 《史记·商君列传》。

③ 《史记·秦始皇本纪》。

④ 《史记·刘敬叔孙通列传》。

⑤ 参见王绍东著：《秦朝兴亡的文化探讨》，内蒙古大学出版社 2004 年版，第 205、206 页。

纵横家的思想都曾被秦始皇所采纳，在秦朝统一过程中和统一之后不同程度地发挥了作用。如尉缭为兵家的代表人物之一，有兵家著作问世。他提出的统一策略深得秦始皇的赏识，被秦始皇任命为国尉。在秦国统一过程中，墨家也曾一度活跃。统一前期，秦国也成了纵横家纵横捭阖、展示才华、寻求富贵的舞台，其流韵所及，一直影响到汉初的政治。至于阴阳家、神仙家的影响，前文已有详论，这里不再赘述。郭沫若指出："秦始皇的精神从严刑峻法的一点说来是法家，从迷信鬼神的一点说来是神仙家，从强力疾作的一点说来是墨家。墨家也尊天右鬼，重法尚同。这三派思想在他的一身之中结合起来成了一个奇妙的结晶体。而他又加上了末流道家纵欲派的思想实践，那光彩是更加陆离了。因此我们要说秦始皇也把先秦诸子的大部分综合了，这也是说得过去的。"①

　　秦始皇兼容并包的文化思想和政策，是与当时兼并战争以及秦帝国建立大一统的政治需要相适应的。秦国在军事上不断征服他国，也必然要在文化上受到所征服各国的影响。特别是由于秦国长期以来在吸引人才方面采取了一种开放的政策，随着各国人才纷纷被吸引到秦国，各种文化学说也必然展现在秦国的政治舞台上。对不同学说的包容和兼采，也就是对各种人才的吸纳和包容。相反，如果实行文化专制，必然会将一大批持法家学说以外的策士人才拒于秦国之外，甚至使他们成为秦国统一的阻碍力量。秦统一天下后，鉴于各地风情不一的实际情况，更需要兼容并包的文化政策。作为雄才大略的政治家，秦始皇博采各家的思想，正是顺应了当时中国历史发展的要求。

三、对思想文化统一的探索与实践

　　秦始皇以武力统一了六国，建立了中央集权专制主义政治体制。然而，由于春秋战国数百年的分裂割据，各个地区的历史传统和文化习俗存在着巨大的差异。文

---

① 郭沫若著：《十批判书·吕不韦与秦王政的批判》。

化习俗与传统问题的解决，显然是不能用军事手段来完成的，国家统一后，如何解决文化思想的统一问题就成为秦王朝统治者面临的新挑战。

春秋战国以来，统一是人们的普遍愿望，是历史发展的要求，因此，长期以来，各国在努力进行兼并战争的同时，思想家们也在积极探索着学术文化思想的统一。春秋战国时期的百家争鸣，各个学派都想驳倒别人的学说，把自己的思想作为统一的思想，尽管难以达到目的，但都殊途同归，融合和统一已经成为战国时期思想家的共识。

在吞并六国的前夕，秦相吕不韦在思想文化的统一问题上作了认真的探索。他组织手下门客撰写了《吕氏春秋》，系统整理先秦诸子的思想。在吕不韦看来，各家学说、各个学派都有其特点和长处，都有精华和糟粕。对于新的统一王朝来说，既不必取消哪一家，也不需要用某家去兼并其他各家，而是兼取各家所长，吸收各派精华，从而形成一个新的思想理论体系，并用以指导秦王朝的政治。吕不韦采各派之所长，集众人之智慧，留下了先秦时期最后一部总结性的理论著作——《吕氏春秋》，也为先秦百家争鸣的历史画上了句号。

随着秦王朝军事上、政治上统一局面的形成，思想文化的统一也提上了议事的日程。在对待文化政策统一方面，秦始皇的主张是"别黑白而定一尊"与"以法为教，以吏为师"。

司马谈说："夫阴阳、儒、墨、名、法、道德，此务为治者也，直所从言之异路，有省不省耳。"也就是说，六家之言各有所长，又各有所短，每一家的主张中都有"虽百家弗能易""虽百家弗能改""虽百长弗能废"[1]的内容，但维护君主制度却是六家的共同要求，而对实现政治目标的具体途径和措施各家的见解不尽相同，每一家都提出了有特色的君主政治不可或缺的主张。就基本文化取向而言，帝王论同大于异。"天、道、圣立君""乱莫大于无天子""土无二王，尊无二上""圣者为王""一人兴邦""道高于君""天下为公"等几乎是诸子百家的共识。这就铸就了一种共有

---

[1] 《史记·太史公自序》。

的文化体系，无论人们尊奉哪家哪派，都会认同这一文化体系，从而形成对君主政治体系中基本因素的集体价值取向。这是诸子百家可以相互融通而殊途同归的政治基础和理论基础。

秦始皇不是一个学问家，而是一个政治家。他专注于秦帝国现实政治的探索，在理论与实践上都力求能够方向正确，这就决定了在思想上他是一位地道的"杂家"。从现存文献来看，秦始皇没有学者所常见的派别意识和学术偏执。他对各种传统文化、思想流派和政治学说的取舍主要依据其实际政治实践的需要。秦始皇受法家学说的影响较大，但他从来没有唯法家学说是从。在思想文化上，秦始皇基本上实行兼收并蓄政策。在他的群臣、博士中聚集着诸家门徒，也可谓人才济济。在具体施政中，秦始皇以实用主义的态度对待诸子百家的学说，依据有益于政治统治的标准广泛采择，并加以整合。因此在秦王朝的官方思想中，法家、阴阳家、儒家、道家、墨家、名家等先秦主要学术流派的思想都有一席之地。即使在秦始皇严禁私学、"焚书""坑术士"之后，兼收并蓄的基本方针实际上仍然没有发生重大改变。原因很简单，秦始皇实行文化专制的方略是一切统一于皇帝钦定的官方思想，官方思想的集中体现则是国家和皇帝颁布的各种法律、政令，而相关思想的来源与构成则是综合诸子百家的。①

法家学说对秦王朝统治思想的贡献最大，其中属于法家独特贡献的主要是法制至上思想及一些与中央集权政体有关的具体主张。秦始皇赞赏《韩非子》，信用李斯、尉缭等人，其定制立法的依据多来自法家学说，行政的方式也深受法家学说影响。但在制度和操作层面，秦始皇并没有按照法家的教导亦步亦趋。他更没有宣布独尊法家。

儒家学说为秦王朝的统治思想提供了许多重要的内容，其贡献仅次于法家，主要有二：一是儒家鼓吹"王天下""土无二王""定于一""大一统"，倡导君主专制，维护等级制度，又提出了比较多的调整王权的思想，其理论体系的基本内容很适合

---

① 参见张分田著：《秦始皇传》，人民出版社 2003 年版，第 247 页。

皇帝制度的需要。其中儒家对秦朝政治的最大贡献当数系统化的"大一统"理论，它非常合乎秦始皇的口味。二是儒家学说的特长是"序君臣父子之礼，列夫妇长幼之别"，这一点对于皇帝制度也是"不可易"的。对这一类"虽百家弗能易""虽百长弗能废"的内容，秦始皇及其辅臣不可能视而不见，更不可能弃而不用。秦朝的礼制、法律、纪功刻石及道德规范等都体现着儒家学说的深刻影响。

秦朝的统治思想、政治模式和某些制度受阴阳家的影响也很深，这集中体现在两个方面：一是秦始皇采用邹衍的"五德终始"说，以此论证秦朝皇帝奉天承运，并据以确定了秦朝的政治模式和一系列具体的制度。二是秦朝的一些政治规范深受阴阳家"四时之政"的影响。①

至于道家、墨家、名家等诸子学说也都在不同程度上对秦王朝统治思想产生了一定的影响。

不过，秦始皇在治国理政中融合包容百家是有条件的，这就是思想必须统一，在思想文化界都要以他马首是瞻，不能有不同的声音，更不能有反对或者诽谤他的统治政策的声音。

大秦帝国建立后，秦始皇"收天下书，不中用者尽去之，悉召文学方术士甚众，欲以兴太平"②。他一方面利用政权的力量把不利于秦朝统治的书籍去掉，另一方面则尽量召集笼络"文学方术士"，想把他们当作新政权的支持力量，并利用这些士人来探求新的统治思想。但与秦始皇的愿望相反，诸子各家并没有完全为秦王朝唱颂歌，而是在用自己的学说和思想来评价秦王朝的政治与政策，如同《史记·秦始皇本纪》中所记载的，出现了"今诸生不师今而学古，以非当世，惑乱黔首""人善其所私学，以非上之所建立"和"私学而相与非法教，人闻令下，则各以其学议之，入则心非，出则巷议，夸主以为名，异取以为高，率群下以造谤"的情况。这种局面的出现，当然不利于秦帝国统治者思想文化上的统一。面对百

---

① 参见张分田著：《秦始皇传》，人民出版社 2003 年版，第 248、249、254 页。
② 《史记·秦始皇本纪》。

家之学所造成的离心倾向与反对声音，李斯指出了思想统一的迫切性："天下无异意，则安宁之术也。"主张用专政的手段来达到思想文化上的一统，"臣请史官非《秦记》皆烧之，非博士官所职，天下敢有藏《诗》、《书》、百家语者，悉诣守尉杂烧之。有敢偶语《诗》、《书》者弃市，以古非今者族。吏见知不举者与同罪。令下三十日不烧，黥为城旦。所不去者，医药卜筮种树之书。若欲有学法令，以吏为师"①。李斯企图通过"焚书"来达到确保思想统一和维护皇帝绝对权威的目的，这对苦苦探索新的政治思想统一途径而不得的秦始皇来说，实在是一个简单而立见成效的办法。他认为这样就找到了用行政命令的手段来统一天下人的思想的途径，于是面对"入则心非，出则巷议"的持其他各种学说的士人，秦始皇最终选择了专制主义的文化政策，决定用专政的手段来对待这帮反对秦帝国统治政策的儒生、术士，借皇帝的绝对权威下达了"焚书""坑术士"的法令。

秦始皇之所以一边"焚书""坑术士"，一边又重视以至任用儒生，这是因为"焚书""坑术士"是为了压制以儒生、术士为代表的反对力量或者说是异议人士，是以所谓的"法"来震慑万民，但大秦帝国的建立，是一项亘古未有的创制，它和任何一个正常的社会一样，除了"法"，还有"礼"，这样才能确保一个政权的运转和稳定。"若夫列君臣父子之礼，序夫妇长幼之别，虽百家弗能易也。"②儒家学说最适宜于朝廷以及整个社会礼仪制度的建设，国家的礼仪制度建设是离不开儒家和儒生的。儒生虽然常常会拿上古的理想社会说事儿，借古讽今，对当朝皇帝的专制统治造成一定的威胁，但在通过"焚书""坑术士"之举对其加以专政之后，留存下来服务于朝廷的那些以"博士"为代表的儒者、术士就不敢再轻易借古讽今，蒙骗朝廷，给最高统治者造成不必要的麻烦了。这也就达到了"别黑白而定一尊"的统一思想的目的。至于别的，还有那么重要吗？

秦始皇的思想文化统一的途径是"以法为教，以吏为师"。

---

① 《史记·秦始皇本纪》。
② 《史记·太史公自序》。

"皇帝"是秦始皇创设秦帝国时所建立的一种君主制度。他创造皇帝尊号的主旨是宣扬"尊比三皇""功盖五帝"。皇帝之号着重标示最高统治者的智慧与功德，它属于圣化称谓。在中国古代的君权观念中，一切皇帝都是圣人，是与道同体的道德表仪和至高无上的文化权威。

中国自古以来就是崇拜圣人的国度，传说中的三皇五帝首先是文化英雄、道德楷模，据说他们身兼君、师，创造了文明。西周以来，言"道"重"德"的政治思想进一步强化了圣人崇拜。最早的圣化君主称谓就是在这个背景下创造出来的。春秋战国以后，圣王论成为中国帝王论的固定模式。儒家的伦圣、道家的道圣、墨家的义圣、法家的智圣与王紧密地结合在一起。圣，成为中国王冠上最为灿烂夺目的明珠。圣化称谓的主要特点是把君主说成集理性、才智、品德、功业于一身。如果说宗法称谓来自对传统社会习俗的继承和改造，权势称谓着重于肯定和摹写政治现实，神化称谓借重于神秘主义的信仰，那么圣化称谓则最富理性思辨色彩，反映着一种哲理化的帝王观念。它为中国古代王权提供了一块最为牢固的基石。在这样的观念下，"以法为教，以吏为师"就是君师合一与"以皇帝为师"。

"师"，是中国古代最早产生的圣化称谓之一。"君师"称谓表明，在观念上，帝王身兼君与师两种社会政治角色，他一手握着政治权力，一手握着教化权力。就师、君师标示教化权力而言，它们属于权势称谓。为"师长"者必德才兼备，以师、君师、师长称谓君主旨在表明帝王是有德行、有才智的教民者，他们是社会人群的表仪。在这个意义上，师、君师、师长等属于圣化称谓。

《尔雅·释诂》：师，众也。《尔雅·释言》：师，人也。师本义为众人，引申为军旅、师长。师长即众人之长。古代为师长者皆为治者、教化者双兼，故率众之人称为师。《尚书·泰誓》说："天佑下民，作之君，作之师，惟其克相上帝，宠绥四方。"这里的师指最高统治者。《孟子》曾引述这条材料，认为它是君师称谓的出处。

"天地君亲师"是中国古代社会公认的五大社会权威，彼此可以互相比附。在教化者的意义上，父、君、师属于同一类权威。晋国的栾成子引古语说："民生于三，事之如一。父生之，师教之，君食之。非父不生，非食不长，非教不知，生之族也，故壹事之。"① 荀子说:"故礼,上事天,下事地,尊先祖而隆君师,是礼之三本也。"②师父与弟子如同君臣、父子。父兄是子弟之师,君父是臣民之师。在教化者的意义上,一切治者皆可称为师。

在先秦,君师合一是许多思想家共同的政治理想。儒家是君师说的倡导者、推崇者,他们利用《诗》《书》《礼》《易》中的有关材料,热切期待世主效法古先圣王,做道德楷模,行教化于天下,为万民之仪表,以上行下效,风吹草靡,再造盛世。道家也是君师论者,《老子》一再奉劝君主执道、无为"以为天下正"。法家认为圣者为王,圣者为师,自古已然。当今之世,君主仍应为天下师。具体办法是:君主制定法令,责令官吏修习,"置主法之吏,以为天下师"③,即君主为法吏之师,法吏为臣民之师,天下之人师法君主的法令。法家关于禁绝百家、言轨于法、以吏为师的政治主张,无疑是君师观念的一种表现形式,是君师说的法家版本。事实上,儒法两家的区别不在于是否应当以帝王及其官吏为师,而在于学习的内容是周礼还是国法。无论是以法律和法吏为师,还是以伦理和伦圣为师,都把帝王置于文化主宰的地位。君师称谓和君师合一观念使帝王不仅是政治权威,而且还是文化权威。他的意志既是法令律条,又是学术定论,这就是所谓"圣心独断""圣裁"。无论统一于王法,还是统一于纲常,由君师为臣民立极,根绝异端邪说,是君师合一的基本政治取向。④这正是君师称谓所负载的最主要的文化意义,也正是秦始皇"以吏为师""以法为教"的目的之所在。在儒法两家尊王文化的基础上,秦始皇找到了他的"别黑白而定一尊""以吏为师""以法为教""言行而不轨于法令者必禁"⑤的统一秦帝国思想文化的路径。

① 《国语·晋语一》。

② 《荀子·礼论》。

③ 《商君书·定分》。

④ 参见张分田著:《秦始皇传》,人民出版社 2003 年版,第 221—223 页。

⑤ 《韩非子·问辩》。

第五章　大秦帝国政治制度之创新

公元前 221 年，经过多年兼并战争，秦王嬴政在前人的基础上终于完成"吞二周而亡诸侯，履至尊而制六合"的统一大业，建立了中国历史上第一个专制主义中央集权的一统帝国——大秦帝国。"皇帝临位，作制明法。"大秦帝国的政治体制和治国理政风格，具有鲜明的历史个性与创新特色。秦王朝的政治制度，在许多方面表现出了创新的意义。天下既已一统，如何对政治渊源有别、经济水平悬殊、文化传统各异、民俗风格不一的各地区实行有效的统治和治理，秦帝国最高统治集团经过多次认真的讨论，作出了比较正确的决策，从而开创了一系列前所未有的政治制度。秦王朝的行政操作讲究高效率，其方式的强制性体现出高度中央集权的特点。这一施政风格，同样表现在经济管理和文化管理等各个方面。作为中国历史上第一个实现了"大一统"的皇权专制的大秦帝国，其执政的理论基础是法家的以法治国、以刑去刑、事皆决于法的基本思想。秦帝国的治国理念与施政色彩对后世历代政治与文化观念影响甚大甚远。

一、皇帝制度

"秦王扫六合，虎视何雄哉！挥剑决浮云，诸侯尽西来。明断自天启，大略驾群才。"[1] 唐朝诗人李白如此称颂秦始皇对天下的统一。

经过多年的兼并战争，公元前 221 年，秦王嬴政实现了天下统一。

统一战争刚刚结束，嬴政就吩咐丞相和御史大夫等大臣议定新王朝的各种名号。司马迁在《史记·秦始皇本纪》中写道：

秦初并天下，令丞相、御史曰："异日韩王纳地效玺，请为藩臣，已而倍约，与赵、魏合从畔秦，故兴兵诛之，虏其王。寡人以为善，庶几息兵革。赵王使其相李牧来约盟，故归其质子。已而倍盟，反我太原，故兴兵诛之，得其王。赵公子嘉乃自立为代王，故举兵击灭之。魏王始约服入秦，已而与韩、赵谋袭秦，秦兵吏诛，遂破之。荆王献青阳以西，已而畔约，击我南郡，故发兵诛，得其王，遂定其荆地。燕王昏乱，其太子丹乃阴令荆轲为贼，兵吏诛，灭其国。齐王用后胜计，绝秦使，欲为乱，兵吏诛，虏其王，平齐地。寡人以眇眇之身，兴兵诛暴乱，赖宗庙之灵，六王咸伏其辜，天下大定。今名号不更，无以称成功，传后世。其议帝号。"丞相绾、御史大夫劫、廷尉斯等皆曰："昔者五帝地方千里，其外侯服夷服，诸侯或朝或否，天子不能制。今陛下兴义兵，诛残贼，平定天下，海内为郡县，法令由一统，自上古以来未尝有，五帝所不及。臣等谨与博士议曰：'古有天皇，有地皇，有泰皇，泰皇最贵。'臣等昧死上尊号，王为'泰皇'。命为'制'，令为'诏'，天子自称曰'朕'。"

秦王嬴政说：以前韩王献来土地，奉上玉玺，请求做我大秦的藩臣，然而不久就撕毁了约定，和赵国、魏国合纵叛秦，我不得不兴兵诛伐，俘虏了韩王。寡人认

---

[1] 《唐诗鉴赏辞典·古风·秦王扫六合》。

为这样做是十分适当的。本来以为或许就可以不再打仗了。而赵王派他们的国相李牧来约盟，于是我们归还了赵国作为人质的王子。可是不久他们也背弃了盟约，占领了我国的太原。因此，我兴兵诛之，俘虏了赵王。赵公子嘉又自立为代王，我因此又举兵将他击灭。魏王起初到秦国来和谈，态度还比较好，但是后来又和韩国与赵国合谋，一同袭击我大秦。秦军予以坚决的反击，于是击破其国。楚王曾经献青阳以西的土地，然而不久也背弃和约，进攻我南都地方，我因此发兵进攻，俘虏了楚王，平定了楚地。燕王昏乱，其太子丹策划阴谋，让荆轲做刺客，秦军攻燕，灭其国。齐王断绝了和大秦的外交往来，要发动变乱，秦军远征，俘虏了齐王，平定了齐地。寡人赖先祖宗庙之灵的佑护，终于使得六王皆伏其罪，天下得以大定。接着，嬴政转入正题："今名号不更，无以称成功，传后世，其议帝号。"

秦王嬴政在这段话里，称自己为"寡人"。而就在嬴政发表这番议论、群臣议定政体名号之后，秦始皇规定了最高执政者要用"朕"来自称，而臣下称君主则用"陛下"的尊号。

"陛下"和"朕"作为政治称谓的出现，标志着中国政治史的演进进入了一个崭新的历史阶段。

"陛下"和"朕"的称呼，后来在中国通行了两千多年。这一历史过程，就是中国漫长的帝制时代。

"陛下"和"朕"这样的称呼，标志着对最高政治权力的崇拜达到了一个顶峰。皇帝制度的所有秩序，都建立在这种崇拜的意识之上；秦王嬴政以为现在"天下大定"，而名号如果不变更的话，则无法标志成功，使他的帝王事业传之后世。

根据秦王嬴政的意思，丞相王绾、御史大夫冯劫、廷尉李斯等人经过商议，很快上奏说：过去五帝时代，地方不过千里，在他们统治中心地带的外围，地方势力有的顺从，有的反抗，天子不能够完全控制。现今陛下兴正义之兵，诛灭各地顽贼，使天下得以平定，四海之内都归为秦地，法令终于实现一统，这是自上古以来从没有的功业，"五帝"均望尘莫及。我们咨询了博士们，大家都说：古来有天皇，有地皇，有泰皇，泰皇地位最为尊贵。我们昧死上尊号，王称为"泰皇"，所宣布的政令，称为"制"，所颁发的文告，称为"诏"。秦王嬴政大笔一挥：把"泰"字去掉，保留一个"皇"字，再采用上古"帝"位号，称作"皇帝"。

这样，秦王嬴政承袭"三皇""五帝"的传说，自称"始皇帝"。他又追尊其父秦庄襄王为"太上皇"。嬴政说，我听说远古的时候有名号，没有谥称，中古的时候有名号，死后又以其行为表现确定谥称。这样做，其实导致儿子议论父亲，臣下议论君主，没有什么意义，应当废除。秦王嬴政随即宣布："朕为始皇帝。后世以计数，二世三世至于万世，传之无穷。"从此以后，"皇帝"称谓一直是历代王朝最高统治者的正式尊号。"皇帝"也由此而成为秦汉以来君主制度的文化符号，与此相应的皇权观念一直是最高统治者权力和权威的来源之一。

从此，中国走进了帝制新时代。

秦始皇，以他特有的创造力开启了一个伟大的时代。

皇帝，作为一种文化符号和政治制度，是与一系列名、器相联系的。秦汉采六国之礼，确立了尊君卑臣的礼仪制度，确保皇帝至高无上和不可侵犯。在制度与观念的互动中，"皇帝"就不再是单纯的文化符号，而是统治思想和政治制度的最高概括。皇帝称谓确定之后，中国帝王的正式尊号再也没有更改过。原因很简单，正如朱熹所说："秦之法，尽是尊君卑臣之事，所以后世不肯变。且如三皇称'皇'，五帝称'帝'，三王称'王'，秦则兼'皇帝'之号。只此一事，后世如何肯变！"[1] 秦王朝的统治虽然未能长久，但是，秦始皇创制的若干重要制度，特别是皇帝独尊的政治制度，却对此后两千多年中国历史的演进产生了重要而深刻的影响。

二、官僚制度

皇帝制度创立后，为了有效地管理国家，秦始皇吸取了战国时期设置官职的具体经验，建立了一套相当完整的与皇帝制度相配套的中央集权制度和政权机构。

---

[1] 《朱子语类》卷一三四。

官僚制度是皇帝制度的基础性制度，它是作为世卿世禄制度的对立物而出现的。官僚制度的基本特点是：除君主以外，其他一切国家公职都不能世袭；各级官僚均实行任命制，由君主或君主指定的机构任免；各级官僚享受俸禄，都不是有政、有土、有民的封君。这个制度有利于维护中央集权，有利于选拔优秀人才入仕，有利于保证官僚队伍的素质，有利于扩大统治基础。它还具有改造社会结构和等级关系的意义。我们可以从官制入手，来看一下秦代国家机构设置的大致情况：

丞相分左、右，是中央政权机构的最高行政长官，协助皇帝处理全国政务。

太尉是中央的最高军事长官，协助皇帝处理全国军务。

御史大夫掌管监察工作，协助丞相处理政事。

丞相、太尉、御史大夫习称"三公"。"三公"之下设有"九卿"，即：

奉常，负责宗庙礼仪。

郎中令，执掌宫廷戍卫大权，负责统辖皇帝的禁卫军。

卫尉，掌管宫门警卫。

太仆，负责皇帝使用的车马。

宗正，管理皇族事务。

典客，主管少数民族事务。

少府，负责山林池泽的税收和宫廷手工业，属于管理皇室私家财富的机构。

治粟内史，负责租税赋役和财政开支。

廷尉，掌管刑罚。

秦汉以降，人们常将秦代中央官制归纳为上述"三公九卿"。然而事实上，在此之外，秦代还设置了一些比较重要的官职，比如：博士，"掌通古今"，即通晓古今史事以备皇帝咨询，同时负责图书收藏。

典属国，与典客一样主管少数民族事务，不同的是典客掌管与秦友好的少数民族，而典属国则负责已投降秦王朝的少数民族。

詹事，管理皇后和太子的事务。

将作少府，负责宫殿建造。

秦王朝建立的这套中央集权的政权机构，一直被后来的历代王朝所承继。

特别值得指出的是，为了使秦王朝的军政大权能够操纵于皇帝之手，实现皇帝的个人独裁，同时又要让政府部门各司其职、各尽其能，各政权机构有效地运作，以加强对国家的有效管理，秦始皇对如何集权、如何分权，颇费了一番苦心。其中，他对相权、兵权以及司法权进行了独到的处置。于此，最能看出秦始皇是怎样加强君主专制中央集权的。

丞相，秦时或称相邦、相国，职责是辅佐天子，助理万机，是皇帝以下最重要的官职，有百官之首之称。

秦国的丞相最早出现于公元前309年。在此之前，史籍中虽有"商鞅相秦"一类的记载，但此"相"并非官名，商鞅担任的是"左庶长""大良造"。自武王任甘茂、樗里疾分别为左、右丞相以后，丞相才在秦国成为正式的官职。自设丞相以后，秦国的一些国君就将军国大事全部委于丞相，以致出现了像魏冉那样擅权的丞相。吕不韦为相国，也是总揽一切军政大权。所以，从一开始，君权与相权之间就存在着既相互矛盾又互相依赖的对立统一关系，君主要依靠丞相处理政务，但丞相又最容易侵犯和削弱君权。这一点，秦国在初置丞相时就已意识到了，所以它设了左、右二相，其目的就是要分散相权，便于国君的控制。但是，以后的事实证明，以这种方法分散相权，并不能解决君权与相权之间的矛盾。对此，秦始皇认真总结了历史经验，决定进一步缩小相权。

第一，在统一后的秦王朝，丞相仅系文官之长，武事由"三公"之一的太尉掌管。太尉与丞相地位相等，同由皇帝颁予"金印紫绶"。

第二，以御史大夫分割相权。位列"三公"之一的御史大夫，原为秦国所无，系秦始皇参照六国官制在统一后所设。御史大夫地位低于丞相，但他掌监察，又参与处理朝政，对丞相的权力起到了一定的牵制作用。

第三，用博士侵削相权。秦王朝博士的地位和作用向来为人们所忽视。其实，博士在秦的政治生活中常常发挥着重要的作用。这些类似于顾问和智囊的官员，经常活动在始皇帝的身边，发表各种议论。由于秦始皇特别迷信，所以对"通古今"

的博士也就格外信赖。秦始皇二十六年（公元前221年）"初并天下"，令朝臣议帝号时，丞相、御史大夫、廷尉"与博士议"，后才向上回奏。秦始皇三十四年（公元前213年）"焚书"后，博士是唯一有权读禁书的人。所以，博士以其特殊的地位和放谈各色言论，影响秦始皇，从而影响朝政，在事实上构成了对相权的一种侵削。

秦始皇不仅在官制上制约相权，在平日里也对丞相存有戒心。有一次，秦始皇来到梁山宫，从山上见到李斯的车骑仪仗很是隆重，就表示出了不满之意。谁知道这话后来传到了李斯那里，李斯立刻削减车骑。当秦始皇再次见到李斯的车骑仪仗时，发觉已经减少了，马上意识到是有人向李斯泄露了自己说的话，就下令将当时在场的人全部处死。

秦王朝的兵权，理论上是交给太尉执掌的，然而事实上，秦的太尉形同虚设。据考证，秦代未发现有一人担任太尉之职，在重大军事行动中也从不见有太尉出场。秦始皇始终亲自控制着兵权。

此外，秦始皇又有意抬高廷尉的地位。廷尉为秦王朝最高司法长官。深受法家思想影响的秦始皇，赋予廷尉很大的职权，以此威慑百官。如秦始皇二十六年（公元前221年），李斯身为廷尉就能同丞相王绾、御史大夫冯劫一起向秦始皇"上尊号"。由于地位显赫，所以后来当王绾提出分封皇子之议时，李斯就敢于站出来予以反驳。

秦王朝的"三公九卿"制，确立了传统中国政治制度中的一种分权原则。中国传统政治体制的基本框架，经过秦帝国的建构，后世基本继承，很少有伤筋动骨的改动现象。

现在有人将设丞相、太尉、御史大夫，喻为中国的"三权分立"，这种比喻十分形象、引人注目。不过要注意，这种分散的权力不是最后集中到了国家的手中，而是都集中到了皇帝一人的手中。分权是为了让百官公卿通过互相牵制，更好地服务于皇权，所以也就是为了更好地集权，这种治术和西方三权分立的政术有着本质的区别。

秦始皇汲取了周王朝衰亡的经验教训，主张皇帝与中央政府实行绝对的集权，国家大事最终由皇帝一人说了算。在政权机构建设上采用互为牵制的做法，对于一个分裂了五百年才又重新统一起来的国家，是有重要意义的。到底是社会的稳定重要，还是民主的精神重要，从当时国家的实际情况乃至此后数千年中国的具体国情来看，恐怕这是一个见仁见智的问题。但不管怎样说，我们完全可以这样认为：秦始皇虽然没有留下什么风雅的篇章，但在皇帝理论以及中国传统的治国理念上，却可以称得上是一个前所未有的大政治家，属于开天辟地式的设计师角色。他对中华帝国制度的一系列的草创、对官僚制度的建设，不仅继往，而且开来。两千年来，不管后来的政治家如何评价他，还是都得遵循他所开创的一系列的制度。在这一点上，说秦始皇是历代帝王的祖师爷，一点也不为过。

三、监察制度

秦代皇帝制度的政治监控、行政监察机制主要由两类基本制度及相应的职官构成：一类是御史制度（监官），另一类是言谏制度（谏官）。前者以对百官的行政监察为主要职能，后者以对帝王的献可替否为主要职能，两者的职能和权限又有所交叉。它们互相制约，互相补充，构成了较为全面的立法、行政、司法监督、监察机制，并主要以参与决策、规谏君主、封驳诏书、审核奏章、纠弹失职、检举不法、平抑冤狱、采集民意等方式发挥作用。这两类基本制度及相应的职官都渊源于先秦而形成于秦王朝。在秦王朝，御史制度已经备其大体，并开始相对独立于传统的行政体系，而言谏制度也初步成形。

（一）秦王朝的监察制度

秦王朝的监察机制和监察制度比前代有重大发展。在前人基础上，秦始皇进一步开拓、发展与完善原有的各种监察机制和制度，在监察制度方面有所创新：

第一，进一步完善行政体系自身的政治监控和行政监察职能，从中央到地方构成由丞相、公卿、郡守、县令等各级行政官吏组成的一套行政体系内部的监控、监察体系。这个体系是由前代直接继承下来的。利用《史记》和《语书》等提供的材料,结合西汉的有关制度,可以推定:在秦王朝,这个体系在政治监控和行政监察中发挥着重要的作用。这个体系是秦王朝监察制度的重要构成之一。

第二,进一步凸显御史类职官的政治地位和作用。加强御史监察制度,将御史体系的主官升格为副相,从而形成了相对独立完整的从中央到地方的立法、行政、司法监督、监察体系。秦始皇以相对独立的监察体系直接监控、监察行政体系。御史体系在政治监控,特别是监控百官方面发挥着日益重要的作用。这个体系是秦王朝监察制度的主体部分。

第三,设置谏议大夫等一批专司谏议的职官。各种议事制度与各种言谏类职官相辅相成,共同构成了更为完善的对立法、行政、司法活动的监督、监察机制。

秦王朝的监察制度是由行政体系、御史体系和言谏体系及相关的各种具体制度共同构成的。这也是秦汉以来历代王朝在监察制度方面的共同点。

在中国古代监察制度发展与完善方面,秦始皇最大的历史性贡献是将御史体系基本上从行政体系中分离出来,而其主要措施是以御史大夫为副相,独立开府办公,大大提高了监察机构和职官在整个政治体系中的地位和作用。

关于御史大夫的地位与职权,前面几章中都已经介绍。作为监察机构的首脑,御史大夫位列三公,身居副相,他有权参与立法、行政、司法、监察等各项重大政务。在权力关系上他只受皇帝的节制和法令的规范,不受包括宰相在内的其他官僚的节制。御史大夫的地位与职权充分反映了御史监察制度在整个权力体系中的相对独立性和重要性。御史大夫之设是御史体系从行政体系中分离出来的重要标志,这在中国古代政治制度史上具有划时代的意义。比较而言,在历代王朝的御史监察制度中,秦汉御史大夫的地位是最高的。

一般而言,秦王朝的御史监察制度担负着谏诤得失、监督宰执、弹劾不法、纠举失职、维系纲纪、整饬吏治等职责。御史监察机构和职官的权力地位体现在以下几个方面:

其一，参与制定国家法律。秦始皇"明法度，定律令"，均召集丞相、御史大夫等合议。

其二，稽查百司，弹劾非法。御史体系职官有权监督一切政务、一切机构、一切官职。其检举、弹劾的范围，上自丞相公卿，下至百官小吏。

其三，考核群臣，参与铨选。御史体系职官负责或参与考课、上计。张苍"秦时为御史，主柱下方书"，而"明习天下图书计籍"①。各郡每年岁末必须向侍御史上报政绩，其上报的簿籍称为"上计簿"。监察机构有权根据各级官吏的政绩考核评定优劣。汉相萧何在秦王朝曾担任泗水的低级官吏，工作称职。"秦御史监郡者与从事，常辨之"，考评为"最"，位列"第一"②，还打算向中央政府推荐他。"法考"是秦始皇厉行"法治"的手段之一。

其四，驳正狱案，纠理冤狱。御史体系职官在授权范围内享有司法之权，主要是承办涉及官吏职务犯罪的案件。

其五，掌管国家法律文件。监察机构负有维护国家法制统一、监督国家各项政令贯彻实施的职责。秦王朝法律要求司法、行政官员必须定期从负责监察自己的官员处抄录、核对与本职工作有关的法律。

其六，担任皇帝的耳目。监察官员之设，意在以卑监尊，御史类职官秩位偏低，而权大责重。御史体系职官的重要职责之一就是监控各地的政情和百官的活动，将有关情报及时报告中央政府和皇帝。皇帝允许言谏官员，特别是御史根据"风闻访知"，行"风闻奏事"，即弹劾百官不必说明调查材料的来源和揭发检举者的姓名。汉代就有这样的规定。由此可以推断：秦王朝的御史也有这类特权。

御史体系的职官有一个明显的特点：秩低而势大，官卑而权重。御史大夫论职位、秩禄和印绶都比丞相低一截，然而却拥有许多特权。御史中丞、侍御史掌朝廷监察、执法之任，秦始皇将楚国的王冠赏赐给他们作为职务象征。侍御史秩位不高，

① 《史记·张丞相列传》。
② 《史记·萧相国世家》。

却享有皇帝的特殊授权，他们头戴獬豸冠，在朝堂上弹劾公卿百官，犹如护法的神兽，"抵触不直者"，"辨别是非曲直"，其权势足以震慑百官群僚，就连宰相、公卿也要惧怕三分。秦王朝在各郡设置的监郡御史，其官秩仅六百石，却有权监察包括秩二千石的郡守在内的各级官吏。论秩位，监郡御史刚刚达到"显大夫"的最低线，属于"显大夫"中秩位最低的，而作为钦差大臣，他们不仅可以与郡守等高官平起平坐，分权而治，而且有权监督、弹劾他们。监郡御史还参与考核官吏、荐举人才、率兵作战、主持工程等政务，并有权处置皇帝和中央政府交办的其他事务。监郡御史只对皇帝和中央政府负责，与封疆大吏们没有统属关系，基本上可以不受地方制约地履行自己的职责。御史体系职官上可以谏君王，下可以监百官，他们在整个权力体系中的位置举足轻重。

秦始皇以相对独立的御史监察体系监控行政体系，赋予很大的权力，实行上下相监、以卑监尊、以内监外，由此而形成一个重要的政治监控体系。同时，为了防止御史监察体系失控，他也对这个体系实行有效的监控，主要表现在四个方面：

其一，御史监察体系完全受皇帝节制，其职官由皇帝任命，其职权由皇帝赋予。作为皇帝的耳目与监督百官之司，御史类监察官员的权力基本上限于举奏弹劾，但最终处分权掌握在皇帝手中。

其二，御史监察体系的行为受国家法制的规范。秦始皇"以法治国"，各种治官治吏的法律大体完备，御史监察机构也只能"以法理官"或遵旨办事。御史监察官员必须接受法律的约束，其活动也要遵守有关诏令、法规。

其三，各种机构和官员互相纠察。秦王朝允许各类职官上书言事，御史监察体系职官也必须受到其他职官的监控。

其四，严格御史监察官员的选拔标准。对于御史监察官员，皇帝总是慎重其选，这些人政治素质较高，又得到皇帝的信任，其自我约束能力也比较强。

在通常情况下，上述四条措施可以保证皇帝将御史监察体系牢牢地掌握在自己手中，从而达到监督管理百官的需要。御史体系主要为监官而设，这种以卑监尊、以内监外的制度和职官对于强化皇权、稳固统治有重要的作用，是中央集权政治体制进一步发展的重要标志之一。①

（二）秦王朝的谏官制度

秦王朝的言谏制度主要由两个方面构成：一是比较完备的议事制度；二是设置一批言官，其中包括若干专职谏官。秦王朝的议事制度来自中国王权的古老传统。五帝时代，华夏就出现了部落联盟议事制度，夏商周政权进一步完善。到秦帝国时，秦始皇又进一步有所创新。秦始皇的高明之处就在于，他在使专门负责监察百官的御史体系从行政体系中独立出来的同时，也开始注意提拔专门负责谏君的官员。谏官与御史同属言谏类职官，肩负着相近的职责，又大体有所分工。谏官主要着眼于为"君"决策得失服务，御史则主要着眼于监察弹劾百官，以为皇帝有效地管理官僚服务。秦始皇设置以"谏"为名的职官及其他一批与谏议有关的职官，标志着有关的谏议机制开始了向制度化发展的演变过程。

秦王朝的专职谏官设在郎中令下，统称大夫。《汉书·百官公卿表》说："大夫，掌议论。有太中大夫、中大夫、谏大夫，皆无员，多至数十人。"谏议大夫（谏大夫）是专职谏官中的一种，"秦置谏议大夫，掌论议，无常员，多至数十人，属郎中令"②。这些记载表明，在秦王朝的中央机构中有一批专门谏职之设，这些职官专掌议论，并归属于郎中令。当时各种以议论为专门职责的大夫没有定员职数，说明这种制度还处于初创阶段；谏议大夫有时多至数十人，表明这种政治设置逐渐受到重视；"谏大夫"之设，则说明已经开始明确地以"谏"设置这类职官，并规范其职能，专职谏官制度初步成形。历史表明，以"谏"命名职官具有重要意义，它表明皇帝任命这些官员的主要目的不是泛泛地发表"议论"，也不是只"议论"具体政务，而是"谏"，即谏诤君王，献可替否。谏，即规劝，指通过劝诫、说服、建议等手段，使皇帝改过从善。在朝堂之上特别设立谏官，其"谏"的对象只能是皇帝。设置谏官的

---

① 参见张分田著：《秦始皇传》，人民出版社 2003 年版，第 342—346 页。

② 杜佑：《通典·职官三》。

主要目的就是要他们专门负责注意防范朝廷的决策和施政出现错误，一旦出现错误，就要以"谏"的方式加以阻止。

在秦王朝，还有一条重要的言路，即臣民上书。秦王朝有鼓励"告奸"的政策和法律。一般说来，一切臣民都可以利用这条途径陈情建言，议论得失。这条言路也来自古老的政治传统。商周以来，国家设有专门机构和职官负责管理有关事务。在秦王朝，臣民可以到皇宫门前的公车上书。有关事务由卫尉的属官公车司马令负责，凡"天下上事"皆由其负责转达。秦二世时期的丞相赵高就曾在秦始皇时期担任过公车司马令。臣民上书这条言路具有通下情、纳谏诤、平冤狱、抑权豪等政治功能。它有利于皇帝监控政情，制驭百官，所以历来受到重视。

由于秦王朝制度尚处于中国古代帝制的初期阶段，还有许多不够成熟、不够完善的地方，所以其言谏制度存在明显的弱点，如言谏机构没有独立，附属于丞相主管的机构；专职谏官尚无定员，负有言谏责任的职官多非专职等。与隋唐两宋时期的言谏制度相比较，秦汉的言谏制度还很粗糙。然而秦王朝制度的开创性是毋庸置疑的，它大体确立了这种制度的基本规模、宗旨和若干具体思路。在隋唐宋三代的给（给事中）、舍（中书舍人）、台（御史）、谏（谏议大夫等）四类专职言谏职官中，有三种官名在秦王朝已经出现。经过秦始皇的制度立法，中国古代以御史、谏议大夫、给事中为主体的言谏、监察制度初具规模，这是应当加以肯定的。[①]

四、郡县制度

在刚刚统一六国、强化中央集权机构之后，对于辽阔的国土与复杂各一的风俗习惯，如何才能实行有效的统治与管理，在这个严峻的现实问题面前，秦王朝君臣展开了一场大的争论。

以丞相王绾为代表的一批大臣，认为关东诸侯各国刚刚消灭，地方不靖，燕、

---

① 参见张分田著：《秦始皇传》，人民出版社 2003 年版，第 346—348 页。

齐、楚又距秦王朝统治中心偏远，若不置王不利于统治。为此，他们在同意实践郡县制的基础上，请求秦始皇将其诸子封于燕、齐、楚等统治薄弱的地区为王，成为秦王朝统治的辅翼。

王绾等人的主张，实质上是在沿袭西周以来"封建亲戚，以藩屏周"制度的基础上，实行郡县与分封双轨制度。

但是，秦始皇却有着与众不同的想法。

秦国的历史告诉人们：在秦昭王初年，由于太后当权，大封宗室贵族和贵戚以及所宠爱的人。除了贵戚魏冉被封为穰侯外，还有昭王的同母弟公子市被封为泾阳君，公子悝被封为高陵君，宣太后的同父弟芈戎被封为华阳君和新城君，当时被合称为"四贵"，造成侵夺君权的局面。到了秦始皇初年，有王弟成蟜被封为长安君，嫪毐由于太后宠爱而被封为长信侯，除得山阳为封地外，"又以河西、太原郡更为毐国"。吕不韦被封为文信侯，食洛阳十万户。结果成蟜叛乱后，又发生嫪毐之乱，秦始皇差一点因此丧命。在除去嫪毐和吕不韦两大集团势力以后，秦始皇才亲自掌握政权。有感于分封制造成的弊端，他决定否定王绾的建议，不给无功的宗室贵族高级爵位，也不分封子弟为封君，实行单纯的郡县制度。

司马迁说："秦无尺土之封，不立子弟为王、功臣为诸侯者，使后无战攻之患。"[1]

但是，当时主张分封的势力相当大，许多大臣认为王绾的建议是可取的。于是，秦始皇便下令群臣专门就此问题进行讨论。

在议论中，廷尉李斯不同意分封，他说："周文武所封子弟同姓甚众，然后属疏远，相攻击如仇雠，诸侯更相诛伐，周天子弗能禁止。今海内赖陛下神灵一统，皆为郡县，诸子功臣以公赋税重赏赐之，甚足易制。天下无异意，则安宁之术也。置诸侯不便。"[2]

---

① 《史记·李斯列传》。
② 《史记·秦始皇本纪》。

李斯从两个方面提出自己的反对意见：

第一，历史的教训。周文王、周武王曾经大封子弟同姓，后来封国之间日渐疏远，以致相互攻伐如同寇仇，结果周天子也难以禁止。

第二，现实的实际。如今海内统一后，已普遍设置郡县。对皇帝诸子及功臣，只要让他们坐食赋税并重加赏赐就足够了。这样天下无异意才是永久安宁之术。

据此两点，李斯坚决反对分封制，认为重新分封诸侯会削弱皇帝的权力，使国家重新处于四分五裂的混战局面。

秦始皇同意李斯的分析，认为过去天下苦苦争斗，战乱不休，就是天下有诸侯王的缘故，分封诸侯是战乱的根源。对此，唐代柳宗元曾经作过具体的分析。

柳宗元认为，在周武王得到全国政权以后，就把天下的土地瓜分开来，封给诸侯，根据封地的大小，分为公、侯、伯、子、男五等，建立了一大批的邦国君长。诸侯邦国如天上的繁星一样遍布各地。诸侯尊奉王室，团结在周天子周围，就像车轮运转时许多辐条都集中在轮子轴心一样。他们集合起来，就一起去朝见天子，或者自己聚集开会，分散开来，在自己的封国内就是保卫朝廷的守臣、大将。但是，下传到周夷王，他破坏了礼制，损害了天子的尊严，竟亲自下堂去迎接前来朝见的诸侯。到周宣王时，凭着国势复兴和恢复周朝初年的德望，曾一度发挥了南征北伐的威力。尽管这样，周宣王到底还是无力决定鲁国君主的继承人选。后来衰落到周幽王、周平王时代，京都东迁，周朝已丧失了号召天下的威望，实际上已经把自己降低到和诸侯差不多的地位。此后，前来窥伺周朝的九鼎有多重的人有了，放箭射中周王肩膀的人有了，攻击并劫走周王使者凡伯和要挟周王杀死周大夫苌弘的事情也发生了。总之，天下已经反常，都不把天子当天子看待了。此时的周朝已失去统治诸侯的实际力量多时了，只不过在诸侯之上徒然保存一个空名罢了。这就是分封诸侯以致诸侯太强大而无法指挥所酿成的恶果。尔后，周朝的政治权力就被鲁、齐、晋、秦、楚、宋、卫、陈、蔡、曹、郑、燕十二国所瓜分，到了战国又兼并成为秦、楚、齐、燕、韩、赵、魏七个强国。周王的权威已被韩、赵、魏、齐这些由陪臣篡夺的国家所分裂，周朝的天下终于被最后分封的秦国所覆灭。据此，柳宗元得出结论：周朝灭亡的起因，就在于分封诸侯。

秦始皇对历史上分封诸侯的过程以及所带来的恶果是了解的。他让群臣讨论本身即具有教育群臣的意思在内，所以当李斯旗帜鲜明地反对分封制时，秦始皇认为十分有理，他一言九鼎："天下共苦战斗不休，以有侯王。赖宗庙，天下初定。又复立国，是树兵也；而求其宁息，岂不难哉！廷尉议是。"①

于是，在全国各地废除分封制，推行郡县制。主要表现在：

第一，县制的推行。

县制在春秋初年已有，秦、晋、楚等大国往往在新兼并的地方设县，一般在国家边境，带有国防的性质。后来随着国境的扩大，国内也开始设县。有关设置县的记载最早出现于楚武王时（公元前 740—公元前 689 年）。秦国在武公时（公元前 697—公元前 677 年）推行县制。秦武公十年（公元前 688 年）"伐邽、翼戎，初县之"。秦武公十一年（公元前 687 年）"初县杜、郑"。到了商鞅变法时，又两次改革县制。第一次在公元前 355 年，"并诸小乡聚集为大县"②，将未设县的地方建立县制，或将原来的县划小另行设县，全国设"四十一县"。第二次在公元前 350 年，"初聚小邑为三十一县"，即将原来的县加以调整、合并，减少县的数量，扩大县的面积。到了秦始皇统一六国之后，县制建设在原有的基础上进一步完备并成为秦王朝法定的地方行政制度。

万户以上的大县设县令，万户以下的小县设县长。

县令是一县的最高长官，直接受郡县的节制。

县丞是县令的助理。

县尉管军事。

县司马管畜牧。

县啬夫管农业。

---

① 《史记·秦始皇本纪》。

② 《史记·秦本纪》。

第二，郡制的推行。

公元前221年，秦统一六国后，即分天下为三十六郡。以后，随着边境的开发和郡治的调整，全国的郡数最多时曾达到四十六郡。

郡制的产生晚于县制，它原在县之外更加荒僻之区，组织较县简单，也不及县富庶，地位较县低，故赵简子誓师时说："克敌者，上大夫受县，下大夫受郡。"[1] 后来，随着生产的发展，物产的丰富，人口的增多，经济的繁荣，县的数量增多，为了加强和便于管理，也就把郡推行于内地，县的地位降在郡之下，从而形成郡县两级制。

郡制是秦国兼并战争的产物。如：公元前324年，攻楚汉中，取地六百里，置汉中郡；公元前316年，灭巴，置巴郡；公元前279年，伐义渠，置陇西郡；公元前271年，灭义渠，置北地郡；公元前301年，"司马错定蜀"，置蜀郡；公元前278年，占领郢都，置南郡；公元前277年，取楚国黔中，置黔中郡；公元前273年，取南阳，置南阳郡；公元前248年，攻赵，定太原，置太原郡；公元前242年，"伐魏取三十城，置东郡"；公元前230年，灭韩，置颍川郡；公元前228年，灭赵，置邯郸郡；公元前223年灭楚，置长沙郡、九江郡；公元前221年，灭齐，置齐、琅琊、东海、胶东、济北五郡；公元前226年，灭燕，置广阳、上谷、渔县、右北平、辽西等郡；公元前214年，灭南越，置南海、桂林、象郡；公元前214年，伐匈奴，在河套至包头一带置九原郡。可见，郡制的推行同秦国军事推进的步伐有着密切的关系，是秦国兼并战争的产物。郡县由起初多设置在边境地区，到后来在新占领的地方也均设置郡县，进而全面设置。在县制之后又设立郡制，从中央到地方的统治又多了一个层次，中央集权统治就更稳固了。

郡县制的推行，对中国政治制度的进步起到了十分重大的作用，有利于国家的统一与管理。

郡县制度的特点是，一是地方长官由中央选任，对中央负责，受中央监督，定

---

[1] 《左传·哀公二年》。

期向中央汇报工作，接受考核奖惩。二是地方人事、军事、财政等大权由中央政府掌管，地方官不得擅自做主。三是地方任官回避亲属和本人籍贯，不得世袭或久任。郡县制度有利于防止地方割据，适应了秦帝国发展和稳定的要求。

郡县制的推行，大大推动了秦王朝国家经济的发展和社会文化的交流。通过郡县机构，秦王朝中央政府可以统一调用全国的人力、物力，这对于加强国家的经济和国防力量，有着十分重要的意义。郡县制度的推行，使秦始皇的一系列改革措施，如统一货币、统一文字、统一度量衡、大规模的移民等都得以成功地贯彻与实施。由于郡县官吏的任免权操纵在皇帝的手中，中央通过郡县控制地方，就集中了全国政治、经济、军事、司法等权力。郡县受中央管辖，对于消除地方与中央的对立、铲除叛乱的祸根意义更加重大。实际上，秦王朝的灭亡是由于皇权衰微，权臣祸国，政治昏暗，统治基础被李斯、赵高瓦解的缘故。秦始皇的单纯郡县制度虽然导致赵高、李斯祸国时没有制约抗衡的力量，但这并不是因为郡县制度不好。今日中国的省县制，就是由秦王朝的郡县制演变而来的。

五、基层政制

从秦王朝起，在相当长的一段历史时期内，中国广大乡村实行的是乡里组织与亭组织两套并行的社会基层控制体系。其中，乡里组织是基层行政控制系统，亭组织是县府派驻到基层社会的主管治安的机构。这样的基层社会行政编组方式在当时世界上是绝无仅有的。

班固在《汉书·百官公卿表》的"县令"条中写道："大率十里一亭，亭有长，十亭一乡，乡有三老，有秩、啬夫、游徼。三老掌教化，啬夫职听讼，收赋税。游徼徼循禁贼盗。县大率方百里，其民稠则减，稀则旷，乡、亭亦如之，皆秦制也。"范晔在《后汉书·百官志》中说："乡置有秩、三老、游徼。"本注曰："有秩，郡所置，秩百石，掌一乡人，其乡小者，县置啬夫一人。皆主知民善恶，为役先后，知民贫富，为赋多少，平其差品。三老掌教化。凡有孝子顺孙，贞女义妇，让财救患，及学士为民法式者，皆扁表其门，以兴善行。游徼掌徼循，禁司奸盗。又有乡佐，属乡，主民收赋税。"关于亭，该志另作一条曰："亭有亭长，以禁盗贼。"本注曰："亭长主求捕盗贼。承望都尉。"与前引《汉书·百官公卿表》中有关的记载相比较，此种表述似乎与事实更相符。

秦代的乡是秦代地方基层组织，直接隶属于县。大致是百家一里，十里一乡。大乡为一千五百户到两千户，小乡为三百户。乡的官吏设置比较简单，只有三老、啬夫或有秩啬夫、游徼以及乡佐。

啬夫或乡啬夫是秦代统治乡村基层社会的主要乡官之一，无论中央还是郡县的公文，许多要由乡行政机关公布到乡村居民，由啬夫或乡啬夫们具体办理。此事可见于《田律》《厩苑律》及《仓律》等。啬夫或有秩啬夫，两者的职责范围一样，都是"职听讼，收赋税"。大乡置有秩啬夫，小乡置啬夫。他们是一乡官吏之首长，是乡政府的首脑，权势最大，难怪后来有人说："人但闻啬夫，不知郡县。"①

另一主要乡官乡三老也为秦制。三老是掌教化的官。三老的条件是要五十岁以上，有修行，且能率众为善者，每乡一人。三老不服徭役，但要纳赋税。《史记·陈涉世家》说：陈胜自立为将军，与吴广率起义军入据陈后，曾"号令召三老、豪杰与皆来会计事。三老、豪杰皆曰：'将军身被坚执锐，伐无道，诛暴秦，复立楚国之社稷，功宜为王。'陈涉乃立为王，号为张楚"。由此可见，秦代的三老都是在乡里有影响的人物。

游徼则是专管治安的官吏，负责巡逻及捕捉盗贼。

在秦代，亭是和乡同级的地方政府机构，直接隶属于县，一亭直接管辖的户数有几百户到一千多户居民，并且亭下设里。亭所设的官吏比乡复杂得多，也多得多，这是因为亭的职责范围要比乡广泛得多。亭设有亭长、亭啬夫、亭佐、校长、求盗、亭父、亭侯、鼓武吏等。

秦代乡之下就有里组织普遍存在，里是秦地方政府最低的基层组织。《史记·高

---

① 《后汉书·爰延传》。

祖本纪》说刘邦是秦王朝"沛丰邑中阳里人"，即是一证。一般说来，百家为一里，但并非恰恰每里均为百家，这只是一个约数，据长沙马王堆三号汉墓出土一幅《驻军图》所记汉代一里的户数，多的有一百零八户，少的只有十二户。里有"里正"，相当于后世的保甲长。睡虎地秦墓竹简《法律答问》均不称"里正"，而称"典"或"里典"，这是避秦王政讳而改的。"里正"主要有派徭、监督户口、维护本里的治安、协助官吏办乡事、组织生产等职责。

综上可见，秦始皇为了巩固天下一统的局面，在治理方面的确煞费了一番苦心。从政治机构看，从皇帝，到三公、九卿，到郡县、乡亭、里，建立了十分严密的统治体制，这些不只对秦代，甚至对整个传统中国政治与社会都起了一定的奠基作用。

六、任官制度

"自周衰，官失而百职乱，战国并争，各变异。秦兼天下，建皇帝之号，立百官之职。"[1] 秦始皇不仅确立了与国家政权机构有关的基本制度，还完善了与官员管理和监督相关的一系列制度。这一类制度为政权的具体操作提供了制度上的保证。

（一）选拔标准

比较而言，秦王朝的入仕资格最强调一个"能"字。在秦王朝统治者的心目中，所谓"能"的核心是一个"智"字。检验"能"、判定"智"的主要标准不是言，而是行。以"智"为核心的"能"，必须展示于"用"，显现于"功"。所以秦王朝选拔官吏更看中一个"功"字，并通过制度化的措施加以贯彻。西周主要靠论"亲"选官，秦王朝主要凭论"功"选官，而汉代以降主要以论"学"选官。与历代王朝比较而言，在强调"能"与"功"这一点上，秦王朝做得最为出色。

战国时期各国变法都把"因能授官"作为富国强兵最重要的一项措施，而秦国

---

[1] 《汉书·百官公卿表上》。

在这方面又做得最为到位，对于各种人才要"试以官职，课其功伐"，然后根据政绩、功勋进一步选拔，实行逐级晋升，"故明主之吏，宰相必起于州部，猛将必发于卒伍"①。睡虎地秦墓竹简《除吏律》明确规定："发弩啬夫射不中，赀二甲，免。"不具备任职能力的官吏，必须予以罢免。由此可见，秦王朝用官制度还是颇令人称道的。

秦自孝公以来，历任国君都重视耕战、法制，衡量功劳与能力的主要标准集中在"法""战""耕""学""德"等方面。

"法"，即明达法令。杜佑《通典·选举典》说："秦自孝公纳商鞅策，富国强兵为务，仕进之途，惟辟田与胜敌而已，以至始皇，遂平天下。"这种说法大体与事实接近。另外，秦"以法治国"，其高官显宦大多精通法律、谋略、治术，具有浓烈的求实精神和功利诉求，其中不乏干练之才和治国高手。如秦始皇的将相吕不韦、李斯、尉缭等堪为典型。秦王朝为各级政府大量配备法吏，各级政府的主官兼有司法职责。这就决定了"明达法令"是入仕或晋升资格之一。秦始皇曾明令"欲有学法令，以吏为师"。

"战"，即军事素质与战功。秦王朝官吏多以战功博取爵位。战功越大，爵位越高，官职也越大。因此秦王朝高官大多具有很高的军政素质，有出将入相之才。王翦父子、蒙恬兄弟等堪为典型。在统一战争中，许多臣民，包括贱民、奴隶，以战功获得赐爵，凭爵位进入仕途。"战"也是在秦王朝做官的主要途径之一。

"耕"，即致力垦荒，善于种植。为了鼓励垦殖，秦明确规定"辟田""力田"是仕途之一。秦汉都有纳粟拜爵的做法。一些人循着这条路径获得爵位，进入官僚体系。然而单凭这一条难以做高官。在文献记载中，找不到单纯以农业模范、种田好手而跻身公卿者。

"学"。自春秋战国以来，大量士人步入仕途，"学"成为重要的仕途捷径。秦王朝七十博士，官高秩重，靠的就是"文学"等知识、技能。秦相多是饱学之士，如李斯、赵高之辈。睡虎地秦墓竹简《内史杂》规定：一些专业性很强的职官必须经

---

① 《韩非子·显学》。

过"学室"专门训练。秦始皇及南郡守腾都曾指令广大官吏认真学习法律，以便具备从事职务活动的能力。这些事实表明，秦王朝对官吏队伍的"学"的素养是相当重视的。

"德"。据说，韩信当年"贫无行，不得推择为吏"[①]。《为吏之道》《语书》等都对官吏的道德准则有很高的要求。

总之，做秦朝之官靠的是能力和功勋。无能、无功而侥幸入仕者极少，即使是王子公孙，如果没有功劳，也不能得到高官显爵。检验的主要标准是"法""战""耕""学""德"几个硬性标准。[②]

（二）入仕方式

秦王朝选任官员的方式，可谓集战国之大成而有所损益。主要的入仕方式有以下六种。

1. 征辟

征辟是自上而下选择官吏的制度。一种是皇帝征聘，即皇帝采取特征与聘召方式选拔有名望、资历、才学的社会人士到中央政府做官。设置这条入仕途径意在笼络名流，搜罗遗才，有助于政教。直接被皇帝征聘入仕是当时最有尊荣的仕途。接受征聘者大都被待以宾礼，高官厚禄。被征聘者来去自由，如不应命，也不勉强。秦始皇时期的博士们多由此途进入宦海。如叔孙通以文学征、王次仲以隶书征。另一种是公府、郡县辟除，即中央机构长官和郡县长官及其他高级官员根据国家规定，自主选聘掾属、佐吏。其中丞相在这方面的权力最大。公府、郡县属吏经过试用之后，可以通过长吏荐举、察举晋升，其中公府掾属官位虽低，却易于显达，在当时这是一条重要仕途，各郡县都有大批才俊之士由此入仕。其中许多人经过试用，被荐举到更高的职位，升任中央官吏或地方长吏。秦相李斯走的就是这条仕途，他是

---

① 《史记·淮阴侯列传》。

② 参见张分田著：《秦始皇传》，人民出版社2003年版，第314—317页。

从担任相国吕不韦的属吏开始步入秦国的宦海生涯的。

2. 荐举

秦王朝实行自下而上推举人才为官的制度，荐举是一种常见的入仕方式。做官通常要由现职官吏保举。从睡虎地秦墓竹简《法律答问》提供的材料看，现职官吏既可以保举他人担任同级或下级官吏，又可以保举他人担任比自己官职高的职务。其中有一条法律解释就涉及保举人的法律责任问题："任人为丞，丞已免，后为令，今初任者有罪，令当免不当？不当免。"保举人如果失察，将被罢官，只有在特定情况下可以不追究责任。这条法律印证了文献记载的"秦之法，任人而所任者不善，各似其罪罪之"①这一说法。被保举人犯了罪，保举人与被保举人以同罪论处。秦相范雎就是触犯了这一条，而被罢相免职，也很可能因此被杀。这类法规的存在也说明荐举、保举在当时的确是重要的入仕之途，因而需要制定相关的行政法规加以规范。

3. 战功

在秦王朝，功勋爵制度主要为奖励军功而设。由于国家长期处于战争状态，国家急需大批能征惯战的军官，所以以军功博取赐爵，以爵位博取官职，这是当时最常见的仕途之一。依据秦律，就连奴隶、贱民也可以凭借战功博取爵位。由此推断，秦王朝的官僚体系中有一批原本身份低贱而战功卓著的人。

4. 纳粟

秦代有一条政策叫作"百姓内粟千石，拜爵一级"②。有了爵位，也就有了做官的资格。纳粟拜爵实际上就是卖官鬻爵。不过在当时这种做法含有奖励农耕的意图，与后世卖官鬻爵的腐败现象并不完全相同。

5. 自荐

春秋战国以来，自荐是一种常见的仕途现象。"毛遂自荐"的故事脍炙人口。许多士人周游各国，寻求做官的机会，一旦受到赏识就可以成为低级官吏、"客卿"乃

---

① 《史记·范雎蔡泽列传》。
② 《史记·秦始皇本纪》。

至将相。秦相张仪、范雎、蔡泽等都是循着这条途径入仕的。

6. 任子

任子，即高官荐举其子弟为官。在秦王朝，任子也是一条常见的仕途。这种制度源于先秦。在世袭观念支配下，中国古代社会始终存在着这种制度。睡虎地秦墓竹简多处提到"葆子"，并为官吏子弟设置"弟子籍"，凡纳入"弟子籍"者可以享受一定特权。还规定在一定条件下儿子可以继承阵亡父亲的功勋爵位。《内史杂》还规定只有"史"的子弟才有资格到"学室"学习，接受培训，以便承继职务。蒙恬初仕亦沾门荫之光。秦相李斯的儿子大多位居高官，未必都是靠着个人的才能和功劳。这条仕途受世袭观念的影响很大，显然背离惟才、惟功是举的任贤使能原则，不过与后世许多王朝相比较，秦王朝为这条仕途开的口子还不算太大。在秦王朝，单凭父祖恩荫也很难做高官。①

（三）官吏级别

秦王朝的官吏等级分明，官僚体系中的等级地位主要根据权位、爵位、秩位确定，由此而形成官吏内部的权力关系和等级制度。

权位，即在权力体系中的实际地位。权位是构成官僚之间上下级关系的主要标志。秦王朝通常以职务确定权力的范围和大小，所以权位主要取决于官职。在实际政治生活中，有时权力的大小不完全取决于职务的高低，皇帝亲信大臣的实际权位往往高于其职务本身所赋予的权力。自秦始皇十年（公元前 237 年）"李斯用事"，至秦始皇二十八年（公元前 219 年）他仍然还是一个"卿"。在担任丞相以前，李斯实际权位很高。秦始皇的这种用人方式在中国古代社会是很常见的一种现象。

爵位，即以勋爵的高低确定等级。由于秦王朝主要以爵位标示个人的社会政治地位，所以爵位的高低是官僚地位高低的重要标志。例如，秦代琅琊刻石所记载的朝臣排序依次为列侯、伦侯、丞相、卿、五大夫。

---

① 参见张分田著：《秦始皇传》，人民出版社 2003 年版，第 317—319 页。

秩位，即以秩禄薪俸确定官阶等级。秩位是划分官僚等级的重要依据之一。

从睡虎地秦墓竹简及《汉书·百官公卿表》记载的材料看，秦王朝以粮食数量表示官吏的薪俸、秩位，如秩有"千石之官""百石之官""五十石之官"等。秩是官阶，按照秩发放的禄米才是实俸。由于史料阙如，秦王朝各级官吏的具体官秩很难确认，估计当与汉代大体相当。在秦王朝，确定高级官吏、中级官吏和低级官吏的主要依据之一就是秩位。《法律答问》有"何谓'宦者显大夫'？宦及知于王，及六百石吏以上，皆为'显大夫'"的记载。六百石以上，为"显大夫"，又称"大吏"；六百石以下、一百石以上，为"有秩吏"；一百石以下，为"少吏"，又称"斗食、佐史之秩"。秦始皇在处分窃葬吕不韦一案时就曾以"六百石以上""五百石以下"作为量刑的依据。秦王朝的显大夫包括皇帝的亲信以及秩位六百石以上的官吏。一般说来，中央政府的三公九卿及其重要佐官和博士、议郎、郎中等；郡一级政府的守、尉、丞、长史等；县一级六百石以上的县令及其他职官等，都属于"显大夫"。各级官吏的政治地位、法律地位有明显的不同。例如，睡虎地秦墓竹简《金布律》规定：有秩吏每人可以配备一名伙夫，而斗食之吏则每十人配备一名伙夫。

印绶，即官印、绶带。印绶是官吏的官阶、等级、职务和权限的象征。印绶的政治功能是表明治事之官受命于君王，并通过官印的质地、绶带的颜色和刻在印上的文字等表明其官阶级别和职权范围。在实际生活中，人们可以通过"方寸之印，丈二之组"识别官员地位。官印在行政过程中还是行使职权的信物，用于公文封缄、库府封存等。

冠服、车舆。秦王朝有一套复杂的车舆、官服制度，并通过车舆的规格，冠冕服饰的制式、颜色和文饰等，标明官阶、文武、职权等。其政治功能就在于明尊卑，辨等级，示名分。

朝位，即官僚上朝面君时所应处的排列班次。秦始皇采择六国之礼，制定了一套朝堂礼仪，其中对于朝位必定有详细的规定，估计与汉朝大体相同。[①]

---

① 参见张分田著：《秦始皇传》，人民出版社 2003 年版，第 321—323 页。

（四）休假、致仕

秦王朝官吏有休假制度，官吏告假称"告归"。李斯之子李由担任三川守期间曾经"告归咸阳"[①]。刘邦担任亭长时，"常告归之田"[②]。

秦王朝官吏没有任职期限，又不实行终身制。依据现存史料分析，秦王朝的制度有三个比较明显的特点：一是官僚晋升没有严格的年资、等级限制，而职务规范相当严格。因此，官僚的实际境遇往往起伏很大，有人起家即为高官显贵，有人由卿相一变而为布衣、刑徒。二是没有明确的任期限制。当时各级官吏的任职期限往往很长，见不到频繁调动的迹象。有人长期身居一职，有人任职数月便罢官。三是没有终身的保障。任职则为官，不任职则为民。没有品级的积累，官位可升可降，做什么官，食什么禄。由于制度如此，宦海沉浮，司空见惯，所以官吏能上能下，社会对此也习以为常。这种制度使官吏没有任期保障，更没有终身保障，官吏的迁降赏罚主要取决于政绩，想任职就得称职，想晋升就得有政绩，想保荣华富贵就得奋发努力，兢兢业业保住职位。[③]

七、以法治国

秦代，是法家理论得以全面实践的一个重要历史时期。

作为历史上第一个全面实现了"大一统"的高度集权的秦帝国，其执政的理论基础就是法家的以法治国、以刑去刑、事皆决于法的基本思想。

秦王朝，是中国历史上少有的几个主张用法律手段来维护社会秩序的朝代之一。秦始皇继承前代的法治传统，在法律制度日益完善的基础上，提出了以法治国的政

---

① 《史记·李斯列传》。

② 《史记·高祖本纪》。

③ 参见张分田著：《秦始皇传》，人民出版社 2003 年版，第 323 页。

治准则。

1975 年 12 月出土的睡虎地秦墓竹简，除了《编年记》以外，其他文献都多多少少涉及了秦的法律制度。其中，《语书》是公布法律的文告；《为吏之道》是官吏的守则；《法律答问》主要是对刑法条文的运用和解释，涉及《盗律》《贼律》《囚律》《捕律》《杂律》《具律》等多方面的内容；《封诊式》主要是诉讼程序法规和有关侦查、勘验、审讯等法律文书的程式；其他则涉及行政法、经济法和民事法律关系方面的内容。在《法律答问》中，也有一部分是行政法、经济法和民法的内容。从睡虎地出土的秦简来看，除了商鞅变法时颁行的《刑律》《军爵律》之外，还有《田律》等三十项单行法规，内容丰富，体系庞大。

公元前 238 年，在粉碎嫪毐、吕不韦两大政治集团后，秦始皇便开始着手成文法典的编纂工作，大约到公元前 227 年以前完成了这项任务，前后共花费了十多年的时间。

从睡虎地出土的秦简上看，秦始皇编纂的成文法典主要涉及如下四方面的内容：

第一，刑事、民事以及诉讼法方面。

除了商鞅变法时颁行的《盗律》《贼律》《囚律》《捕律》《杂律》和《具律》之外，还包括《法律答问》的全部内容。这里涉及犯罪构成、量刑标准、刑事责任、共犯、犯罪未遂、犯罪中止、自首、累犯、数罪并罚、损害赔偿、婚姻的成立及解除、财产继承等一系列理论原则和概念，也涉及诉讼权利、案件复查、诬告、失刑、不直、纵囚等诉讼法的理论原则问题。仅《法律答问》就有一百八十七条，除去二十六条关于法律概念、术语的解释，其余一百六十一条中，有关惩治盗窃的有四十五条，属于惩治所谓"贼"的有四十一条。

第二，依法行政方面。

商鞅变法后，秦国家政权的一个根本变化，就是以中央政府统一任免官吏的行政制度取代了过去的世卿世禄制度。一来是因为历史的发展不允许倒退；二来则是由于秦统一以后，面对这样一个庞大国家机构和官员队伍，也需要用法来规定各级国家机关的有组织的活动，规范和约束大小官吏的工作行为。在秦简中，有不少类似现代国家的行政法规，如《置吏律》《行书律》《内史杂》《尉杂》等。

第三，用法律来确定兵员和保证军队战斗力方面。

在"诸侯争力"的战国时代，秦国有着重视军队建设的传统。商鞅说："国之所以兴者，农战也。"①秦统治者通过制定法律，把他们的这一主张具体化、制度化，并以此来提高军队的战斗力。秦简中的《除吏律》《军爵律》《中劳律》《敦表律》《戍律》《秦律杂抄》中摘录的其他一些法律条文，都是有关军队建设的法律。这些法律和条文，对服兵役年龄、士吏训练、军事检阅、战斗指挥、军队纪律、功劳计算、爵位予夺、军马饲养等方面都作了具体的规定。如秦国的男子自十五岁傅籍以后，随时皆有被征调入伍的可能。据云梦秦简《编年记》记载，喜这个人在秦始皇三年、四年、十三年曾三次入伍。可见，秦国的每个男子一生服兵役绝不止一次，当兵的年龄也绝非自二十三岁开始。正由于秦国有这样的法律规定，才能保证有源源不绝的兵源，秦国的军队数目最多时达到百万之众，为统一六国准备了重要的条件。秦统一六国之后，这些法律规定仍然在继续发挥着作用。

第四，经济法规方面。法属于上层建筑，同上层建筑的其他部分一样，是为经济基础服务的。在秦简中有不少类似现代国家的经济法规和条款，如《田律》《厩苑律》《仓律》《金布律》《均工律》等。这些法律对所有制关系、农田水利、山林保护、种子保管、防止风涝、除虫灭害等方面都作了具体的规定，充分说明秦统治者对农业生产的高度重视。

长期以来有一种说法：秦王朝重视农业生产，而对工商业实行严格限制和打击。但从秦律来看，并非如此。对工、农、商之间的关系地位，秦始皇当然有所侧重，而且把重心放在"重农"上面，但不能由此得出秦帝国打击工商业的结论。事实上，秦统治者对手工业生产和商业贸易也是相当重视的。秦律对手工业管理、劳动力调配、生产计划以及产品规格都作了明确的规定。从有关规定看，秦王朝非常注意手工业技术力量的保护和使用。在《均工律》中有这么一条规定：凡是有技术的奴隶，

---

① 《商君书·农战》。

不让他们从事一般杂役；手工业技术奴隶获得解放之后，也让他们继续充当技术工人。对于商业贸易，《金布律》等也作了许多保护性的规定。这都表明秦统治者对工商业的重视。重农而不轻商，这正是秦始皇的高明之处。①

秦始皇不仅继承了商鞅变法以来重视法令宣传的传统，主张把法律、法令公布于众，并且通过种种方式，进行法律的普及工作，使更多的人知法守法，这就是所谓的"宣明法制"。李斯曾提出："今天下已定，法令出一，百姓当家则力农工，士则学习法令辟禁。"秦始皇同意李斯关于学习法令、宣传法令的建议，明令全国："若欲有学法令，以吏为师。"②

从睡虎地秦墓竹简材料来看，秦律包含的内容是相当广泛的，但是法律条目简单易懂，如：《田律》六条；《厩苑律》三条；《金布律》十五条；《关市律》一条；《仓律》二十六条；《工律》五条；《均工》三条；《工人程》四条；《徭律》一条；《司空律》十三条；《军爵律》二条；《置吏律》三条；《效律》二十六条；《傅食律》三条；《内史杂》十条；《尉杂》一条；《行书》二条；《属邦》一条。③

为了达到更好地控制民众的目的，秦始皇在朝廷、郡、县等各级行政机关中普遍设置法官或法吏，负责法律的公布、解释、宣传和实施的任务。秦统治者对于法官或法吏的要求很高。这些人必须精通法律，各个主管法令的人如果胆敢违背法令条文的某项规定，就按照他们所违背的法令规定来办他们的罪。同时秦法规定，官吏如果不努力学习法律、法令，就不能继续为官。

秦始皇带头讲法，他在巡视各地时的一项重要活动就是宣传法律和法令，让所有的官吏都知法讲法。

在《泰山刻石》上说："训经宣达，远近毕理，咸承圣志。"④就是说，要广泛宣传法制，使全国臣民完全领会，并按法律法令办事。

---

① 参见郭志坤著：《秦始皇大传》，上海三联书店 1989 年版，第 129—131 页。

② 《史记·秦始皇本纪》。

③ 参见郭志坤著：《秦始皇大传》，上海三联书店 1989 年版，第 137—138 页。

④ 《史记·秦始皇本纪》。

在《琅琊台刻石》上说："端平法度，万物之纪"，"除疑定法，咸知所辟"。[①]就是说，制定了统一的法律制度，就有了办事的准则；确定法令，消除疑点，使大家都能遵守而不触犯。

在《芝罘刻石》上说："普施明法，经纬天下，永为仪则。"[②]就是说，全面地推行法治，使之永远成为治理天下的准则。

在《会稽刻石》上说："秦圣临国，始定刑名，显陈旧章。"[③]就是说，秦始皇亲自执政以后，开始了崇尚刑名，明白地宣布继承秦国以往的规章制度。

秦始皇继承了秦的法治传统，在法律制度日益完善的基础上提出了全面实行法治的原则。

秦始皇时代，上自军政大事，下至百姓的日常生活，都有法律条文进行规范。司马迁在谈到秦始皇法律思想的特点时说："事皆决于法。"的确，秦始皇把法看成是治理国家唯一有效的工具。封建制度的特点是人治，而不是法治。封建社会的种种法典往往只是封建帝王和封建官僚意志的摆设品，而秦帝国却是法网严密，一定程度上真正实行了法治。

秦始皇不相信人们经过道德教育可以不犯罪，相信只有经过刑罚，人们才不敢犯罪。因此，他主张为了防止犯罪，必须轻罪重罚，以刑去刑。秦始皇采用连坐法，实行家属连坐、邻里连坐、部门连坐，等等。秦始皇既然信奉商鞅、韩非等人的重刑理论，就不可避免地从历史中寻找并继承许多残酷的刑罚。

历代都认为秦律酷烈，故激起民叛以致短命而亡。但是，从睡虎地秦墓出土的竹简中，我们看到了秦法的另一面，那就是以法律管理官吏，要求官吏必须知法、守法、严格依法办事，这对秦的统一以及统一的巩固，是有积极意义的，对后代历史的发展无疑也具有借鉴的价值。

---

① 《史记·秦始皇本纪》。

② 《史记·秦始皇本纪》。

③ 《史记·秦始皇本纪》。

秦律规定，官吏的选拔要依法进行。官吏作为国家政权的支柱，其能力与素质直接影响着国家政治的清浊与发展状况，因此秦律特别重视对官吏的选拔，规定了严格的官吏任用条件。

秦律规定，所任官吏必须有一定的能力，这种能力包括"尚武功"和"治民事"两个方面。

商鞅变法以后，秦国的兼并战争连续不断，以军功大小授官爵成为秦国重要的任官手段。秦王朝统一前后，随着疆土的不断开拓和控制区域的不断扩大，巩固统治就成为秦王朝政治的重要内容。相应地，强调官吏"治民事"的能力，以此作为任用官吏的重要标准。

在秦王朝，为了保证被任官吏具有一定的实践经验和任职能力，秦律规定任用官吏必须有年龄条件和文化程度的限制。《内史杂》规定：任命官府的佐吏必须是壮年以上的男子，刚刚被登记入户口的无爵位的青年人不能任职。官吏还必须有一定文化水平，才能承担处理政务的工作。

为了防止任官上的随意性和徇私舞弊行为的发生，秦律规定任官必须严格按照法定程序进行。

首先，任官要有现职官吏的保举。

为了避免任人唯亲或滥行保举的情况出现，秦律规定保举者要对被保举者负连带责任。《秦律杂抄》规定：如果举荐因为违法犯纪曾被撤职的官吏再度任官，举荐者要受到经济处罚。如果被举荐者犯了罪，举荐者还要负法律责任。

其次，官吏必须经过正式任命才能行使职权。

《置吏律》规定：如果没有经过正式任命就行使职权或派往就任，要依法论处。

再次，秦律还规定了严格的官吏委任时间。

正常的官吏任免，要在十二月到次年三月底之间进行，只有因为特殊原因官吏出现空缺，才可以随时补充。严密的任免程序，在一定程度上保障了新任官吏的较高素质。

另外，秦律规定，官吏必须依法考核与奖惩。

官吏任职后，秦律规定了严格的考核措施，并根据考核结果决定他们的奖惩与升黜。对于工作业绩差的官吏，秦律制定了严格的惩罚措施。秦律把考核评比与对官吏的奖惩升降密切结合起来，无疑有利于官吏尽职尽责地搞好本职工作，有利于形成一种竞争进取的氛围，有利于官吏积极性和主动精神的调动，这对促进秦国的统一与政治控制是极有好处的。

除了定期评比外，对于日常工作中出现的失职、渎职、违纪等现象，秦律也予以严厉处罚。对于官吏徇私舞弊、贪赃枉法的行为，秦律的处罚相当严厉。

对于秦王朝法律，过去人们较多注意到了它的严酷暴戾、盘剥镇压的一面，而对于其奖励引导官吏兢兢业业、为国效力的一面则认识与研究不足。秦王朝把奖励作为管理官吏的重要手段，对调动他们的工作积极性、提高工作效率，必然起到积极的作用。秦依法治吏，不仅注重对官吏的选拔培养，而且要求官吏必须精通法律、严肃执法、恪尽职守、公正无私。在严格考核的基础上实行责任追究制，奖勤罚懒，劝善惩恶，这既调动了各级官吏的积极性，提高了工作效率，保证了国力的发展与社会的稳定，也限制了各级官吏的私心膨胀，减少了以言代法、以权谋私情况的发生，体现出中华帝国上升时期的蓬勃朝气与进取精神。严肃法治，依法治吏，促进了秦国的迅速强大和封建经济的发展，有利于提高传统国家的统治效能，这是秦国最终胜出六国、一统天下的因素之一。

今天看来，秦始皇颁行的法律不仅规范类型较为全面、结构较为严密，而且确定性程度相当高，为各级官吏和平民百姓明确规定应该做什么、允许做什么、禁止做什么、要求做什么，并且有对违反规范的后果作出法律制裁的具体规定。秦始皇的明法定律，从历史发展角度看，有其一定的进步性。它对普及法的观念、完善法制体系，提高法在整个政治生活和日常生活中的地位，都是很有价值的，对后世也具有一定的借鉴意义。

第六章　大秦帝国经济制度之创新

国家政治的高度统一，必然要求经济的统一与之相适应。为了巩固秦王朝的统一局面，秦始皇还采取了一系列加强统一的措施。他所推行的统一货币、统一度量衡、统一文字、修筑驰道等措施，对于秦帝国的经济、文化发展起了巨大的推动作用。经济文化的发展，又反过来促进了政治上的统一局面的稳定。

一、统一度量衡

度量衡是商品交换的工具，又同赋税制度有着直接的关系。统一度量衡是秦始皇统一六国后巩固国家统一、发展经济的重要措施。

权衡与度量，主要指检测轻重、长短和容量的秤、尺、升、斗等器物及有关的计量制度。这些器制同社会生活密切相关。在进行商品交换活动时，无论是以物易物，还是钱货两讫，都需要有度、量、衡器，其标准与否直接影响交易是否公平，而且度量衡器还与国家赋税收入有着直接联系。秦代是中国出现标准度量衡的开端，对当时和以后的政治、经济制度产生了深远影响。

战国时期因各诸侯国长期割据，度量衡制度各不相同，单位和进位制度也同样差别各一。以量制来看，秦国以升、斗、桶（斛）为单位，齐国以升、豆、区、釜、钟为单位，赵国以升、斗（镒）为单位，魏国以半斤、斗、钟为单位。同样名称的斗，量值则完全不同，秦国一斗约合二千零十毫升，赵国一斗约合二千一百一十四毫升，魏国一斗约合七千一百四十毫升。以衡制来看，也是各国都有自己的制度。斤以下单位，秦国有两和铢，楚、魏则有锊（锾）。斤以上单位，秦国有钧、石；楚、魏则有镒。进位也不一样。秦国以升、斗、桶为十进位，齐国以升、豆、区、釜为五进位，釜和钟却又是十进位。这种不统一的度量衡制度是与春秋战国时代政治上的割据局面相适应的，秦始皇统一六国之后，政治上的统一，必然要求度量衡制度的统一。度量衡制度的不统一，必将影响秦王朝的经济交流和发展。比如，秦始皇颁布了"使黔首自实田"的法令，命令全国的地主和自耕农向政府登记占有的土地数量，重新丈量土地，交纳赋税，政府就承认他们的土地所有权。丈量土地、交纳赋税，这都得有一个统一的度量衡制度。再比如，统一六国后，划全国官爵为二十等，按照等级发放粮饷。为了防止官吏贪污舞弊，保证这一俸禄制度的实施，也必须有一个统一的度量衡制度。

秦国早在商鞅变法时，就把统一度量衡作为落实农战政策的一项措施。商鞅平斗桶，权衡丈尺，在当时秦国的范围内统一了度量衡制度，改变了度量衡标准，并且还铸造了标准度量衡器，当时一升合今零点二升，一尺约合今零点二三米。现存的商鞅方升便是当时商鞅所制定的标准衡器。上面刻有铭文："十八年，齐遫卿大夫众来聘，冬十二月乙酉，大良造鞅爰积十六尊（寸）五分尊（寸）壹为升。重泉。"其意是，秦孝公十八年（公元前 344 年），也就是齐国派遣卿大夫多人来秦国访问这一年，十二月乙酉这一天，国相兼将军的商鞅，把容器十六又五分之一立方寸定为一升，作为标准量器，发给重泉这个地方。与各国的量值相比，经商鞅改革以后的秦量值进位比较合理。因此，秦王朝统一后，秦始皇决定把商鞅在秦国所制定的度量衡制度推行到全国。公元前 221 年，秦始皇颁发诏书："一法度衡石丈尺。"[①]

根据文献资料以及考古实物的测量，秦始皇统一度量衡的主要内容有：

以秦国原来的度量衡为基础，制定了新的度量衡制度，废除六国的旧度量衡。

新的度和量都以十进位。度的单位有寸、尺、丈、引，十寸为一尺，十尺为一丈，十丈为一引；量的单位有合、升、斗、桶（斛），十合为一升，十升为一斗，十斗为一桶（斛）；衡制规定铢、两、斤、钧、石，二十四铢为一两，十六两为一斤，三十斤为一钧，四钧为一石。

官府制作统一的度量衡器发至全国，以作为标准器。

为了有效地统一全国度量衡，划一器具，秦始皇采取了如下几种措施：

第一，用法律将度量衡制度规定下来。

以法律来保证统一度量衡制度的准确推行，规定度量衡不正者要处罚。秦律中的《效律》规定："衡石不正，十六两以上，赀官啬夫一甲；不盈十六两到八两，赀一盾。甬（桶）不正，二升以上，赀一甲；不盈二升到一升，赀一盾。斗不正，半升以上，赀一甲；不盈半升，到少半升，赀一盾。半石不正，八两以上；钧不正，四两以上；斤不正，三铢以上；半斗不正，少半升以上；参不正，六分升一以上；升不正，二十分升一以上；黄金衡赢（累）不正，半铢以上，赀各一盾。"这些规定强

---

① 《史记·秦始皇本纪》。

化了对不按统一的度量衡制度办事的人的惩处，以法规的形式有力确保了统一度量衡制的准确推行。

第二，实行定期检查制度。

推行度量衡定期检查制度，规定"仲春之月，一度量，平权衡，齐斗桶"。现存有始皇斗、始皇三升量、始皇升半量、始皇二升半量、始皇方升，经测定，秦始皇方升与商鞅方升相比较，其量值误差不到百分之一。这种定期的检查是统一度量衡的制度保障。[1]

秦代统一度量衡制度的措施是有力的，而且它的制度比较合理，比较简单易行，因此，在秦以后的两千多年中，各种度量衡单位的数值，虽然由于历史条件的不同而发生很多变化，但各种基本单位以及相互的比值等制度都长期继续了下来。

二、统一货币

秦统一六国以后，原来各地流行的不同形制货币，显然不利于商品的交换，不利于赋税的征收，归根到底不利于经济的发展与民众生活和经济秩序的稳定。因此，秦始皇下令统一全国的货币，推行布币、黄金与半两钱。

秦统一六国之前，货币非常复杂，各国货币的形状、大小、轻重都不相同，计算单位也很不一致。如齐、燕等国主要使用刀形的刀币；魏、韩、赵等国主要是流通铲形的镈币（又叫布币）；楚国使用郢爰和形若海贝的蚁鼻钱；秦和魏、赵的黄河两岸地区都使用圆钱。形状不一，大小各异，轻重不同。就是在同一个国家的不同地区，货币也不完全一致，比如在赵国使用刀货，而布币和圆钱也同时流通，这就使货币混乱，换算复杂。秦始皇为了统一各国货币，他下令废除原在秦以外通行的六国货币如六国刀货、蚁鼻钱以及郢爰等，一律使用秦半两钱。这些被废的旧币有：

刀币。形状像刀，据古钱学者们研究，它是由商周时期的铜削演变而来的。

---

① 参见郭志坤著：《秦始皇大传》，上海三联书店 1989 年版，第 198—202 页。

蚁鼻钱。它形若海贝。

郢爰，又称印子金。它是用金铸成两端凹入的长方形，正面用铜印钤成小方格，格内通常印有"郢爰"的钱文[①]。

据《史记·平准书》记载："及至秦，中国之币为二等，黄金以镒名，为上币；铜钱识曰半两，重如其文，为下币。而珠玉、龟贝、银锡之属为器饰宝藏，不为币。"

1. 货币的铸造权为官府所有，严禁民间铸钱

要使货币真正统一，使货币的形状、重量、规格真正一致，就非得由国家统一铸造不可。秦王朝有令：货币的铸造权归官府，严禁民间铸钱。《封诊式》有："[爰]书：某里士伍甲、乙缚诣男子丙、丁及新钱百一十钱、熔二合，告曰：丙盗铸此钱，丁佐铸。甲、乙捕索其室而得此钱，熔，来诣之。"这说明秦政府对于私铸钱者是严加制裁的。

2. 依法规定了货币的规格和比价

在秦当时通行的几种货币中，钱和布是普遍通行的货币，特别是钱流通得最广泛。对于当时仍然流通的布，《金布律》规定："布袤八尺，幅广二尺五寸。布恶，其广袤不如式者，不行。"《金布律》还规定了钱和布的比价，"钱十一当一布"。秦简中计算货币的大量的数字是十一的倍数，如二十二钱、五十五钱、一百十一钱、二百二十钱、六百六十钱，以至六千六百钱等，都是由布与钱的比价而产生的数字[②]。

3. 规定了统一货币的种类和名称

根据《汉书·食货志》记载："秦兼天下，币为二等：黄金以镒为名，上币；铜钱质如周钱，文曰'半两'，重如其文。而珠、玉、龟、贝、银、锡之属为器饰宝藏，不为币。"统一货币本位制，规定黄金为上币，铜钱为下币，二者都是通行全国

① 参见郭志坤著：《秦始皇大传》，上海三联书店1989年版，第194、195页。
② 参见栗劲著：《秦律通论》，山东人民出版社1985年版，第440页。

的法定金属货币，其余曾作为货币使用的物品不再属于货币范畴，进一步提升了金属货币的地位，在制度上取消了以实物作为等价物。贵金属黄金由于单位价值高，主要适用于社会上层，因而规定其为"上币"；以贱金属铜为币材的货币名为"铜钱"或只称"钱"，因其单位价值低，多用于民间经济活动中的小额支付，所以称为"下币"。

4. 统一货币的单位和兑换率

将上币黄金的单位从"斤"改为以"镒"为单位，下币铜钱则以半两为单位，每枚符合标准的铜钱重半两，并铸有"半两"二字。

5. 统一铜钱形制

废除各国不同形制的货币，形制一律采用方孔圆形，并且规定了货币的大小、直径与重量。

6. 依法保障货币的流通

为了保证货币流通，《金布律》规定：凡国家铸造发行的货币，无论质量好坏，均可正常流通。官府征收上来的货币，"钱善不善，杂实之"；在日常流通中，"百姓市用钱，美恶杂之，勿敢异"，禁止挑挑拣拣。《金布律》还规定："贾市居列者及官府之吏，每敢择行钱、布；择行钱、布者，列伍长弗告，吏循之不谨，皆有罪。"《金布律》严格禁止官吏、商贾拒绝接受符合流通条件的货币，如果有人"择行钱、布"，将触犯刑律。不予告发的伍长和检察不严的官吏"皆有罪"。

秦统一货币具有十分重要的意义：

第一，秦的"货币王室专铸"思想和制度，为历代王朝所奉行。

第二，只统一货币单位，确立铢两货币，为五铢钱体制的实行奠定了基础，直接影响今后两千多年的货币经济。

第三，这是一次货币形制的改革和定型，把原始形态的刀币和贝币统一于圜钱之下，纠正过去钱文复杂难辨、大小无准则、轻重不恰当、币值不明确等弊病，制定了标准化的体制和重量。钱文定名"半两"，钱的重量也是半两重，采用方孔圆形。这种外圆内方的钱币形制，同古人"天圆地方"的宇宙观颇有联系。诸子著述中多次提到："天道为圆，地道为方，法天象地。"把这些思想应用于制定钱制就是外为圆肉（即钱体），所以象天；内为方好（钱的穿孔），所以象地。于一钱之中，法备天地，天覆地载，万物一统，象征君临万方，皇权至上。这种说法因正合秦始皇的心意而被采用。在中国古典文学作品中称钱为"孔方兄"，即是由此而来的。[1]

三、法制化的经济行政管理

秦帝国统一后，秦始皇进一步加强各种制度化、法制化的经济行政管理措施。秦王朝各级政府都设立有管理经济的行政机构，还制定了一系列管理经济的法规，以行政的、法律的手段对经济生活进行广泛的管理、控制和干预。

据《汉书·百官公卿表》记载，秦在朝廷中设置了一系列管理经济的行政机构，其中有许多被已出土的秦简所证实。主要有内史、少府以及太仓、大内、大田等机构。

《汉书·百官公卿表上》说："内史，周官，秦因之，掌治京师。""少府，秦官，掌山海池泽之税。"太仓，为治粟内史的属官。秦王朝中央政府的内史、少府以及太仓、大内、大田等机构都有经济管理的职能，有的则专职负责管理某一类经济事务。

从睡虎地秦墓竹简提供的材料看，在县一级有主管财政的少内啬夫、主管田政的田啬夫、管理畜牧的苑厩啬夫、管理漆脂生产的漆园啬夫、管理禁苑的禁苑啬夫、管理粮仓的仓啬夫、管理皮革的藏啬夫、管理军库的库啬夫、管理手工业的工室啬夫、管理矿冶的采山啬夫等。这些机构和职官涉及县一级各个主要的经济部门，并按部门各自形成从中央到地方的垂直管理体制。

秦王朝经济管理机构比较多，也比较完善。与此相适应，秦王朝管理经济的行政法规也很多，如《田律》《厩苑律》《仓律》《金布律》《关市》《工律》《工人程》《均工律》《效律》《藏律》《牛羊课》《赍律》等。这些机构及法律大多与国家对经济的

---

[1] 参见李鹏等编著：《中国古代标准化探究》，中国质检出版社、中国标准出版社2016年版，第50页。

行政管理和官营经济有直接关系，有关法规大多是规范管理某一种经济活动的行政机构的单行法规。这反映出秦王朝经济总体特点是，在整个经济生活中官营经济占的比重比较大，国家对官营经济分门别类实行集中统一管理。秦的许多法律对私人经济活动也进行直接的行政干预，这反映出秦帝国政府对一切重要的经济领域几乎都实行了比较集中严格的统一控制、责任分明等原则[1]。

四、法制化的赋税、徭役制度

秦王朝租税征课以土地租税为主。租税征课内容丰富，主要有以下几项。

1. 土地租税

土地租税，即田租及各种田亩税，它以国家耕地使用者为征收对象。秦朝的土地租税有二：田租、刍稿。它们都属于实物租税。"田租"征课农作物果实，"刍稿"征课牧草和谷物茎秆。谷物、刍稿都属于种植农作物的收获物。青禾、牧草为"刍"（又称"青刍"），谷物秸秆为"稿"，主要用于饲养牲畜和作建筑材料。刍稿之税古即有之，属于"先王之制"。《尚书·禹贡》《国语·鲁语上》《仪礼·聘礼》等都曾提到此类贡赋。国家及各级政府都有大量牲畜需要饲养，庄稼秸秆还在建筑工程中大量使用，因此民众必须缴纳刍稿税，以供国用。秦律《田律》《仓律》均涉及刍稿的征收、保管事宜，如《田律》规定："入顷刍稿，以其受田之数，无垦不垦，顷入刍三石，稿二石。"

2. 人头税

秦王朝人头税有二：口钱、算赋。它们属于户口之税，以适龄人口为征收对象。

"口钱"，即计口征税。"算赋"是口钱既除以后的另一种人头税，征收对象的年龄与口钱相衔接。它的征收对象主要是处于服役年龄的人口，即"且税之且役之"[2]。

---

① 参见张分田著：《秦始皇传》，人民出版社 2003 年版，第 405—406 页。

② 《文献通考·户口考一》。

算赋的征课办法是"头会箕敛"[1]。《金布律》规定:"官府受钱者,千钱一畚,以丞、令印印。"算赋征课由官吏按照人头,持畚箕逐户收敛,每一千钱为一个征收单位,交由官府封存。

3. 其他赋税

秦王朝有关市之征、山泽之税,包括诸如关税、市租、酒税等商业税,盐、铁等特产税和以私营手工业为征课对象的工税等。

秦王朝关税、市租的具体征收办法,已难详考。至于山泽之税,即盐铁之税和山海池泽之税等则自古有之。在秦汉,山海池泽皆属国有,凡"山泽之利"皆归皇室支配,即"山海之利,广泽之畜,天下之藏也,皆宜属少府"[2]。战国时期各国有盐官、铁官负责盐铁之征,据说商鞅"设百倍之利,收山泽之税"[3]。秦国的民营盐铁业很发达,国家征收的税率也很高。秦始皇继承祖宗的制度和政策,重视发展盐铁业。在统一六国过程中,秦始皇把中原一些善于经营盐铁业的大族迁到巴蜀地区,使这个地区的盐铁业尤为发达。据说,"始皇,克定六国,辄徙其豪侠于蜀,资我丰土,家有盐铜之利,户专山林之材,居给人足,以富相尚"[4]。

4. 徭役

徭役是国家以行政强制手段对臣民实行超经济强制的主要形式之一,征调徭役是地方政府的基本任务之一。为了规范、加强对徭役的管理,秦始皇颁布了一系列政令、法律。睡虎地秦墓竹简就有《傅律》《徭律》等专门的单行法规,还有一些法律也涉及对徭役的行政管理。这些法律明确规定了服役的起止年龄、免役条件、对逃避徭役的惩处及各级政府的相关职责等。

秦王朝徭役有更卒之役、正卒之役、戍卒之役三大类,称相应的服役者为"更

---

① 《史记·张耳陈余列传》。

② 《盐铁论·复古》。

③ 《盐铁论·非鞅》。

④ 《华阳国志·蜀志》。

卒""正卒""戍卒"。据说秦王朝"又加月为更卒，已复为正，一岁屯戍，一岁力役"①。在正常情况下，一个人进入服役期后，大体先服更卒徭役，再服正卒徭役，接着服戍卒徭役，然后继续服更卒徭役直至免役年龄。

更卒是在本郡的徭役。更，即更换。服役者到达规定的服役期限后由接替者更换，故称之为"更卒"。秦王朝规定：在服役年龄期限内的无爵位和爵位在不更以下的人每人每年在郡县服役一个月。服徭役者从事的劳动涉及修筑城池、道路、河渠、宫室等工程项目，还有运输物资、饲养马匹、煮盐冶铁及各种杂务等。正卒属于正役性质，在京师、内郡服兵役官差，服役期可能是一年，故称"正卒"。戍卒是戍守边疆的徭役。从《左传》《史记》《管子》《尉缭子》等记载的一些事实看，春秋战国时期的戍卒徭役以一年为期。秦王朝的戍守制度大体沿用战国制度。从历代戍卒徭役的执行情况看，一年的定期常常不能严格执行。"逾时之役""逾期不还"的情况经常发生，严重超时服役的情况也并非罕见。戍卒徭役的主要任务是守望边境、抵御入侵，具体任务有烽燧、亭侯、邮驿、屯田等。②

此外，在秦始皇统治时期，除徭戍之外，还大行谪戍之制，经常以"发谪"形式征发大批人众戍守边疆。

秦王朝是一个重视法治的国家，无论是赋税征收或者是徭役征发，都制定有比较严格的制度，可以说是做到了有法可循。《徭律》规定："御中发征，乏弗行，赀二甲。"当时征调徭役是由乡一级政权决定，经由里典传达到服徭役的人。如里乡一级政权不按规定征调，就要受到处罚，而被征调的人不按时报到，也要受到处罚。《徭律》规定："失期三日到五日，谇；六日到旬，赀一盾；过旬，赀一甲。"这个规定并不算过分苛刻。在秦律中，不按期报到的叫"逋事"，指的是"吏、典已令之，即亡弗会"。报到后又逃亡的叫"乏徭"，指的是"已阅及屯车食若行到徭所乃亡"。集中之后，因不可克服的自然条件而不能按计划开工，不应由监领人和服徭役人负责。

---

① 《汉书·食货志上》。

② 参见张分田著：《秦始皇传》，人民出版社 2003 年版，第 420—423 页。

《徭律》规定："水雨，除兴。"因雨水不能施工，得免除这次已征调的徭役。至于《史记·陈涉世家》中"二世元年七月，发闾左适戍渔阳，九百人屯大泽乡。陈胜、吴广皆次当行，为屯长。会天大雨，道不通，度已失期。失期，法皆斩"的记载与秦律并不相符。"失期，法皆斩"的依据现在看来还需要进一步研究。

第七章　大秦帝国的中央与地方之关系

司马迁在《史记·秦始皇本纪》中说："海内为郡县，法令由一统。""天下之事无小大皆决于上，上至以衡石量书，日夜有呈，不中呈不得休息。"在这种情况下，秦朝实行极端的专制主义中央集权制度，中央对地方集中了许多最重要的权力，如全局性大政方针的制定，对地方官吏的任用、考课、督察等。唐人杜佑在其《通典·食货四》中讲："始皇建守罢侯，贵以自奉，提封之内，撮粟尺布，一夫之役，尽专于己。"这是就财政而言。在军事上，皇帝是军队的最高统帅，握有对全国军队的最高控制权，有权决定战争的战与和，一言九鼎，不能违抗，所谓"天子以外，无尺寸之权"，秦王朝中央与地方关系正体现了这个明显的特点。

一、人事大权皆在中央

在中央与地方关系上，秦代实行的是高度集中的郡县制度，"海内为郡县，法令由一统"。

郡县直接受中央统辖，一切听命中央，郡县长官由中央直接任命，可随时调遣撤换。《史记·秦始皇本纪》说："天下之事无小大皆决于上，上至以衡石量书，日夜有呈，不中呈不得休息。"在这种情况下，中央对地方集中了许多最重要的权力，如全局性大政方针的制定，对地方官吏的任用、考课、督察等。

中央集权如此，郡县之间的行政统属关系也同样十分明确。郡守与县令（长）是直接的上下级统属关系，郡守是县令（长）在地方上的顶头上司。郡守有权派人巡察诸县，有权考课、处分县令、丞，县令、丞有义务向郡守报告自己及属吏执行郡守命令的情况。郡守为一郡的最高行政长官，郡府是沟通中央与地方最重要的机构，上而执行中央命令，下而监督所属各县行政事宜。县令（长）又直接统属亭、乡啬夫、游徼及其他乡官胥吏。这些乡官胥吏办理县令（长）下达的各项政务，服从其考核。总的来讲，郡、县、乡（亭）、里逐级监管，县及乡既是地方各项庶政的起点，又是承受郡府命令、分治地方的终极点。秦朝地方官府如中央之手臂，必须绝对按中央意志行事。中央制定的法律、法规、方针、政策，地方政府必须坚决贯彻执行，如征兵迁豪、收缴兵器、统一货币和度量衡、车同轨、书同文、上农除末、赋税徭役、焚书坑儒、修筑长城等。这些加强中央集权的政策和措施，都由地方政府具体实施，不许打半点折扣。

郡县官吏的任用和选举，也即所谓的人事权，是中央与地方行政统属关系的重要内容。中央掌握了这项权力，实行对地方官吏较为严格的行政统属，从而保证了对地方的严密控制。秦代选官制度因史料阙如，已不可考。一般而言，秦朝选官制度是靠"荐举"和"征召"来实行的。

荐举是由下向上推荐人才的选官制度，秦时普遍实行。《史记·淮阴侯列传》说，韩信"贫无行，不得推择为吏"，说明这一选官制度确实存在。征召是由上而下选任官吏的制度，主要有皇帝征聘与公府辟除等方式。《史记·叔孙通传》载，秦始皇时叔孙通"以文学征"；《史记·萧相国世家》亦载，萧何为泗水"卒史"，考课第一，"秦御史欲入言征何"，皆属于征召性质。秦廷对举荐和征召来的人，根据不同背景委以不同官职。地方官吏享受俸禄而不能世袭，官职的高低决定着俸禄的多寡，此制有利于激励官吏积极奋进，为国效力，也便于皇帝对各级官吏进行控制。秦朝地方郡县两级行政机构的主要长吏郡守、郡尉、县令（长）、县丞及其属官中百石以上的官吏，其任免权全部在中央。这样，中央就牢牢抓住了统属地方的关键，从而使地方绝对服从中央。

秦代中央对地方的统属，还体现在定期实行对地方官员的政绩考核上面，秦代考核地方官吏的制度是很完备的。秦代制定了针对地方各级官吏的《课律》等法令。睡虎地出土的秦简《语书》《为吏之道》中明确提出了良吏、恶吏的"五善、五失"考课标准。所谓"善"，要求忠信和善治；所谓"失"，莫过于"擅制割"与"犯上弗知害"，这是地方官吏的政治品德和业绩标准，达不到这个标准，是不能为吏的。早在秦统一前，秦国就采用了"上计"考核官吏制度，秦统一后"上计制度"继续实行。"上计"的内容非常广泛，诸如户口增减，垦田多少，钱谷入出，盗贼与治狱情况等，都是考核郡、县长吏治绩好坏的内容。考核的具体办法大致是：每年年终由郡守或郡上计掾携带计簿到朝廷上计，向皇帝报告执行情况，皇帝要逐项考核，根据考核的结果，奖优罚劣，有的当场收印免职。通过考核，不仅能够促使地方官吏恪尽职守，而且也是中央统属地方的一项有力措施。秦朝在实行上计考核制度的同时，还遣使督察郡守的行政情况。《史记·秦始皇本纪》载：秦统一六国后，"分天下以为三十六郡，郡置守、尉、监"。这个"监"就是秦朝派驻郡中督察郡守行政的监御史。据《汉书·百官公卿表》介绍："监御史，秦官，掌监郡。"它隶属于中央的最高监察官御史大夫，是秦代特有的一种官员。监御史的地位并不高，排在郡守和郡尉的后面，但职务特殊，权力很大。《史记·高祖本纪》载："秦泗川监平将兵围丰。"裴骃《集解》引文颖曰："泗川，今沛郡也，高祖更名沛。秦时御史监郡，若今刺史。平，名也。"又《史记·曹相国世家》有曹参"攻秦监公军"的记载，《集解》引《汉书音义》曰："监，御史监郡者。公，名。"上述记载证明，秦确有监御史监郡。监御史不仅代表中央督察郡守行政，而且有荐举人才、监军、将兵的权力，前引《史记》中的《高祖本纪》《萧相国世家》和《曹相国世家》有关监御史的记载，均可为证。秦朝实行郡县制，但又怕郡守权力过重，故设监御史，监察郡守，一方面使地方官不敢欺骗和违抗中央，另一方面又可使中央随时了解地方情况，以便加强对地方的监控①。

二、撮粟尺布尽专于中

赋税是中央与地方财政分配关系中的重要内容，是政府机构维持和运作的经济基础。秦朝中央与地方的财政分配关系，也充分体现了中央集权的政策取向和支配地位。这主要表现在财政税收的重大决策权在中央，从中央到地方有一套垂直领导的财税管理系统，还表现在地方财政的预决算必须经中央批准方可执行。唐人杜佑在其《通典·食货四》中言："始皇建守罢侯，贵以自奉，提封之内，撮粟尺布，一夫之役，尽专于己。"

秦代赋税名目繁多，归纳起来有以下数种：

田赋，即土地税。这是以土地为征收对象的赋税。田赋早在战国时期秦国就开始实行了。《史记·六国年表》载：秦简公七年（公元前 408 年）"初租禾"。秦统一六国前，已设有专门管理田地的"田令"②。秦统一以后，秦始皇三十一年（公元前 216 年）下令"使黔首自实田"，即命令编户向政府自报占有土地的数额，国家以法律的形式承认其土地私有，从而为秦政府征收土地税提供了依据。秦朝征收土地税的方式是按照拥有土地的多少征收，主要征收实物，包括禾稼、刍藁等。《淮南子·

---

① 参见李治安主编：《中国五千年中央与地方关系》上卷，人民出版社 2010 年版，第 100—103 页。
② 《睡虎地秦墓竹简·语书》。

氾论训》载："秦之时，高为台榭，大为苑囿，远为驰道。铸金人，发谪戍，入刍稁，头会箕赋，输入少府。"高诱注："入刍稁之税，以供国用。"可见秦代的土地税是田租和刍稁并征的。《田律》和《仓律》中都提到了收税问题，证明粮食作为维护官府统治的必需品，作为皇帝、皇亲国戚以及各级政府官吏的生活日用品，是国家税收的主要项目。

口赋，即人头税。《金布律》说："官府受钱者，千钱一畚，以丞、令印印。"就是说官府收钱，每千钱用官印封存，每封为一"畚"。"畚"与"箕"同为器具，后合为"畚箕"一词。秦代所谓"头会箕赋"，或许是每人每年要交纳一千钱的人头税，也或许概言数量之大。总之，秦代的口赋是不会少的。

除了上述两项主要赋税外，还有市租，即商业税，盐、铁、酒经营买卖税，关税，渔税等。《汉书·张耳陈余传》载："秦为乱政虐刑……头会箕敛，以供军费，财匮力竭。"这反映了秦统一后税收种类之多、赋税之重。

秦朝从中央到地方有一套垂直的财税管理系统，中央负责国家财政和皇帝家室财政的官员分别为治粟内史和少府，《汉书·百官公卿表上》载："治粟内史，秦官，掌谷货，有两丞。"又曰："少府，秦官，掌山海池泽之税，以给共养，有六丞。"治粟内史直接监管郡县的税收和预决算；少府则管理皇帝家室的一切财富和费用。地方上的郡丞和县丞，则分别辅佐郡守和县令掌管税收，郡县之下直至乡，有啬夫收赋税，从而完成国家的税收征调任务。

总之，秦朝的地方行政体制，是郡县乡里体制，从政治角度讲，它便于管理；由财税方面看，它也便于征调①。

三、调兵遣将合符而动

在中央与地方的军事关系上，皇帝是军队的最高统帅，握有对全国军队的最高

---

① 参见李治安主编：《中国五千年中央与地方关系》上卷，人民出版社 2010 年版，第 103—105 页。

控制权与决定战和权。

秦朝的武装力量分成中央军和地方军两个部分。中央军由皇帝的警卫部队、首都卫戍部队组成。警卫部队包括由郎中令统帅的皇帝贴身侍卫，成员全为军官，负责禁中宿卫。"郎中令，秦官，掌宫殿掖门户，有丞……属官有大夫、郎、谒者，皆秦官。"[1] 还包括由卫尉统帅的皇帝亲军，称卫士或卫卒，分八部屯驻于皇宫四周，负责守卫宫门及昼夜巡逻。《汉书·百官公卿表上》还说："卫尉，秦官，掌宫门卫屯兵，有丞。"首都卫戍部队由中尉统帅，分驻京城内外各要点，负责首都的安全和重要官署、仓库的守卫任务。中央军是国家的主力部队，数量庞大，装备精良，训练有素，战斗力极强，并带有国家战略机动部队的性质，它在保卫国家、威慑地方中起着决定作用。

秦朝的地方部队分散在各郡县，由郡守、郡尉等率领。它们除负责地方治安外，平时的主要任务是训练，以便为中央军提供兵源。秦王朝的地方军处于分散和互不统属的状态，征调权力尽在皇帝的手中。秦在边郡地方也驻有军队，并设置了不同于内地的指挥系统。边防戍守部队每百里设一都尉，重要边塞还设关都尉，并置有属吏。

秦朝在制定军事领导体系时，很明确地表现出皇帝执柄、京师为重的特点。皇帝握有对全国军队的最高控制权，军队的高级将领，从国尉、卫尉、中尉以及各种类型的将军，到各郡的郡尉等高级军官，都由皇帝亲自任命；只有皇帝有权调动军队，其他高级武官仅有带兵权；调动时需要兵符，只有合符，方可行动。

四、监御史掌监视四方

根据秦王朝的官僚制度，中央政府的许多高官显贵，都有权监察地方官员的治

---

① 《汉书·百官公卿表上》。

绩，弹劾不法地方官员。如丞相是百官之长，"掌丞天子助理万机"①，自然也就有监察百官治绩的职能，而郡守每年一次向丞相上计，更是丞相对地方官吏的直接监察。再如治粟内史掌管着全国的钱、粮，直接监督郡、县的收入与支出，以此来监察、考核地方官员的政绩。丞相、治粟内史尽管有监督、考核地方官的权力，不过，他们都不是专职的监察官，监察的职能在其权限中只是很小的一部分。秦朝最高的监察官是御史大夫。

在中国古代监察制度发展与完善方面，秦王朝最大的历史性贡献是将御史体系基本上从行政体系中分离出来，而其主要措施是以御史大夫为副相，独立开府办公，从而大大提高了监察机构和职官在整个政治体系中的地位和作用。御史大夫位列三公，身居副相，有权参与立法、行政、司法、监察等各项重大政务。在权力关系上他只受皇帝的节制和法令的规范，不受包括宰相在内的其他官僚的节制。御史大夫的地位与职权充分反映了御史监察制度在整个权力体系中的相对独立性和重要性。御史大夫之设是御史体系从行政体系中分离出来的重要标志。这在中国古代政治制度史上具有划时代的意义。比较而言，在历代王朝的御史监察制度中，秦汉御史大夫的地位是最高的。《汉书·百官公卿表上》说："御史大夫，秦官，位上卿，银印青绶，掌副丞相。有两丞，秩千石……受公卿奏事，举劾按章。"御史大夫虽"掌副丞相"，但有时其权力超过丞相。他单独开府办事，又与廷尉和其他官员"杂治"重大案件，拥有司法审判权，因其主管图籍秘书、四方文书，谙知法律，拥有考课、监察和弹劾百官的权力，这项权力使其成为名副其实的监察官员。在中央，御史大夫上督丞相，下察百官；在地方，他通过派往地方的监御史，监察地方行政官员，特别是郡守、县令的治绩。

特别值得注意的是，秦王朝实行郡县制后，为了防止郡守权力过大，不听从中央的命令，每郡由中央派一监御史，监察郡守和郡府官吏的言行举动。这项制度在秦朝是比较严格地执行了，也正是有了这项制度，才构成了中央对地方郡县经常性

---

① 《汉书·百官公卿表上》。

的监察。

《汉书·百官公卿表上》说："监御史，秦官，掌监郡。"监御史官秩不高，仅六百石，直接隶属于御史大夫，但由于他是中央派到地方的监察官，所以其任务特殊，权力很大。除了监察郡守的政绩外，还拥有统兵权、举荐人才权等。前面说过，《史记·萧相国世家》载："秦御史监郡者与从事，常辨之。何乃给泗水卒史事，第一。秦御史欲入言征何，何固请，得毋行。"这是秦泗水郡的监御史举荐萧何到中央做官的记载。《史记·高祖本纪》载："秦泗川监平将兵围丰，二日，出与战，破之。"又《史记·曹相国世家》载："高祖为沛公而初起也，参以中涓从。将击胡陵、方与，攻秦监公军，大破之。"上述史料，足以说明秦监御史还可将兵作战。此外，秦之监御史也从事一些事务性工作，如《汉书·严助传》说："秦之时，尝使尉屠睢击越，又使监禄凿渠通道。"颜师古注引张晏曰："监郡御史也，名禄。"就是说，秦派屠睢击百越时，使监郡御史禄负责"凿渠通道"。监御史虽身兼他事，但监察郡守是其主要职责。如此，监御史可以充当朝廷的耳目，使中央随时了解地方情况，以便加强对地方的监控，防止郡守权力过分膨胀，对中央造成威胁。

总之，监御史的设立，是秦王朝加强中央集权的产物，这种制度在澄清地方吏治、加强中央对地方的监管方面，确实发挥了一定程度的有效作用。①

---

① 参见李治安主编：《中国五千年中央与地方关系》上卷，人民出版社 2010 年版，第 116—118 页。

第八章　秦始皇统治设计中的"阿喀琉斯之踵"

在秦代政治历史研究中，秦帝国二世而亡的残酷教训在中国历史上提出了一个令人困惑却又无法回避的政治难题：秦国以摧枯拉朽之势，横扫齐、楚、魏、燕、赵、韩，统一六国，拥有如此强大的统治力量，却为什么在全国统一之后的短短十六年，就社稷覆灭、"二世而亡"？两千多年来，历代政界、思想界、学术界对这个问题有很多的探讨，也提出了诸多颇有价值的见解。但是，对于秦始皇在统治设计中的缺陷所导致的政府权能迅速失效的深层次问题，却少有深度的认识。事实上，秦始皇在皇权设计上的缺陷所引发的秦帝国皇权失灵、权臣擅国，没有政治力量之间的有效制衡导致从秦到清历代王朝统治秩序失灵，进而引发社会控制能力的缺失，这是历代国家政府权能失效及社会控制失败的基本原因。这一现象，值得深入探究。

一、在分封与郡县间没有寻求平衡

公元前 221 年，统一六国后，建立一个什么样的管理体制才能保障秦王朝长治久安，这是秦帝国君臣必须认真对待的重大问题。帝国君臣在这个关系到王朝前途命运的大问题上，态度是慎重的，因此才会有争论。

1. 王绾主分封的建议

在统一六国、强化中央集权机构之后，对于辽阔的国土如何来进行管理，秦王朝统治集团内部展开了一场争论。以丞相王绾为代表的一批大臣说："诸侯初破，燕、齐、荆地远，不为置王，毋以填之。请立诸子，唯上幸许。"① 他们认为关东诸侯国刚刚被消灭，而且燕、齐、楚的故地距秦王朝统治中心又偏远，若不置王不利于统治。为此，请求秦始皇将其诸子封于燕、齐、楚的故地为王。王绾的主张实质上是不要全盘否定西周"封亲建戚，以藩屏周"，尽管商鞅变法后秦国已将它摒弃了。这里应当注意的，就是作为丞相的王绾并没有完全否定郡县制度，他只是主张根据当时的实际情况加以变通，主张郡县与分封并存，在原来秦国、韩国、赵国、魏国四地实行郡县制，在"燕、齐、荆"情况复杂之地实行封王建制，加以震慑，并没有全盘否定郡县制的意思。

2. 李斯反分封的理由

在朝堂议论中，廷尉李斯不同意分封，他说："周文、武所封子弟同姓甚众，然后属疏远，相攻击如仇雠，诸侯更相诛伐，周天子弗能禁止。今海内赖陛下神灵一统，皆为郡县，诸子功臣以公赋税重赏赐之，甚足易制。天下无异意，则安宁之术也。置诸侯不便。"② 李斯的反对意见从两个方面来论述：其一，历史的教训。周文王、周武王、周公曾经大封子弟同姓，后来封国之间日渐疏远，以致相互攻伐如同

---

① 《史记·秦始皇本纪》。

② 《史记·秦始皇本纪》。

寇仇，结果周天子也难以禁止。其二，有秦国现实的经验。如今海内统一后，已普遍设置郡县了。对皇帝诸子及功臣，只要让他们坐食赋税并重加赏赐就足够了。这样天下无异心，才是永久安宁之术。据此两点，李斯坚决反对分封制，认为重新分封诸侯会削弱皇帝的权力，使国家重新处于四分五裂的局面。

3. 秦始皇的裁决

秦始皇对历史上分封诸侯的过程以及所带来的恶果是了解的。他显然也是主张全面推行郡县制度的。因此，当他得到李斯的进一步提醒后，态度便鲜明了。秦始皇认为李斯所言有理，他说："天下共苦战斗不休，以有侯王。赖宗庙，天下初定，又复立国，是树兵也，而求其宁息，岂不难哉！廷尉议是。"[1] 他认为过去天下苦苦争斗，战乱不休，就是天下分封诸侯的缘故。如今天下刚刚安定，又分封诸侯国，这是自树兵灾！如果兵事再起，要想保国家的安宁，就不那么容易了，还是廷尉李斯的意见对。于是秦始皇采纳了李斯的意见，坚决废除分封制，推行郡县制。

仔细分析与探讨秦帝国的这场大讨论，真正的情况一定要比这丰富与复杂得多。表面上看，这是最高统治集团之间的政见不同。但从更深层面看，事情应该比较复杂。

1. 秦始皇的态度

作为最高君主，秦始皇在重大问题的决策上也有踌躇的时候。

秦国的历史告诉人们：在秦昭王初年，由于太后当权，大封宗室贵族和贵戚以及所宠爱的人。除了贵戚魏冉被封为穰侯外，还有昭王的同母弟公子市被封为泾阳君，公子悝被封为高陵君，宣太后的同父弟芈戎被封为华阳君和新城君，当时合称为"四贵"。此外还有昭王之子柱被封为安国君（即后来的孝文王）等。后来为了争夺王位而发生叛乱。到了秦始皇初年，有王弟成蟜被封为长安君，嫪毐由于太后宠爱而被封为长信侯，除得山阳为封地外，"又以河西、太原郡更为毐国"[2]。吕不韦被

① 《史记·秦始皇本纪》。
② 《史记·秦始皇本纪》。

封为文信侯，食洛阳十万户。结果又发生嫪毐之乱，秦始皇自己差一点丧了命。秦始皇在翦除嫪毐和吕不韦两大势力以后，才亲自掌握政权。前事不远，后人之鉴。对分封给君主集权带来的祸患秦始皇十分清楚。因此，当王绾提出"请立诸子"的主张后，秦始皇事实上对分封之后可能出现的结局十分忧虑。有感于分封制的弊端，他决定否定王绾的建议，不给无功的宗室贵族高级爵位，也不分封子弟为封君。所以司马迁说："秦无尺土之封，不立子弟为王、功臣为诸侯者，使后无战攻之患。"

2. 丞相王绾对于国情的认识

王绾是秦代一位卓越的政治家，是秦帝国的开国功勋与第一任丞相。秦朝用人是十分严格的。"宰相必起于州部，猛将必发于卒伍。"王绾之所以能得到秦始皇的赏识与重用，成为大秦帝国的第一位丞相，虽然司马迁没有在《史记》中详言，但其人的政治见识、政治能力与对君主的忠诚等肯定是第一流的。在秦始皇二十六年的朝廷会议上，他提出将秦始皇子弟分封到帝国力量薄弱的地区封王建制，实际上代表了当时很多人的意见。天下初定，当时主张分封的势力相当大，许多大臣都认为王绾的建议是可取的。在这种情况下，秦始皇便下令群臣专门就此问题进行讨论。

应当指出，其一，王绾的这个建议并非他个人之见。司马迁说得很明白，是"丞相绾等言"，就是说，这是以王绾为首的不少大臣的集体意见。在"始皇下其议于群臣"时，"群臣皆以为便"。可见与王绾的观点相同的大臣为数是不少的。如果这个建议毫无可取之处，不可能得到这样多的大臣的支持。其二，王绾建议的积极意义在于他为刚刚建立的秦王朝提出了一个必须立即设法解决的严重问题，就是如何加强对燕、齐、楚旧地的统治。这些地区距离都城咸阳遥远，而又土地广大，旧贵族势力活动猖狂。见于记载的，如项梁、项羽、张良、魏咎、张耳、陈余等，就在这些地区隐姓埋名，阴结党徒，伺机而动。秦王朝的统治实际上是鞭长莫及。后来陈胜、吴广揭竿而起时，项梁、景驹乘机起于楚，田儋、田荣、田假起于齐，"燕故贵人、豪杰"[①]起于燕。曾亲历这些事件的娄敬对刘邦说过："夫诸侯初起时，非齐诸田，楚

———————————

① 《史记·陈涉世家》。

昭、屈、景莫与。"① 此话有相当的道理。从上述情况来看，王绾的忧虑不能说是多余的。在这些地区"置王"以加强控制，这是他和部分大臣想采用的一种对策。虽然廷尉李斯提出了反对意见，但《史记》对于李斯的记载，详于王绾十倍，却未见只字谈到对燕、齐、楚旧地加强统治的问题。作为秦王朝的一个重要政治家，至少与王绾相比，李斯并未表现得更深谋远虑。其三，王绾的建议实际上是站在对国家负责的公正的立场有感而发的。封王建制本身就意味着中央集权的削弱，是对中央政府权力的一种制衡。如果存有个人的私心杂念，王绾很可能就不会提出这种政治主张。其四，王绾的建议虽未为秦始皇采纳，但却在西汉初年，被汉高祖刘邦付诸实施了。这也是一件很值得玩味的事情。刘邦夺得天下后，由于接受了秦二世而亡的教训，对燕、齐、楚等旧地的贵族残余势力放心不下。他曾以"强干弱支"之策，"徙齐诸国，楚昭、屈、景及诸功臣家于长陵"②。又以郡县制度为主体，在地方行政方面，增加了"置王"的制度，以强化统治。这就是所谓"郡国并行"制。置王的主要地区就在燕、齐、楚，全境划分为燕、齐、楚、吴、淮南、长沙等十个诸侯王国。这真是对王绾建议的"全面采纳"。尽管如此，刘邦毕竟还是郡县制度的继续推行者，"汉承秦制"一语就是历代史学家对刘邦及其子孙的一个重大奖誉。秦和西汉初年的历史证明，王绾的主张是正确的。③

3. 李斯主张郡县制的背后

首先，李斯是主张郡县制的。从他这个人的政治品行来看，他很多的建策表面上光明正大，为君为国，但其实都隐藏着他私人的目的。李斯是法家，因为出身贫贱，本身没有多少政治资本，要想在秦王朝最高统治集团中占有一席之地，他一定会揣摩上意，充分研究秦始皇深层次的心理愿望。其次，实行郡县制，对于他在朝中的权力只会是有增无减，于他个人是有益的。"观其人信其言"，对于李斯的人品，

① 《汉书·娄敬传》。
② 《汉书·地理志（下）》。
③ 参见《应当正确地评价王绾》，《北京大学学报》（哲学社会科学版）1979 年第 3 期。

我们不应抱有过高的期望。

从表面上看，无论分封制还是郡县制好像都只是关涉帝国统治地方的一个政体问题，而不是个人权利之争，但如果只是这样理解，未免会隔靴搔痒。问题很明显，任何一个政治变化，都会涉及一系列政治利益的重新分配，都会为利益集团所关注，企图利用政治变动，作出对自己最有利的决策。对于秦王朝而言，刚刚统一六国，天下人心未定，在六国故地统治力量薄弱，加上历史的惯性，推行封建与郡县并轨制，应是结合历史惯性、人心需求，符合实际情况的一种正确国策。周王朝虽然亡于封建制，但毕竟延续了八百年。郡县制虽好，始作俑者的秦王朝却因为它十四年就亡了国。世界上没有绝对好坏的政策，关键看它是否用在了合适的时候。对于秦帝国而言，加强中央集权本身无可厚非。皇权与相权是一对天然的矛盾，彼此之间此消彼长。如果皇权集中在君主之手，这种高度中央集权就会对帝国秩序与稳定带来很大的促进作用；如果君权被丞相或者别的野心家所架空或者侵夺，无论是中央政府或者是地方都没有力量拨乱反正，在这样的时候，因为没有权力制约机制，野心家就会起来乱政，从而导致天下大乱。

从秦亡国的历史教训看，如果当初秦始皇采纳王绾的建议，实行郡县与封建并行的双轨制度，当秦始皇猝然死亡皇权出现真空之际，很可能会出现这样两种情况：第一种是赵高、李斯虽然有个人野心，但因为地方王国力量的制约，从而不敢将皇权完全侵夺于己手，秦二世能够在中央与地方的力量制衡中掌控皇权，从而保证帝国政治秩序稳定；第二种是赵高、李斯如果敢冒天下之大不韪，地方诸王就可以高举清君侧的旗帜，将各方政治力量集中起来粉碎赵高、李斯篡夺皇权、祸国殃民的行为。可惜英明一世如秦始皇者，却看不到单纯推行郡县制给帝国未来统治造成的危害，看不到郡县与封建双轨制对中央政府官僚集团的有效制衡，他一手缔造了大秦帝国，又一手用他的制度葬送了大秦帝国。汉高祖刘邦正是在总结了秦王朝这个失败原因的基础上，一方面秦果汉收，另一方面推行封建与郡县双轨制，从而在大秦帝国的基础上保证了四百多年汉王朝的统治。

二、在皇权继承人选上摇摆不定

秦始皇有子十八人，加上十多位公主，共有子女三十余人。历史表明，生长在皇宫大内的皇帝后裔，由于其特殊的生存环境，他们较之我们普通的百姓更缺乏安全感、幸福感。在家天下的父子继承体制之下，由于权力之争往往与生存利益联系在一起，在不是你死就是我活的激烈生存竞争中，父子亲情、兄弟亲情往往要让位于皇位之争。

根据史料记载，在秦始皇的诸多儿女中，他最属意的只有长公子扶苏与小儿子胡亥二人。

从有限的史料来看，扶苏与胡亥的差异很大。

《史记·秦始皇本纪》中说，公子扶苏，始皇长子也。按照中国的传统思路，长子一般最有希望成为帝国的未来接班人。在《史记·李斯列传》中，司马迁借始皇帝侍从首领赵高之口，认为扶苏："刚毅而武勇，信人而奋士。"同样，司马迁在《史记·陈涉世家》一文中，又借民间"黔首"陈胜之口，将扶苏定格为："百姓多闻其贤。"看来，这些记载不是司马迁漫不经心之笔，他没有专门为扶苏作传，而是借秦帝国朝野上下悠悠之口来定格公子扶苏形象的。扶苏有"刚毅"之性、"武勇"之能，又会识人、用人，还很得民众的认可与赞赏。胡亥是秦始皇的小儿子。《史记》与其他有关秦史的资料，对他的早年记载同样不多。在《史记·李斯列传》中，有赵高对胡亥的这样一段评价："慈仁笃厚，轻财重士，辩于心而诎于口。尽礼敬士。"赵高是胡亥的授业老师，按道理说，以其对胡亥长期之观察，评价自然很可信。不过，据胡亥后来的表现来看，除了"口拙"尚能说得过去外，赵高对胡亥的其他评价都很难与他成为皇帝后的作为联系起来。

对于公子扶苏，始皇帝显然是十分赏识的。这位秦帝国的长公子，在少年时肯定是学习了儒法两家的大量知识。始皇帝虽然偏爱法家学说，但在灭亡六国前，秦国除了崇尚法家学说外，对诸子百家之学实际上并未完全禁绝。因此，扶苏除系统地学习与研究法家学说外，对儒家的学说同样饶有兴趣。

也许是学问上的原因，也许是性格上的因素，扶苏在治国方略上与其父有着不同的意见，他不像乃父始皇帝专断严酷，而是主张儒法并存，以仁德治国。当年，秦始皇焚书坑儒，扶苏尽可以装聋作哑、不管不问，但责任心与勇武的天性，使他敢于挺身而出，成为天下惟一敢于直谏秦始皇的大臣。扶苏的大胆，令刚愎自用的始皇帝大为恼火。不久，始皇帝就把扶苏赶出都城咸阳，让他"北监蒙恬于上郡"。扶苏被赶出都城，让朝野上下对帝国未来接班人的人选问题再次蒙上了一团乌云。扶苏离开都城，显然是始皇帝在立嗣问题上有了一个重大的改变，表明始皇帝并不希望把皇位传给一个与自己的政治观点有重大分歧的皇子。或许，扶苏的年长与刚毅才是让始皇帝内心深处不安的根本性因素。

由于皇帝的高深莫测与喜怒无常，朝臣们对帝国未来接班人的看法，由普遍看好扶苏转变为漠然待观。这种情况，对于大秦帝国的未来前途，显然不是一个好的兆头。

如果说，对于扶苏，始皇帝表现更多的是"严父"一面的话，那么，对于小儿子胡亥，这位果敢英武、不可一世的天子则表现出了与普通父亲疼爱幼子一般无二的心理。也许是因为胡亥年龄最小的缘故，始皇帝于诸子之中对他最为宠爱。这种宠爱，简直到了有点不讲原则的地步。其一，他亲自给胡亥指定了授业老师。在《史记》中，不知是司马迁的有意无意，关于扶苏与秦始皇的其他公子，都没有专门记载始皇帝为他们指定授业老师。唯独胡亥，司马迁神来一笔："秦王闻高强力，通于狱法，举以为中车府令。高即私事公子胡亥，喻之决狱。"① 另外，在别的篇章中，司马迁又说："赵高故尝教胡亥书及狱律令法事，胡亥私幸之。"② 翻阅其他有关秦朝的史料，其中除了抄袭司马迁的观点外，并没有发现有关始皇帝为其他子女专门指定授业老师的记载。由此推断，掌管汉室图书史籍的司马迁，

---

① 《史记·蒙恬列传》。
② 《史记·秦始皇本纪》。

在胡亥受教育上的这一笔，点得意义非凡，从这里传达出了一个信息：帝国最高执掌人对于小儿子有着特殊的关怀与期盼，这件事亦表明，扶苏很可能并不是始皇帝唯一选定的接班人，至少在秦始皇的心中，公子胡亥也是在备选之列的。其二，据《旧唐书·元稹传》记载："胡亥之生也，《诗》、《书》不得闻，圣贤不得近。"如果这则史料表述的观点可信的话，它足以说明：秦始皇对胡亥是倾注了极大心血的。他独钟于法家学说，就特意让法律知识渊博的赵高去为胡亥授业。出于对扶苏所受教育的不满意，始皇帝甚至不让胡亥去接近别人，除了赵高与法家学说外，胡亥常日里是"圣贤不得近"。由此印证，秦始皇对于长子扶苏尊重儒家学说是持否定态度的，这也可能促使这位专制君主有意加强对胡亥教育上的管理，这是除了法家学说，其他学说都不让胡亥接触的一个重要因素。在没有比较、没有选择的环境下，胡亥的思想意识中所得的认识只能完全来自老师赵高的一套关于严酷刑罚、残忍暴虐的教育与熏陶。他所尊敬与信赖的人，除了父亲秦始皇，也就只有赵高一人了。这就在一定程度上影响了胡亥甚至大秦帝国的未来和命运。其三，始皇帝对胡亥特殊喜欢最明显的一点，就是在他外出巡游时，在众多子女中，唯独带上了胡亥。这可不是一个小事。通观中国历史，在家天下的父子继承体制之下，政情往往由亲情延展而出。帝王的内心想法与隐私，往往就是国家与王朝的想法与隐私。国家政情的变化与动荡，往往可从帝王的隐情与日常生活的变动中窥出端倪。扶苏出都与胡亥伴驾，在朝臣们看来，这都是丰富而明显的政治信息。未来帝国接班人，秦始皇更加欣赏的是胡亥而不是扶苏。要知道，在专制年代里，皇帝的一言一行，往往直接影响着朝臣们的思想与举动。胡亥有此专宠，这也是赵高、李斯发动沙丘之变，矫诏拥立胡亥，朝内外并没有出现反对声音的一个重要原因。

三、在权力集团内部缺乏有效制衡机制

大秦帝国中央政府权力制衡机制明显存在着一些漏洞。

柳宗元认为秦王朝灭亡的原因是"失在于政","胡亥任赵高而族李斯。乃灭"。秦王朝的覆亡是因为秦二世时赵高专政改变了秦始皇的政治措施而引发动乱从而导致了秦帝国的覆亡。

北宋王安石认为，大秦帝国之所以短命而亡，是秦始皇父子加强王室、削弱诸侯所致。他说："周强末弱本以亡，秦强本弱末以亡……秦戒周之亡，郡而不国，削诸侯之城，销天下之兵聚咸阳，使奸人虽有觊心，无所乘而起，自以为善计也。及其敝，役夫穷匠操锄耰棘矜以鞭笞天下，虽欲全节本朝，无坚城以自婴也，无利兵以自卫也，卒顿颡而臣之。彼驱天下之众以取区区孤立咸阳，不反掌而亡，无异焉，强本弱末之势然也。后之世变秦之制，郡天下而不国，得之矣，圣人复起不能易也。"[①]

上述柳、王二人的观点有一定道理。

秦王朝建立之后，围绕在皇权周围的有这样几个利益集团：其一，皇族亲贵集团。这个利益集团以公子扶苏为核心。其二，内廷宦官集团。这个利益集团的代表人物是赵高。其三，政府官僚集团。这个利益集团的核心是李斯。其四，军人集团。这个利益集团的代表人物是蒙恬。这既是秦始皇执政的资本，也是秦王朝赖以维持统治秩序的权力支柱。

第一，秦始皇用胡亥制约扶苏的举动是失败的。

秦始皇让长公子扶苏离开咸阳到生活条件艰苦的北方边境去体验生活，从表面上看，好像是因为扶苏上谏触动了他的逆鳞。但如果动动脑筋就会发现，问题并没有这样简单。从史书的记载来看，扶苏为人"刚毅而武勇，信人而奋士"。其性格上的刚毅与政治上的成熟，也许在其父秦始皇看来，对于他的皇权的稳定并不是一件好事情。从秦始皇不断寻找神仙与仙药的祈求长生举动来看，很可能秦始皇的身体健康早已经出现了问题。这位不甘屈服于命运摆布的人间帝王，企图夺造化之功，寻求长生不老之道，不甘心就此退出历史的舞台。自然，他就不喜欢自己的接

---

① 《王文公文集·周秦本末论》。

班人过早成熟并拥有很强的政治能力。因为，从扶苏的成熟中，秦始皇隐隐感到了自己自然生命正在衰弱；从扶苏的刚毅奋勇中，他隐隐感到了某种不安定因素的威胁。扶苏在政治上的成熟，敢于向他提出对国事的不同处理意见；扶苏的深得人心，让朝臣与黔首们对他充满信心。如果有一天，自己处理国事出现重大失误或者疏忽大意，谁能担保朝臣们不会拥戴扶苏来替换自己？身在高位，逼宫抢班的危险，使人不能不有所提防，而首当其冲的警惕对象，就是自己身边的继承人了。春秋战国时期那么多血淋淋的内廷政变事实无不说明，长大成人的亲骨肉，越是能力强，越是力量大，越是得民众心的，不是越有篡逆的危险吗？前车之覆，后车当鉴。饱读史书的秦始皇，怎能不明白其中的三昧？何况，在这位不可一世帝王的内心深处，因为幼年不幸福的生活经历，猜忌与不安一直在吞噬着他力图平静的内心。在这样的情况下，扶苏表面上很接近皇位继承人位置，实际上是处在一个十分危险尴尬的地位。

我们再看胡亥。前文说过，他是始皇帝最小的儿子。秦始皇三十一岁生下胡亥后，大概因为健康出了问题，此后就没有再生育了。人们常说，幺子幼儿最可爱，年少天真无猜忌。爱幼的人情，不仅平民百姓如此，贵为天子的人也是如此。何况，幼子因为各方面的因素，继承皇位的可能性最小。年幼天真，不仅不会让身处皇位的帝王感到压力，而且常常因为双方没有猜忌而格外让人体会到亲情的幸福，这种闲暇时对幼子的爱怜与关怀，很可能就是帝王释放压力的一剂灵丹妙药。

历史上，因为老父爱幼子而对长子不放心导致废长立幼的事情比比皆是，举不胜举。相对于秦始皇而言，在他身前的有周幽王（周幽王废长子宜臼立幼子伯服）、晋献公（杀长子申生立幼子奚齐），在他身后有汉高祖刘邦（废长子刘盈立幼子如意失败）、魏武帝曹操（一度打算废长子曹丕立幼子曹植失败）、三国袁绍（不立长子袁谭而立幼子袁尚）、三国刘表（不立长子刘琦而立幼子刘琮）、隋文帝杨坚（废太子杨勇立幼子杨广）、康熙帝爱新觉罗·玄烨（两次废太子允礽）……简直可以写一部废长立幼的史书了。晚年的秦始皇，同样一直被继承人问题所困扰。

人性本复杂，人心多变化。秦始皇一方面将长子扶苏驱赶出咸阳，另一方面又对幼子胡亥宠爱有加，这都是大秦帝国皇位继承人可能发生变动的重要信号。

那么，胡亥凭什么得到了寡恩刻薄的父皇信任呢？

秦始皇产生将胡亥确立为皇位继承人的想法，可能来自下面几个方面的原因：

其一，前面说过，秦始皇特别疼爱幼子，这是一个重要原因。

其二，胡亥天真直率、天性顽皮，这很可能是秦始皇诸子中性格最特殊的一位，因此很讨秦始皇的喜欢。

其三，西汉刘向在整理古代故事集的基础上，写过一本《新序》。在《新序·杂事王》中，记录了一个有关胡亥幼年时期的故事，大意是：当胡亥幼时，一天，始皇帝设宴招待群臣，胡亥诸兄弟也都参加。古时人们席地而坐，入席通常先要脱鞋，鞋子放在屋外。宴席中间，胡亥一时兴起，出来将诸位兄长的鞋子个个踩了个遍。这件事作为一件趣事让始皇帝开怀大笑。据史料猜测，扶苏与其他公子在母亲的严厉教育下，是不可能在公共场合做出这等滑稽之事的。胡亥年幼丧母，无人看管，性格顽皮淘气一点，也在常理之中。而这种撒娇似的恶作剧，很可能正是始皇帝对他疼爱有加的一个重要原因。

其四，胡亥没有政治野心。他本来没有当皇帝的野心，后来成为秦二世也是老师赵高怂恿利诱的结果。这很可能是视权力如生命的始皇帝最为欣赏也最放心他的一点。

其五，胡亥因为小小年纪就失去了母亲，他对父亲始皇帝的依赖是一件非常自然的事情，其忠顺之心肯定会时时自然地流露出来，劝父亲爱惜身体也必发自内心而不是礼节性的语言。所有这些很可能让秦始皇真正体会到了亲人之间的天伦之乐与一种难得的抚慰。政事之余，胡亥常常来找始皇帝，绕膝弄儿的天伦之乐，使始皇帝在心理上很可能也想在未来权力分配上补偿一下这个可怜的孩子。这样，就有了始皇帝出巡时将胡亥带在身边的事。

秦始皇出巡时之所以带上胡亥，很可能出于这样几种考虑：

其一，路途中劳累奔波，带上爱子胡亥，闲暇之余可以享受天伦，可以缓解压力。

其二，秦始皇出巡，连带着帝国政治中枢的移动，不仅是个人的行为，更是一次重大的政治行动。让胡亥在身边看着自己处理政务，一方面可以让他增长见识，得到历练；另一方面又可以让他直接与随行的重臣们接近，从而为他将来主持帝国政府的工作作一些铺垫。

其三，秦始皇之所以带上胡亥，很可能还有一个更隐秘的意图。这就是始皇帝虽然已经决定将胡亥确定为自己身后的接班人选，但他并不放心，也并没有下定最后的决心。这从他一年前将扶苏贬斥出京，打发到上郡的蒙恬军中出任监军一事即可窥其端倪。

一年前，秦始皇将扶苏贬黜出京，毫无疑问是对扶苏的惩罚和警告。但是，贬斥并不等于废黜。蒙恬三十万大军关系着都城咸阳和北部边疆地区的安危，始皇帝将扶苏派到这里来监军，将蒙恬军队交给扶苏，从某种意义上讲等于将帝国的命运交给了扶苏。这样的安排，不能不说是怒中有爱，贬斥中隐含着重用，显示出秦始皇在继承人问题上的犹豫和摇摆，表示出他还想继续观察。

但是，经过出巡途中近一年的观察与考核，实践证明，胡亥显然不适合担任帝国未来的接班人。作为一位讨父亲欢心的儿子，无疑他是最优秀的人选；但作为一位政治家，他显然不具备担负起作为帝国领航人的能力与资格。终于，秦始皇又将选择接班人的视线从胡亥转回到了扶苏的身上。扶苏年轻力壮，敢作敢为，具有从政的能力，又得到朝野上下的瞩目与信任，让他担任未来帝国的接班人，显然较胡亥更加合适。经过反复考虑，理智终于战胜了感情。在秦始皇弥留的最后时刻，他决定将帝国舵手的重担交到长子扶苏的肩上。可是，经过他一年多来的犹豫和摇摆，他一手置下的潘多拉盒子已经不可能销毁。因此他一死，赵高、胡亥、李斯立刻联手在他的尸体旁边矫诏置公子扶苏于死地，发动了大秦帝国历史上最为残酷的夺嫡政变，帝国的潘多拉盒子一旦打开，亡国灾难也就不可避免。

前文说过，胡亥是一个没有政治抱负也没有政治野心的帝王之子，他人生的最大目的就是及时行乐。也就是说，胡亥并没有当皇帝的欲望。因此，当秦始皇突然死在出巡的途中，赵高劝诱胡亥篡改遗诏、取代扶苏、抢班夺权时，一开始就被胡亥一口回绝。对于此事，司马迁在《史记·李斯列传》中有较为详细的记载：

> 赵高因留所赐扶苏玺书，而谓公子胡亥曰："上崩，无诏封王诸子而独赐长子书。长子至，即立为皇帝，而子无尺寸之地，为之奈何？"胡亥曰："固也。吾闻之，明君知臣，明父知子。父捐命，不封诸子，何可言者！"赵高曰："不然。方今天下之权，存亡在子与高及丞相耳，愿子图之。且夫臣人与见臣于人，制人与见制于人，岂可同日道哉！"胡亥曰："废兄而立弟，是不义也；不奉父诏而畏死，是不孝也；能薄而材谫，强因人之功，是不能也。三者逆德，天下不服，身殆倾危，社稷不血食。"

从上述这段史料可以看出，胡亥回答赵高的引诱干脆利落，毫无贪恋政治权力的意思。可见此时的胡亥，还是一个知事明理、心地单纯的青年公子。但是，长期以来不问世事，与外界隔绝的生活环境，使他对父亲始皇帝和老师赵高产生了无可名状、无法摆脱的心理依赖与实际生活上的依赖。秦始皇去世后，能够给他安全感的就只剩下赵高一人了。赵高的话，他不能不听，也不敢不听，因为他怕失去了赵高这最后一位可以依赖的亲人。沙丘政变他之所以附逆，根本原因还在于恐惧怕事，而不在于他有当皇帝的野心和欲望。后来的历史也证明了胡亥没有政治抱负与政治野心，他成为大秦帝国的二世皇帝后，多次显露出生命苦短、及时行乐的心理倾向。司马迁说："二世燕居。"[1] 一个"燕"字，颇含深意。它将胡亥追求安逸、贪图享受的心理与行为淋漓尽致地刻画了出来。当上皇帝后，胡亥便与赵高商量："夫人生居世间也，譬犹骋六骥过决隙也。吾既已临天下矣，欲悉耳目之所好，穷心志之所乐，以安宗庙而乐万姓，长有天下，终吾年寿，其道可乎？"[2] 秦始皇生前，胡亥对他的依赖近乎盲目；秦始皇死后，胡亥又将这种依赖之情自然而然地转移到了赵高的身上。赵高是他的授业老师，常年的接触，这份感情旁人自然无法分享。在这种情况

---

① 《史记·李斯列传》。

② 《史记·李斯列传》。

下，胡亥对于赵高的信赖几乎到了无以复加的程度。此后他的人生中所有的重大举动，都是在赵高的指导下充当了一个只会点头画圈的玩偶工具。

第二，秦始皇用赵高防范李斯的策略也没有成功。

对于丞相李斯在官僚集团中的强大影响力，秦始皇是十分清楚的。因此，秦始皇才会特别注意提拔赵高并让他成为胡亥的老师。这是用内廷制约外朝的一种权力制衡手段。不过，让秦始皇没有想到的是，赵高是一个野心家、阴谋家，竟敢觊觎皇权、操纵皇权。因此，重用赵高，危险更大。在秦史中，赵高是秦二世胡亥的授业老师，也是秦始皇的中车府令，他既是沙丘政变的主谋，又是最后毁灭大秦帝国的罪魁祸首，这些都已经是确定无疑的事实。但是，有关赵高的身世，汉代以来，人们的理解歧义甚多，各种说法甚至争论一直到今天还在继续。那么，赵高的身世究竟以哪种说法为准呢？

司马迁在《史记·蒙恬列传》中说：

> 赵高者，诸赵疏远属也。赵高昆弟数人，皆生隐宫，其母被刑僇，世世卑贱。秦王闻高强力，通于狱法，举以为中车府令。高即私事公子胡亥，喻之决狱。

这是迄今为止我们所能见到的记载赵高最早的史料。从这个记载来看，赵高的先人是赵国人当无疑问。问题是，司马迁所说的"赵高昆弟数人，皆生隐宫"，这个"隐宫"究竟是指什么地方？

所有理解上的分歧皆由此而生。

"隐宫"一词，本来就语义不明。东汉以后，一位刘氏作家索隐《史记》。他对"隐宫"的解释是去势的宫刑。他认为：赵高"父腐刑，坐其家，没为奴婢。母通于人，生子皆承赵姓，并宫之，故高与昆弟数人皆生隐宫"。

唐朝时，张守节著《史记正义》。其书中关于"隐宫"的解释是"余刑见于市朝，宫刑一百日隐于隐室养之乃可，故曰隐宫，下蚕室也"。

如果按照上述的两种说法，赵高自然就是一个被去过势的宦官而已。

但是，在《史记·蒙恬列传》中，司马迁又为我们布下了一道迷魂阵，设置了另外一道障眼墙。他说：

> 高有大罪，秦王令蒙毅法治之。毅不敢阿法，当高罪死，除其宦籍。帝以高之敦于事也，赦之，复其官爵。

赵高犯罪当死，秦始皇念其是个人才下特赦令赦免这不奇怪。问题出在"除其宦籍"四个字上。这个"宦籍"该如何解释？究竟是指官宦之凭证，还是特指宦官的出身？这种涉及赵高的出身究竟是不是宦官的同一篇文章中出现前后矛盾的问题，自然格外应当注意。

可是，根据司马迁在《史记·秦始皇本纪》中的记载，赵高又明明是个有儿女的人。他的女儿嫁给了阎乐。阎乐曾任咸阳令，是赵高集团的得力干将，后来参加了望夷宫政变，胡亥就是直接死在他的手上。这条史料，又明确说明赵高不是宦官。

那么，赵高究竟是不是宦官呢？他的出身之谜能够揭开吗？

实际上，司马迁从来就没有明确说过赵高是宦阉，不仅司马迁没有说过，东汉以前的所有史籍中都没有关于赵高是宦阉的记载。赵高是宦阉的说法，很可能是汉以后人对"宦"字理解的错误，或者是基于错误的文字"隐宫"所作的想象化的一种理解。

《史记·蒙恬列传》记载说赵高是"宦人"，有"宦籍"。这是赵高被认为是宦阉的一条材料。然而，根据已出土的《张家山汉墓竹简》的解释，"宦"，就是在宫中内廷任职的意思。宦人，就是任职于宫内之人，相当于王或者皇帝的亲近侍卫之臣。宦籍，就是用来登录出入于宫门者的登记册。秦汉时代，不管是"宦人"，还是"宦籍"的用语，都没有指被去势的男人出仕宫内官职的意思。当时，去势后的男人被称为"奄（阉）人"，在宫中任职的阉人被称为"宦奄（阉）"，定义非常清楚。根据这个最新材料，赵高是任职于宫中的宦人，也就是皇帝的亲近之臣，而不是被去势的宦阉。

另外，赵高因为犯罪，被以"除其宦籍"作为惩处的标准。可见宦籍在当时是一种很高的荣誉，拥有一定的地位，不是任何人都能得到的一种职务和出入皇宫大内的凭证。由此可见，秦帝国时的"宦籍"，不是指宫廷之中专门伺候后宫的阉人，而是特指在宫廷之中皇帝身旁任职的朝廷官员。

《史记·蒙恬列传》记载说："赵高昆弟数人，皆生隐宫。"这是赵高被解释为宦阉的另一条材料。"隐宫"一词，本来就语义不明。后人将"隐宫"之"宫"解释为去势的宫刑，想当然地认为赵高的父亲受宫刑去势，母亲与他人野合生下了赵高兄弟。赵高兄弟冒姓赵，也受宫刑被去势成了宦官。想象中的赵高是宦官的说法越编越实，越编越真，于是以讹传讹，"假作真时真亦假"，到了唐代以后，赵高一家都是宦阉的不经流言，就逐渐固定了下来。秦史专家马非百早就根据睡虎地秦墓竹简指出，"赵高兄弟皆生隐宫"的"隐宫"一词，是"隐官"的误写。张家山汉墓竹简出土以后，隐宫的意义更加清楚明白。隐宫，既用来指称刑满人员工作的地方，也用来指称刑满人员的身份，与宫刑和去势完全没有关系。如果这种说法可靠的话，那么认为赵高是宦官的史论就将不击自倒。

据司马迁说，赵高是因为三种素质为秦始皇信任与重用的。这三种素质就是："强力""通于狱法"与"敦于事"。

其一，"强力"，即是指孔武有力，搏击本领高强。这是秦始皇身边任何一个卫士都必须具备的素质。赵高是中车府令，应该具备这样的素质。一般来说，去过势的男子的身体都不会太健康，更谈不上强壮有力了。赵高武艺出众、本领高强，这从另一个视角看，也应该作为赵高不是阉宦的一个重要因素。

其二，"通于狱法"，显然就是娴熟于秦帝国的法律律令。秦始皇能够任命赵高为他最心爱的儿子胡亥做老师，由此可见，赵高的法律知识及其他帝国政治所必需的知识，应是相当渊博的。

其三，"敦于事"，是指做事果断干练、办事踏实。赵高犯法以律当斩，秦始皇因为爱惜赵高的办事能力而特别赦免他，由此也可知道赵高的办事能力应是相当强的。

实际上，赵高的书法，堪称一流，在大秦帝国的高层官员中，能够与他相伯仲的，只有丞相李斯一人。他对秦帝国的文字改革，有相当大的贡献。他著有《爰历篇》六章，是大秦帝国官方指定的识字课本的一部分，也是有名的文字学著作。

这样看来，赵高应该是一个在许多方面都有很强能力的人物。从秦始皇、秦二世父子二代对他不断升级的赏识和重用的程度来看，估计事实应该不会相差太远。

按大秦帝国的体制，中车府令是太仆的属下。太仆是帝国的三公九卿之一，负责掌管秦帝国的车马交通事宜，下属有各类车府官署、苑马监令。中车府令，同各类车府令一样，官秩六百石，有副官中车府丞一人，官秩三百石，所属吏员有数十人之多。以级别而论，中车府令只能算是个中级官吏。不过，由于中车府令是皇宫禁内的车府令，职务相当于皇帝的侍从车马班长，负责皇帝的车马管理和出行随驾，对于车马的驾驭和管理、保卫皇帝安全等能力方面都有极为严格的要求，职务至关重要，只有皇帝的绝对心腹亲近和应变能力很强的人才能担任，其位置与影响力不可小觑。

根据秦帝国的法律规定，一般的车马驾驭，车手至少要经过四年的训练，四年后还不能熟练地驾驭车马，教官要受到严厉的处罚，本人也要服四年的劳役。合格的车手，要求年龄在四十岁以下，身高七尺五寸以上；步履矫健，追逐奔马疾驰自如；身手灵活，上下车随意自如；车技熟练，能够驾车前后左右周旋；强壮有力，能够在车上掌控旌旗；武艺高强，能够引八石强弩，在驰骋中前后左右开弓自如。中车府，聚集的都是大秦帝国车手与武功高手的精华，对于他们的要求，当然远在上述条件之上。用现代的话说，人人都是驾车能手，个个都是大内武士，驾车、技击皆是帝国一流。中车府令，如果不具备上述基本素质，恐怕无法担当与完成好护驾这一至关重要的任务。这样看来，赵高不仅文采出众，而且驾车、武艺还超群，是一个不可多得的文武全才。

应该看到，升任中车府令，对于赵高来说，意义重大。这不仅在于他的职务得到了晋升，更重要的是，他从此能够接近皇帝，能够涉足帝国政治权力的中枢与核心。后来，秦始皇对他信任有加，将玉玺管印大权也交给他办理，本指望靠赵高在关键时能够制约丞相李斯，谁能想到秦始皇刚死，赵高就挟势与李斯合力架空了皇权，将始皇帝的帝国直接推向灭亡的深渊。

第三，秦始皇用蒙恬军人集团制约李斯官僚集团的制衡计划也归于失败。

很明显，秦始皇在胡亥与扶苏谁当继承人问题上的摇摆不定，使得帝国的皇族集团与军人集团无法确认最终合法继承人的人选，加上握有皇帝玉玺加印权的赵高与官僚集团领袖李斯的突然联合，再加上秦国法治的威力，扶苏与蒙恬先后自杀，军人集团最终选择了屈服。

总之，大秦帝国之速亡，有建国之初秦始皇在制度设计方面的缺陷，有秦始皇统治集团内部权力制约的无效等因素。事实表明，秦王朝的灭亡，非君权强大，恰是秦二世统治时期君权太弱所致。秦始皇缺乏对最高统治集团各派有效的制衡，在他死后皇权为赵高、李斯所架空，这是导致大秦帝国覆亡的根本原因。

第九章　秦朝速亡直接原因再探讨

在中国古代历史上，凡是最高权力的承袭、交接、转移之际，往往都是政权危机四伏之时。事实表明，一系列不稳定的因素使得大秦帝国的政局风雨飘摇。这主要表现在：第一，秦始皇晚年寻仙求药，忌讳谈论死亡问题，迟迟没有确立他身后的帝国接班人选。这就为阴谋家利用其他皇子施展阴谋操纵皇权留下了空间。第二，秦始皇突然死在外地，身边只有李斯、赵高等少数几个随从大臣，这就使废立大权实际上操纵在了几位随行者的手中。皇帝的遗诏、印玺落在赵高的手中，皇位能否平稳过渡很大程度上就取决于赵高等人是否忠诚。第三，幼子胡亥随行在秦始皇的身旁，这为赵高、李斯乘间利用与操纵提供了机会。第四，中车府令赵高是一个颇有政治野心和颇会政治弄权的人物，始皇帝猝死，机会千载难逢，他岂能白白地错过这次博弈皇权的机会。李斯与赵高联手发动沙丘政变，然后架空皇权、诛杀功臣皇族，从而严重动摇了国本。第五，陈胜、吴广起义最终点燃了灭亡秦帝国的导火线。

一、沙丘政变

公元前 210 年，即秦始皇三十七年，七月丙寅，秦始皇在沙丘病亡，终年五十岁。秦始皇在巡游途中意外地死去，大秦帝国的最高权力一时出现了真空地带。

据司马迁记载：

> 其年七月，始皇帝至沙丘，病甚，令赵高为书赐公子扶苏曰："以兵属蒙恬，与丧会咸阳而葬。"书已封，未授使者，始皇崩。书及玺皆在赵高所，独子胡亥、丞相李斯、赵高及幸宦者五六人知始皇崩，余群臣皆莫知也。李斯以为上在外崩，无真太子，故秘之。置始皇居辒辌车中，百官奏事上食如故，宦者辄从辒辌车中可诸奏事。①

秦始皇猝死，丞相李斯因为秦始皇未立太子，恐怕国无君主，贸然宣布皇帝死讯会引起天下大乱。于是，他决定秘不发丧，将尸体放在可以调节温度的辒辌车中。为了蒙蔽下属，每日照常令人服侍，送菜送饭；百官奏事也同往常一样，在辒辌车中进行，以掩人耳目。只有李斯、赵高、胡亥以及五六个宦阉知道始皇帝的死讯。当时，正值盛夏，天气炎热，秦始皇尸体虽然置于辒辌车中，但已腐烂，散发难闻臭气。自古以来视鲍鱼为海味珍品，可气味臭不可闻，古人言："如入鲍鱼之肆，久而不闻其臭。"诡计多端的赵高为了掩人耳目，假传诏令，让车载一石鲍鱼随辒辌车后，以鲍鱼之臭来掩盖秦始皇的尸臭。当时，消息封锁得十分严密，再加上秦始皇为人性格暴戾残忍，随行官员也无人敢去怀疑其他。

秦始皇死后，赵高便和胡亥商议，并拉拢李斯，密谋立胡亥为皇帝。

秦始皇临死前，曾令赵高作书通知远在上郡监军的长子扶苏至咸阳会丧并嗣位，赵高匿书不发。

---

① 《史记·李斯列传》。

赵高牢牢抓住皇帝继承权这个关键性问题，利用他保管玺印及秦始皇遗诏这个重要权力，上下其手，东奔西走，密谋筹划夺嫡政变的事宜。

秦帝国十二年来就像一辆构造精密的巨型马车，在秦始皇的一手驾驭下高速奔走。始皇帝的突然去世，使这辆马车顿然失去了驾驭者，留下了巨大的政治权力的空白。冥冥苍天之下，灾难开始浸润。最忐忑不安的还是距离秦始皇最近的中书令赵高。赵高是一个胆大心细、做事果决的人物。秦始皇的猝死，让他感到了一种机遇的诱惑和渴望行动的兴奋。眼前的政治情形，令他忧心忡忡，又让他兴奋不已。经过仔细而迅速的计虑之后，他果断将遗诏截留下来，决定导演一场宫廷政变，遏制扶苏，推举胡亥。同时，他开始游说决定这场博弈能否成功的关键人物胡亥和李斯。

赵高是胡亥老师，多年来一直教胡亥书法和法律，颇得胡亥亲近与信任，公子扶苏则信任蒙恬，而蒙恬之弟蒙毅也曾受秦始皇信任。赵高有一次犯法蒙毅曾判处其死刑，只因秦始皇爱其才而将其赦免，才免于一死。出于这样的考虑，赵高盘算：如果胡亥继位，那么大权就会落到自己的手中；如果扶苏继位，那么自己势必大权旁落，前途也不乐观。于是，这个胆大妄为的阴谋家企图趁机篡改秦始皇的遗诏，立胡亥为二世皇帝。根据自己与胡亥多年的交往，赵高自信，他能够说服胡亥。下面就以《史记·李斯列传》为史料进一步加以分析说明：

赵高私下谒见胡亥说：

> 上崩，无诏封王诸子而独赐长子书。长子至，即立为皇帝，而子无尺寸之地，为之奈何？

赵高这番话带有刺探和挑唆的口气：主上驾崩，不闻分封诸子，独赐长子扶苏书，扶苏一到，嗣立为帝，如今公子无尺寸之土的封赏，难道一点也不着急吗？

胡亥的回答干脆利落：

> 固也。吾闻之，明君知臣，明父知子。父捐命，不封诸子，何可言者！

胡亥认为知臣莫若君，知子莫若父，既然父皇无遗命分封诸子，为子自应遵守，没有多话的余地。

由此看来，此时胡亥的想法还比较简单，并没有争做皇帝的欲望。赵高听了胡亥的想法，显然十分着急。如果胡亥不同意当皇帝，他的一切计划就会泡汤。他劝说胡亥：

> 不然。方今天下之权，存亡在子与高及丞相耳，愿子图之。且夫臣人与见臣于人，制人与见制于人，岂可同日道哉！

赵高认为，胡亥的想法不对，如今天下大权的取舍定夺，全在胡亥、赵高和丞相李斯三人手中。要知道，控制别人和被人控制，这是大不一样的，此时的机会不能错过，愿公子快快计虑图取。

胡亥本来是个贪图享受、胆子不大、毫无经验的青年公子，一听到要他自立帝位，就显得有些紧张地说：

> 废兄而立弟，是不义也；不奉父诏而畏死，是不孝也；能薄而材谫，强因人之功，是不能也。三者逆德，天下不服，身殆倾危，社稷不血食。

从这个回答来看，当时胡亥还没有篡位的野心。他认为废兄长而立幼弟，这是不义；不奉父皇的诏令而畏死，这是不孝；才能浅薄，勉强依靠别人的帮助而成事，这是无能。行不义、不孝、不能的事情，天下不会服从，自身会遭到危险，国家社稷也会灭亡。应该说，此时的胡亥，头脑还是清醒的。一个能说出"明君知臣，明父知子""废兄而立弟，是不义也；不奉父诏而畏死，是不孝也；能薄而材谫，强因人之功，是不能也。三者逆德，天下不服，身殆倾危，社稷不血食"的人，怎么能说他糊涂呢？其实，胡亥分析得十分在理，他也正确认识到自己的能力不足以担当大秦帝国皇位的重任，弄不好的话，不仅会让自己身处危险之地，甚至会给帝国政权带来灭顶之灾。

但是，赵高到底是胡亥的老师，深知他的性格脾气和秉性。为了说服胡亥，赵高列举了先王的作为说：

> 臣闻汤、武杀其主，天下称义焉，不为不忠。卫君杀其父，而卫国载其德。孔子著之，不为不孝。夫大行不小谨，盛德不辞让，乡曲各有宜，百官不同功。故顾小而忘大，后必有害；狐疑犹豫，后必有悔。断而敢行，鬼神避之，后有成功，愿子遂之！

赵高认为汤武杀主，天下称义，不谓不忠，卫君杀其父，国人皆服，孔子著明，不谓不孝。做大事的人不可拘泥细端，隆盛的德行不必计较琐屑的礼节，事贵达权，怎可墨守，考虑小事而忘记大事，后必有害；顾虑重重，犹豫不决，后必生悔。决断敢行，鬼神尚且退避，放胆去做，行事定然成功，愿公子顺时而动。

实际上，胡亥也是一个有血有肉的人，他亲眼看到父亲因为拥有皇权而为所欲为，活得畅快淋漓，也不是完全不想当皇帝，只是怕不合"圣人之道"。一方面，他面对的是巨大的权力与利益的诱惑；另一方面，他又抵抗不住赵高对他人身安全的威胁，终于，他接受了赵高的叛父、杀兄、篡诏、夺位的一整套计划，并与赵高、李斯一起将理智湮灭，将凶性发挥，终于发动了大秦帝国历史上的夺嫡之变，扶苏被逼自杀，胡亥继承大位。

在赵高的威胁利诱劝说下，沉默半晌，胡亥叹息说：

> 今大行未发，丧礼未终，岂宜以此事干丞相哉。

他认为逝世的皇帝还没发丧，丧礼还未结束，让赵高去听听李斯的意见。

赵高见胡亥动摇，知道事情已经成功了一半。在这场皇权的博弈场上，胡亥是一枚关键的棋子，说动了胡亥，有了王者的棋局就可以启动。而这场博弈能否成功，丞相李斯的参与与否又是一个关键性问题。到了这个时候，赵高益发感觉到时间的急迫和事情的紧急。他忍不住出声喊道：

时乎时乎，间不及谋！赢粮跃马，唯恐后时！

赵高认为，时间必须抢在前面，机会稍纵即逝。"不与丞相谋，恐事不能成，臣请为子与丞相谋之。"说着便去找丞相李斯商计。

可以说，在诱惑胡亥篡权过程中，赵高充当了导演的角色，他宛如一头刚出笼的猛兽，双眼看到了眼前巨大的猎物。

丞相李斯，是大秦帝国老资格的政治家，在当时秦帝国的政治中，是仅次于秦始皇的权势人物。他的态度，直接决定着这场皇权博弈双方的胜败。如果不出意外，李斯的一票，投向扶苏则扶苏胜，投向胡亥则胡亥胜。

不过，对于说服李斯，赵高有着相当的自信。李斯的弱点，赵高早已研究得清清楚楚。赵高深信，利益所在，就是人的选择所在。自己如此，李斯也是如此。他根据自己近二十年来与李斯的交往，认为李斯识见有余而胆气不足，私人欲望重于国家利益。打出皇子胡亥这张牌，出示的是未来皇帝的威慑力量，不怕李斯不就牢笼。

赵高找到李斯，开门见山地说：

上崩，赐长子书，与丧会咸阳而立为嗣。书未行，今上崩，未有知者也。所赐长子书及符玺皆在胡亥所，定太子在君侯与高之口耳。事将何如？

赵高先讲明始皇帝逝世，留下一封诏书给长子扶苏，让他到咸阳参加葬礼，立他为继位的皇帝。现在诏书没发出，始皇帝就逝世了，因此诏书的内容还没有人知道。接着，他富有深意地说，给扶苏的诏书和符节印玺都在胡亥那儿，定谁为太子，就在丞相和赵高的一句话了。如何行事，望丞相计量！

赵高的言辞尽管是试探口气，可倾向是非常明确的。李斯听后勃然变色，他斥责赵高道：

安得亡国之言！此非人臣所当议也！

李斯认为，赵高的这番话纯粹是亡国之言，不是为臣者所应当谈论的。

赵高胸有成竹。他平静地对李斯说：

> 君侯自料能孰与蒙恬？功高孰与蒙恬？谋远不失孰与蒙恬？无怨于天下孰与蒙恬？长子旧而信之孰与蒙恬？

赵高针对李斯的软肋，一针见血地连续提了五个问题：在下鲁钝，惊动丞相。权且换个话题：丞相您想想，您自己才能可以与蒙恬比较吗？功高劳苦可及蒙恬吗？谋略可及蒙恬吗？人心无怨，可及蒙恬吗？与皇长子扶苏的关系远近，可及蒙恬吗？

这完全是挑拨李斯同蒙恬的关系，想把李斯推到公子扶苏与蒙恬的对立面去。

李斯听后有些迟疑，思量后答道：

> 此五者皆不及蒙恬，而君责之何深也。

李斯说自己在这五个方面确实都比不上蒙恬，不过，此时此刻，赵高你用政事的欠缺来指责老夫，不也过于唐突了吗？

赵高是个善于察言观色的人，他早已摸透了李斯的为人。于是顺势说道：

> 高固内官之厮役也，幸得以刀笔之文进入秦宫，管事二十余年，未尝见秦免罢丞相功臣有封及二世者也，卒皆以诛亡。皇帝二十余子，皆君之所知。长子刚毅而武勇，信人而奋士，即位必用蒙恬为丞相，君侯终不怀通侯之印归于乡里，明矣。高受诏教习胡亥，使学以法事数年矣，未尝见过失。慈仁笃厚。轻财重士，辩于心而讷于口，尽礼敬士，秦之诸子未有及此者，可以为嗣。君计而定之。

赵高以自己的历史现身说法，认为自己入事秦宫二十余年，未尝见秦封赏功臣延及第二代的，且将相后嗣，往往都被问罪诛亡。长子扶苏刚毅武勇，若得嗣位，必用蒙恬为丞相，到那时，你李斯难道还能够保全印绶，荣归乡里吗？再说我赵高尝受诏教习胡亥法律政事，数年来，未尝见胡亥有何过失。胡亥慈仁笃厚，轻财重人，明辨于心而木讷于口，诸公子中，无一能及，可以立为继嗣。赵高希望李斯赶快拿定主意，立胡亥为皇帝。

李斯一时主意不定，不愿深谈，起身相送说：

> 君其反位！斯奉主之诏，听天之命，何虑之可定也？

李斯告诉赵高：仰受主诏，上听天命，这便是他的主意，个人得失利害就用不着考虑了。

见李斯的态度坚决，赵高也变得强硬起来。他看透了李斯的软骨头。

他回复李斯说：

> 安可危也，危可安也。安危不定，何以贵圣？

也就是说，你自以为现在的处境很安定，但说不定会很危险呢！如果参加篡权行动，也许你以为很危险，但说不定会平安无事。一个人要是不能掌握自己的命运，怎能算是出类拔萃的聪明人呢？

李斯的致命弱点就是自私与软弱。经赵高这么一威胁，李斯就害怕起来，他连忙解释说：

> 斯，上蔡闾巷布衣也，上幸擢为丞相，封为通侯，子孙皆至尊位重禄者，故将以存亡安危属臣也。岂可负哉！夫忠臣不避死而庶几，孝子不勤劳而见危，人臣各守其职而已矣。君其勿复言，将令斯得罪。

李斯认为自己本是上蔡布衣平民，蒙皇帝提拔，才当上了丞相，并封为通侯，子孙都得重禄，这乃皇上特别优待，斯以安危存亡为己任。

李斯在赵高面前色厉内荏地表示：忠臣不避死，孝子不惮劳，我李斯但求自尽职守罢了。赵君勿再多说，以免老臣犯罪了。

赵高见李斯心口不一，并不紧张。他又进一步引导谈话的方向。

赵高说：

> 盖闻圣人迁徙无常，就变而从时，见末而知本，观指而睹归。物固有之，安得常法哉！方今天下之权命悬于胡亥，高能得志焉。且夫从外制中谓之惑，从下制上谓之贼。故秋霜降者草花落，水摇动者万物作，此必然之效也。君何见之晚？

赵高说，圣人处事是随机应变的，无非是就变从时，看到事物发展的苗头，就能知道它原本的方向；看到事物发展的动向，就能知道它最后的结果。事物发展有其自身的规律，又怎能墨守成规呢？如今天下权柄掌握在胡亥手中，我赵高已从胡亥意旨。惟与丞相相好多年，不敢不真情相告。从外制中谓之惑，从下制上谓之贼，秋霜降，草花落，水摇动，万物作，势有必至，理有固然，客观的形势，是足以决定人的行为和取舍的呀！丞相怎么到现在还不理解这其中的道理呢？

李斯欠身坐下，回答说：

> 吾闻晋易太子，三世不安；齐桓兄弟争位，身死为戮；纣杀亲戚，不听谏者，国为丘墟，遂危社稷。三者逆天，宗庙不血食。斯其犹人哉，安足为谋！

李斯没有严责赵高的篡权之罪，反将迂词相答，赵高已听出李斯内心的矛盾与动摇，于是抓住李斯的弱点，用高官厚禄这个杀手锏来进一步引诱威逼李斯。

赵高说：

> 上下合同，可以长久；中外若一，事无表里。君听臣之计，即长有封侯，世世称孤，必有乔松之寿，孔、墨之智。今释此而不从，祸及子孙，足以为寒心。善者因祸为福，君何处焉？

这是赵高对李斯最后一番利诱：上下合同，可以长久，中外若一，事无表里。丞相诚听高计，就可长为通侯，世世称孤，寿若乔松，智如孔墨，倘决意不从，必然祸及子孙，令人寒心！希望君侯尽快抉择，转祸为福。

李斯细细一想，这事关系甚大。胡亥与赵高早已串通一气，非独力所能制，况且赵高掌握着皇帝的卫队，我若不从，必有大祸临头，从了他们的计谋，又觉违心，一时无法摆布，内心充满着痛苦，禁不住仰天长叹，垂泪自语说：

嗟乎！独遭乱世，既以不能死。安托命哉！

李斯惶恐，李斯矛盾，他无法说服自己，也不敢拒绝赵高。在恪守臣节和保身固宠之间，在安定国本与攫取利益之间，李斯左右摇摆，软弱、自私的本性终于占了上风，最终，在赵高的利诱与威逼下，李斯终于屈从了赵高。

司马迁说：

于是斯乃听高。

李斯的妥协，为赵高篡权打开了方便之门。赵高见李斯已有允意，欣然辞出，速报胡亥说：

臣请奉太子之明命以报丞相，丞相斯敢不奉令！

胡亥闻知李斯也肯依议，便与赵高密谋，假传始皇诏旨，立胡亥为太子。胡亥、赵高、李斯联手，开始夺权的实际行动。而这场博弈的关键，在于消灭最大的竞争对手长子扶苏。扶苏背后有蒙氏兄弟的奥援和三十万大军的支持。李斯是老练的政治家，赵高是玩政治的高手，他们认为，只能智取，不可力夺。于是，这三驾马车在秦始皇的尸体旁边，迅速销毁秦始皇发给扶苏的书信，另外制定遗诏，把秦始皇给长子扶苏的诏书篡改为：

朕巡天下，祷祠名山诸神以延寿命。今扶苏与将军蒙恬将师数十万以屯边，十有余年矣，不能进而前，士卒多耗，无尺寸之功，乃反数上书直言诽谤我所为，以不得罢归为太子，日夜怨望。扶苏为人子不孝，其赐剑以自裁！将军恬与扶苏居外，不匡正，宜知其谋。为人臣不忠，其赐死，以兵属裨将王离。

李斯将书缮就，盖上御玺，托为秦始皇诏命，令胡亥的亲信送往扶苏、蒙恬率军驻扎的营地——上郡。

使者抵达上郡，扶苏收到诏书，泣入内舍，立刻就要自杀，蒙恬连忙阻拦说：

> 陛下居外，未立太子。使臣将三十万众守边，公子为监，此天下重任也。今一使者来，即自杀，安知其非诈？请复请，复请而后死，未暮也。

蒙恬毕竟老成练达，他劝扶苏调查一下原委再说。胡亥派来的使者连番催促，速令自尽，扶苏为人仁义且性格刚烈，并不听从蒙恬的劝告，说道：

> 父而赐子死，尚安复请！

意思是说，父亲要我死，还有什么讨价还价的呢？说罢便取御剑自刎而死。

使者又催促蒙恬自杀，蒙恬不肯死，被使者逮走，囚禁起来。

使者将扶苏自杀、蒙恬就拘的消息尽快还报，胡亥、赵高、李斯大喜。他们回到咸阳，立刻替秦始皇发丧，拥立太子胡亥继位，是为二世皇帝。

胡亥荣登大宝，文武百官深信为始皇帝遗命，自然没有异议，相率朝贺。秦二世任命赵高为郎中令，经常在宫中侍奉左右，替他管理国家大事。这场皇权博弈最终以胡亥一方取胜而告终。

纵观中国历史，王位之争的政治现象比比皆是。具体到秦帝国而言，长子扶苏本是秦始皇的合法继承人，如果他不是那么刚烈、急着自杀，而是能够冷静地思考一下，用蒙恬三十万军队"清君侧"，大秦帝国的命运很可能因此而完全改观，胡亥、赵高、李斯的阴谋也将无法得逞。扶苏一死，蒙恬失去依托，军人集团彻底瓦解，整个局面彻底改观。本来在争夺皇权上各占一半胜负的扶苏、胡亥双方，因为扶苏的自动出局而使得局势暂时稳定下来。从政治博弈这个意义上讲，不管怎么说，扶苏都将被打入"不是能够在政治上周旋驰骋的人物"之列，秦帝国的夭亡，他也应该承担一份责任。

二、权臣祸国

公元前 210 年，十月戊寅，大秦帝国敲响了新主人登基坐殿的庄严的钟声。胡亥登基，成为大秦帝国历史上的二世皇帝。

胡亥是在赵高的诱惑、怂恿和操纵下，登上大秦帝国最高权力宝座的。自执政之日起，他就是一个傀儡皇帝，朝中事无巨细全部由赵高、李斯代办。胡亥个人只能以恣意享乐来消解内心深处的郁闷。

秦二世一即位，很快就任命赵高为郎中令。不久，又升他为中丞相。对于赵高，胡亥言听计从。这表明大秦帝国的实际皇权已经为赵高、李斯为首的权臣所操纵。

历史经验表明，君主专赖一二人辅政是很危险的。这是因为，权力很容易让人滋生腐败，权力的诱惑往往会让正常人变态。权力的异化，往往会让君主面临危险，让国家出现内乱等灾难。

当初，赵高在沙丘所以要趁秦始皇猝死之机发动政变，其目的不过是想保住自己多年来努力得来的荣华与富贵。在他看来，如果让长公子扶苏继承了大统，他就一定会被权力边缘化。不仅如此，扶苏的即位，也标志着他的宿敌蒙恬、蒙毅的得势，这是赵高最不愿意看到的事情。为了战败政敌，保住自己来之不易的权力与富贵，他也必须让扶苏失败，让他的学生胡亥登上大宝。赵高当初发动政变的目的也就是这样简单。然而，得陇望蜀是人的本性。对于只知道追逐权势和利益而无远大政治目标的赵高而言，这只是他在帝国权力角斗场上迈出的第一步。他的权力欲望是没有止境的。在赵高的一手导演下，大秦帝国国本迅速动摇，无法避免地走向了灭亡。

沙丘政变，胡亥是用不正当手段夺得皇位的。当初始皇帝生死不明，皇族集团在猝不及防下同意了赵高、李斯的政变计划。胡亥即位以后，对于皇族集团，赵高、李斯一直如芒刺在背。与一切用不正当手段夺取皇位的君主一样，上台以后，秦二世必然要极力证明自己权力的合法性和自己无可挑战的权威。只有这样，才能填补他心中的空虚，安抚他心中的烦躁与不安。新朝伊始，赵高与李斯一起，便以极不自信的心态，决定利用皇权的威力除掉全部政敌。

赵高告诉秦二世："夫沙丘之谋，诸公子及大臣皆疑焉，而诸公子尽帝兄，大臣又先帝之所置也。今陛下初立，此其属意怏怏皆不服，恐为变。"赵高教唆秦二世：一朝天子一代臣，只有将不放心的人诛杀干净，才能保证自己在皇位上永远坐稳。他给二世提出的办法是："严法而刻刑，令有罪者相坐诛，至收族，灭大臣而远骨肉，贫者富之，贱者贵之。盖除去先帝之故臣，更置陛下之所亲信者近之。此则阴德归陛下，害除而奸谋塞，群臣莫不被润泽，蒙厚德，陛下则高枕肆志宠乐矣。"[①]赵高的建议，一是先翦除先帝旧臣，越级提拔新人，以制造感恩的新贵来取代居功的旧臣；二是疏远宗室，根除觊觎皇位的人物；三是制造冤狱，使人人自危，上上下下陷入表忠自救的恐惧氛围之中而无暇他顾。于是，一场动摇大秦帝国国本的劫运开始了。

首先，大规模地剪除朝中的异己力量。

一开始，秦二世还不想翦除蒙恬、蒙毅兄弟，但在赵高的坚持下，秦二世最后还是翦除了蒙恬、蒙毅集团。司马迁说：

> 始皇欲游天下，道九原，直抵甘泉，乃使蒙恬通道，自九原抵甘泉，堑山堙谷，千八百里。道未就。
>
> 始皇三十七年冬，行出游会稽，并海上，北走琅邪。道病，使蒙毅还祷山川，未反。
>
> 始皇至沙丘崩，秘之，群臣莫知。是时丞相李斯、公子胡亥、中车府令赵高常从。高雅得幸于胡亥，欲立之，又怨蒙毅法治之而不为己也，因有贼心，乃与丞相李斯、公子胡亥阴谋，立胡亥为太子。太子已立，遣使者以罪赐公子扶苏、蒙恬死。扶苏已死，蒙恬疑而复请之。使者以蒙恬属吏，更置。胡亥以

---

① 《史记·李斯列传》。

李斯舍人为护军。使者还报，胡亥已闻扶苏死，即欲释蒙恬。赵高恐蒙氏复贵而用事，怨之。

毅还至，赵高因为胡亥忠计，欲以灭蒙氏，乃言曰："臣闻先帝欲举贤立太子久矣，而毅谏曰'不可'。若知贤而俞弗立，则是不忠而惑主也。以臣愚意，不若诛之。"胡亥听而系蒙毅于代。前已囚蒙恬于阳周。丧至咸阳，已葬，太子立为二世皇帝，而赵高亲近，日夜毁恶蒙氏，求其罪过，举劾之。

子婴进谏曰："臣闻故赵王迁杀其良臣李牧而用颜聚，燕王喜阴用荆轲之谋而倍秦之约，齐王建杀其故世忠臣而用后胜之议。此三君者，皆各以变古者失其国而殃及其身。今蒙氏，秦之大臣谋士也，而主欲一旦弃去之，臣窃以为不可。臣闻轻虑者不可以治国，独智者不可以存君。诛杀忠臣而立无节行之人，是内使群臣不相信而外使斗士之意离也，臣窃以为不可。"

胡亥不听。①

秦二世派遣御史曲宫为使者，乘专车抵达代郡，向蒙毅宣诏："先帝要册立太子而你却加以阻挠，如今丞相认为你不忠诚，罪过牵连到你们家族，朕不忍心，就赐予你自杀吧，恩遇有幸。你自己考虑吧！"蒙毅自感冤屈，不肯自杀。他回答使者说："要是认为我不能博得先帝的心意，那么，我年轻时作官为宦，就能顺意得宠，直到先帝仙逝，可以说是能顺应先帝的心意了。要是认为我不了解太子的才能，那么唯有太子能陪侍先帝，周游天下，和其他的公子比起来，相差太远了，我还有什么怀疑的。先帝举用太子，是多年的深思积虑，我还有什么话敢进谏、还有什么计策敢谋划呢！不是我找借口来逃避死罪，只怕牵连羞辱了先帝的名誉，恳请使者大夫为此认真考虑，让我死于应有的罪名。况且，顺理成全，是道义所崇尚的；严刑杀戮，是道义所不容的。从前秦穆公杀子车氏三良为他殉葬，判处百里奚以不应得

① 《史记·蒙恬列传》。

的罪名，因此，他死后被评定为'缪'的称号。昭襄王杀死武安君白起，楚平王杀死伍奢。吴王夫差杀了伍子胥。这四位国君，都犯了重大的过失，而遭到普天下人对他们的非议，认为他们的国君不贤明。因此，在各诸侯国中声名狼藉。所以说：'用道义治理国家的人，不杀害没罪的臣民，而刑罚不施于无辜的人身上。'希望使者大夫认真地考虑。"使者知道胡亥、赵高的意图，并不听从蒙毅的申诉，于是诛杀蒙毅，回去复命。

二世又派遣使者前往阳周，宣诏赐蒙恬自杀："你的弟弟蒙毅犯有重罪，已经诛杀，依法牵连到你，你也要伏法。"蒙恬说："从我的祖先到后代子孙，为秦国累积大功，建立威信，已经三代了。如今我带兵三十多万，即使我被囚禁，但是，我的势力足够叛乱。然而，我知道必死无疑却坚守节义，是不敢辱没祖宗的教诲，不敢忘掉先帝的恩宠。从前周成王刚刚即位，还不能完全脱离小儿的背带和布兜，周公姬旦背负着成王接受群臣的朝见，终于平定了天下。到成王病情严重得很危险的时候，公旦剪下自己的指甲沉入黄河，祈祷说：'国君年幼无知，都是我当权执政，若有罪过祸患，应该由我承受惩罚。'就把这些祷词书写下来，收藏在档案馆里，这可以说是非常诚信了。到了成王能亲自治理国家时，有奸臣造谣说：'周公旦想要作乱已经很久了，大王若不戒备，一定要发生大的变故。'成王听了，就大发雷霆，周公旦逃奔到楚国。成王到档案馆审阅档案，发现周公旦的祷告书，就流着眼泪说：'谁说周公旦想要作乱呢！'杀了造谣生事的那个大臣，请周公旦回归。所以《周书》上说：'一定要参差交互地多方询问，反复审察。'如今我蒙氏宗族，世世代代没有二心，而事情最终落到这样的结局，这一定是谋乱之臣叛逆作乱、欺君罔上的缘故。周成王犯有过失而能改过振作，终于使周朝兴旺昌盛；夏桀杀死关逢，商纣杀死王子比干而不后悔，最终落个身死国亡。所以我说犯有过失可以改正振作，听人规劝可以察觉警醒，参差交错地审察，是圣明国君治国的原则。大凡我说的这些话，不是用以逃避罪责，而是要用忠心规劝，希望陛下替黎民百姓深思熟虑地找到应遵循的正确道路。"使者说："我接受诏令对将军施以刑法，不敢把将军的话转达皇上。"蒙恬沉重地叹息说："我到底犯了什么罪，竟然没有过错就被处死呢？"很久，他才慢慢地说："我的罪过本来该当死罪啊。起自临洮接连到辽东，筑长城、挖壕沟一万余里，这中间能没有截断大地脉络的地方吗？这就是我的罪过了。"于是吞下毒药自杀了。

秦帝国是个重功劳业绩的国家，将帅记功升迁，官吏积劳累进，法治之下，吏治赏罚分明，一切井然有序。秦始皇统一天下以来，从未诛戮功臣，政权稳定。二世听信赵高的阴计，开无过诛杀功臣的先例。在帝国政府中，不安的情绪开始滋生。

其次，屠戮胡亥的兄弟姐妹，彻底翦除皇族集团。

诛杀蒙氏兄弟，动力在于赵高与李斯。他们为了自己的利益，内廷外朝同心协力，施压说服二世皇帝，铲除了自己的政敌。待政敌除尽，他们又揣摩着二世皇帝的意图，将屠刀伸向了秦始皇的其余儿女们。

赵高网络罪名，将秦公子十二人戮死于咸阳，公主十人杀死于杜县，财产一律没收，亲近多被株连。

公子将闾兄弟三人被软禁于宫内，最终被定以"不臣"之罪判处死刑。公子将闾最是谨慎重礼的人，他实在是冤屈不服，对传达判决的使者申辩道："朝廷的礼节，我从来不敢不服从；朝廷上的序位，我从来不敢不遵守；接受上命而有应对回答，我也从来不曾有过失辞欠礼，何以叫作不臣？只求明了自己的罪名而死。"使者只是说自己是奉诏书行事，催促将闾服罪。专制独裁政权下，君要臣死，臣不得不死。一人之下，所有的人都没有生存的制度性保障，至于罪名的罗织，从腹谤心诽到莫须有，不过是欲加之罪何患无辞而已。可怜将闾兄弟三人呼天不应，含冤引剑自杀。

在杀戮的恐惧之中，公子高曾经打算逃亡，又担心株连他的家族，走投无路之下，上书二世请求让自己为始皇帝殉葬。二世准其奏，赐钱十万筑墓陪葬于始皇帝陵，于是没有株连公子高的家族。据史书所载：

> 公子高欲奔，恐收族，乃上书曰："先帝无恙时，臣入则赐食，出则乘舆。御府之衣，臣得赐之；中厩之宝马，臣得赐之。臣当从死而不能，为人子不孝，为人臣不忠。不忠者无名以立于世，臣请从死，愿葬骊山之足。唯上幸哀怜

之。"书上，胡亥大说，召赵高而示之，曰："此可谓急乎？"赵高曰："人臣当忧死而不暇，何变之得谋！"胡亥可其书，赐钱十万以葬。[1]

在赵高、秦二世的屠刀下，皇子王孙日暮途穷而哀鸣，读史至此令人震撼。

据考古学家考证：在秦始皇陵墓附近，尚有许多殉葬的坟墓。其中：

第七号墓，墓主为男性，年龄在三十岁左右，头、身、四肢分离。

第十号墓，墓主为男性，年龄在三十岁左右，头、身、手、足骨分离，倒置于椁室头厢内。

第十一号墓，墓主为女性，年龄在三十岁左右，骨骼完整，仰身直肢，上下颌骨左右错动。

第十二号墓，墓主为男性，年龄在三十岁左右，头骨置于椁室头厢盖上，肋骨及其他骨骼置于头厢内。

第十五号墓，墓主为男性，年龄在三十岁左右，头、身、四肢分离，置于椁室头厢盖上，头骨在椁室外乱土中，头的右颞骨上插有铜镞一支。

第十六号墓，墓主为男性，年龄在三十岁左右，上半身尸骨在椁室内，头骨在椁室头厢的盖上，下肢骨在填土中。

第十七号墓，墓主为女性，年龄在二十岁左右，头、身、下肢分离，左脚与胫骨分离，两臂伸张作趴伏状。

第十八号墓，有铜剑一把，未见人骨。

八座墓中，出土七具尸骨，五男二女中，六人身首四肢分离，显然是被酷刑肢解而死，一人尸骨完整但上下颌骨错位，显然是被绳索缢死，不由得使人想起诸位秦公子和公主被二世戮死的那段悲惨往事。秦二世、赵高之残暴，由这七具尸骨的惨状可以得到验证。

秦始皇的三十多个儿女，除了公子扶苏先被逼已经自杀外，其他数十名公子、

① 《史记·李斯列传》。

公主就这样被杀净尽。

读到这段历史，不仅令人感到人性另一面的凶残。天地人世间，对于人的精神需求来说，最紧密的莫过于亲情。人世间的统治，发展到要靠骨肉相残来维系的地步，这是何等的悲哀。亲情的沦丧，对个人而言，是人性的丧失；对家族而言，是传承的断绝；对团体而言，是内部的崩溃；对国家而言，是失序的毁灭。亲情尚且不能容忍，还能包容他人乎？亲情沦丧的统治，能不速亡乎？亲情沦丧的统治，宗庙祭祀能不断绝乎？亲情沦丧的统治，子孙后代能不绝灭乎？

再次，翦除李斯为首的官僚集团。

随着皇族集团、军人集团被大清洗，李斯为首的官僚集团与赵高为首的内廷集团的矛盾日益尖锐起来。秦二世三年，赵高又罗织罪名，将左丞相李斯、右丞相冯去疾、将军冯劫等最后一批元老重臣下狱处死。至此，原来与赵高结盟的外朝官僚集团也被屠杀殆尽，秦始皇时期作为帝国统治支柱的力量全部遭到翦除，秦帝国的皇权出现了本质性的异化。

经过赵高的狂杀乱砍，秦始皇时期赖以维系帝国政治统治的骨干力量全部被清除出政权机构，失去了强有力支撑的帝国政权开始轰然倒塌。

秦二世即位以来，恐怖和迫害像瘟疫一样扩散开来，群臣人人自危，百姓们也惊恐不安。短短不到一年的时间，山雨欲来的气氛，已经弥漫整个秦帝国。用星象家的话来说，大厦将倾，前兆显明。

赵高专政、皇权异化的结果，便是赵高不再满足于他的中丞相之位，他的政治野心更加膨胀。下一步，到了他不再需要秦二世这块招牌的时候，便是他们师徒二人彻底分道扬镳、你死我活之时。

赵高架空秦二世的手法，说来也十分的简单，只有两条：

一是针对胡亥独行恣睢的特点，劝说他禁绝一切规劝，讳过拒谏，将他与众大臣对立起来。赵高教导秦二世："明君独断，故权不在臣。"只有不准"俭节仁义之人立于朝"，"谏说论理之臣间于侧"，"烈士死节之行显于世"，皇上才能"荦然独行恣睢之心而莫之敢逆"。秦二世接受了赵高的建言，从此拒绝大臣的一切忠告，甚至臣下报告国家的真实情况也会招致杀身之祸。

二是针对胡亥没有从政经验、极不自信的特点，赵高劝胡亥"深拱禁中"，"但以闻声，群臣莫得见其面"。赵高的理由是：皇帝年纪轻轻，"未必尽通诸事"，如果和大臣一起议论朝政，就难免会讲出一些不正确的话，作出一些不合理的决策，这样，就会遭到群臣的轻慢，皇上就会无法"示神明于天下"。赵高建议秦二世自闭深宫，把各种政务交给他去直接与朝臣们商议办理，"如此则大臣不敢奏疑事，天下称圣主矣"。不谙政事机关的二世竟然听信赵高的这一套，从此，"不坐朝廷见大臣，居禁中"。他将一切政务交给赵高办理的结果，必然会导致帝国最高政权中"事皆决于赵高"[①] 的局面。

至此，赵高还不放心，他便又想出了一个"指鹿为马"试探异己的办法。

> 八月己亥，赵高欲为乱，恐群臣不听，乃先设验，持鹿献于二世，曰："马也。"二世笑曰："丞相误邪？谓鹿为马。"问左右，左右或默，或言"马"以阿顺赵高，或言"鹿"者。高因阴中诸言鹿者以法。[②]

通过这种办法，赵高再一次将统治集团中与自己不一致的力量加以清除，接下来，他将屠刀对准秦二世，这个傀儡皇帝，在位三载，死时年仅二十三岁。赵高摘除秦二世这块招牌，他自己也就无处可藏。二世死后，赵高看到的却是"百官莫从"的景象。无可奈何之下，赵高"乃召始皇弟，授之玺"，妄图继续专权。"子婴即位，患之，乃称疾不听事，与宦者韩谈及其子谋杀高。高上谒，请病，因召入，令韩谈刺杀之，夷其三族。"[③]

公元前 206 年 8 月，子婴告庙祭祖，登上了风雨飘摇中的秦国大宝。但是，经过秦二世、赵高、李斯的一系列破坏，大秦帝国已经病入膏肓，到了无可救药的地步了。

---

① 《史记·李斯列传》。
② 《史记·秦始皇本纪》。
③ 《史记·李斯列传》。

三、六国复叛

沙丘政变与权臣祸国，这是大秦帝国盛衰的一个分水岭，也是秦帝国成为歧路羊的一个重要信号。

秦始皇统一六国后，"元元之民冀得安其性命，莫不虚心而仰上，当此之时，守威定功，安危之本在于此矣"①。大家对转变充满了期待，希望这个新生的帝国政权能够转变政策，行仁政，宽徭役，发展生产，与民休息。但是，由于这个新生帝国的统治者缺乏统治经验，秦始皇未能实现这种转变。到秦始皇末年，天下已经出现了"苦秦久矣"的呼声。民众的苦难，往往可以成为新的统治者安定天下民心、建立自己政治权威的最好的政治资本。秦二世即位后，人们把希望的目光又聚集到他的身上，渴望他能够改弦更张，实行仁政。贾谊说：

> 今秦二世立，天下莫不引领而观其政。夫寒者利裋褐而饥者甘糟糠，天下之嗷嗷，新主之资也。此言劳民之易为仁也。向使二世有庸主之行而任忠贤，臣主一心而忧海内之患；缟素而正先帝之过，裂地分民以封功臣之后，建国立君以礼天下；虚囹圄而免刑戮，除去收帑污秽之罪，使各反其乡里；发仓廪，散财币，以振孤独穷困之士；轻赋少事，以佐百姓之急，约法省刑以持其后；使天下之人皆得自新，更节修行，各慎其身；塞万民之望，而以威德与天下，天下集矣。即四海之内，皆欢然各自安乐其处，唯恐有变，虽有狡猾之民，无离上之心，则不轨之臣无以饰其智，而暴乱之奸止矣。二世不行此术，而重之以无道，坏宗庙与民，更始作阿房宫，繁刑严诛，吏治刻深，赏罚不当，赋敛无度，天下多事，吏弗能纪，百姓困穷而主弗收恤。然后奸伪并起，而上下相遁，蒙罪者众，刑戮相望于道，而天下苦之。自君卿以下至于众庶，人怀自危之心，

---

① 贾谊：《过秦论》。

亲处穷苦之实，咸不安其位，故易动也。是以陈涉不用汤武之贤，不藉公侯之尊，奋臂于大泽而天下响应者，其民危也。故先王见始终之变，知存亡之机，是以牧民之道，务在安之而已。天下虽有逆行之臣，必无响应之助矣。故曰"安民可与行义，而危民易与为非"，此之谓也。贵为天子，富有天下，身不免于戮杀者，正倾非也。是二世之过也。①

历史给了秦二世和秦帝国足够的机遇。如果秦二世登基伊始，能够抓住这次机遇，从理论到实践完成政策的转变，秦帝国的历史还有重新书写的机会。可惜，秦二世不具备做皇帝的本领，他即位以后，仍然继承了乃父那一套残酷暴虐的统治政策，甚至变本加厉，比其父的统治更加严厉与残暴。这样，秦帝国政权就丧失了政策转变的最后契机，不可避免地踏上了走向灭亡的道路。

事实上，秦始皇生前，虽然阶级矛盾尖锐，但不可否认，在他的统治时期，天下毕竟没有大乱，社会秩序正常；从统治集团内部来看，政治危机也并未显现。秦始皇并非平庸之辈，统一之业不必去说，就是在他的晚年，他仍然雄风不减。他不辞劳苦，巡游全国；勤于政务、兢兢业业；权术娴熟，精明强干，皇权并未旁落。在治理国家的政策上，他虽然犯有很大的错误，但他尚能让帝国政权保持一定程度的弹性与活力，拥有无与伦比的政治权威，故终秦始皇之世，帝国基本上保持了平静无事。秦帝国所以短命而亡，原因不在秦始皇，而在于他的短寿和继承者非其人。秦帝国夭亡的直接原因，就在于它的接班人出了问题。秦二世时，皇权旁落，赵高、李斯权臣祸国。由于从上到下实行残酷的打击，无情的摧残，无休无止的过分剥夺，使得统治集团内部众叛亲离，人人自危，丧失了最后一点凝聚力，也给了东方六国故地的广大民众重新反叛的时机。秦帝国的统治，失去了最后一点统治基础，结果必然导致"历史性的发动"。秦二世元年七月（公元前209年7月），被征发的闾左

---

① 贾谊：《过秦论》。

戍卒陈胜、吴广在大泽乡擎起反抗秦王朝的旗帜，大秦帝国的丧钟在历史上空终于敲响。

陈胜其人，司马迁在《史记》中曾专门为他立传。他年轻的时候，曾经受雇为人耕田，对于贫穷低贱有切肤的痛感。按常情，他当是无田的雇农，是不在征发之列的无产贫户。陈胜既不能殖产，也不能出仕，在为人耕田休息的时候，常常仰天叹息。他曾经对一起受雇种田的同伴们说，将来如果发达富贵了，不要互相忘记啊。种田人多是安分的人，大家笑话他说，为人耕田取佣，吃饭活命而已，谈什么发达富贵。同是种田人，心志迥然不同。陈胜叹息道："嗟乎，燕雀安知鸿鹄之志哉！"陈胜是不满于现状的人，他的志向，是想要改变现状。吴广，其个性与陈胜不同，但在贫穷和不安分上，他却与陈胜是息息相通的。不安分的人聚到一起，往往容易滋生事端。陈胜、吴广揭竿起义攻占陈县后，建立了与秦王朝对立的张楚政权。以张楚政权建立为标志，陈胜集团与秦帝国统治者之间的斗争发生了质的改变。由于有了王国政权，由屯戍兵引发的兵变就变成了国家政权之间的对抗。在张楚的旗帜下，关东各地人士，或者远道来归，亲赴陈胜麾下，或者就地起兵，呼应张楚。孔子的后人孔鲋，带着孔氏的礼器来归附陈胜，做了张楚的博士官。魏国王室后裔魏咎、楚国的封君蔡赐、魏国的名士张耳和陈余等人士，都纷纷汇集到张楚旗帜之下。

以陈胜为首的张楚政权，其兴也骤，其败也速。三个月之间，由九百疲惫戍卒，发展成近百万人的大军，扫荡了大半个中国，使强大的秦皇朝摇摇欲坠，其发展之速，令人惊异。可是，待章邯率军东出函谷关与起义军对战，不到三个月，陈胜就兵败身死，数以百万计的军队几乎全部溃散，其失败之速同样令人惊异。世界上不存在没有原因的结果。正如张楚军的迅速发展有着历史的必然性一样，其迅速失败同样也不是偶然的。

首先，从根本上说，农民阶级虽然是推动历史前进的中坚力量，但却具有很大的局限性。

一方面，当它勇敢地反抗统治者剥削压迫的时候，能够显示出移山倒海的力量。另一方面，由于小农意识作祟，他们只是在遭受残酷剥削压迫、生活不下去的时候，才会扯旗造反，缺乏改变本阶级现状的理性要求。正由于这种历史的和阶级的局限，他们抵制不了剥削阶级享受思想的影响，最后往往成为剥削阶级政治上和思想上的俘虏。

其次，秦军力量暂时还很强大，军事部署与战略战术应用得体。

起义军最初三个月的发展虽然是顺利的，但却没有大量消灭秦军的主力。这时的秦皇朝由于二世皇帝与权臣赵高的倒行逆施，其实力与扫灭六国时相比，已经大为削弱了。然而，它毕竟是掌握了全国政权的统治者，不仅有着远较陈王政权丰富的统治经验，而且有着比起义军雄厚不知多少倍的物质基础，更有一支历经战斗锻炼、训练有素、装备精良的帝国军团，它的将领又是有着多年战争实践经验、通晓战略战术、能征惯战的骁勇之辈。当帝国统治者清醒过来之后，立即组织了对张楚军的凶猛反扑。章邯统帅的主要由骊山刑徒组成的军队，按理似不应有太强的战斗力，但是，由于它以关中秦军为中坚，有一批具有实战经验的军事骨干，又有章邯、司马欣、董翳这样一些颇具谋略的将领，一经对阵，孰优孰劣就判然分明。而由王离、苏角统帅的自长城线上撤下来的军队，更是秦军的精华，它对张楚军的优势是十分明显的。另外，章邯在与张楚军作战时采取的战略战术也是正确的。它利用张楚军兵分多路的弱点，采取了集中优势兵力各个击破的战术。出师之后，戏下一战，即令周文溃败，然后穷追猛打，连战曹阳、渑池，彻底打垮了这支军队。继而迅速东向，同吴广统帅的另一义军主力展开决战，经敖仓、荥阳两役，又消灭了这支义军主力。在此之前，章邯一直坚持不分散兵力，始终集中一个拳头作战。因此，每次战役都集中了较张楚军绝对优势的兵力，掌握了战场上的主动权。周文、吴广两支义军主力被消灭以后，陈胜能够指挥的可战之兵已经不多了。这时候，章邯才分出一支兵力，远袭东海郡，击败了邓说领导的一支起义军；分出另一支部队，攻下颍川和郏县。自己则统帅主力攻占许地，消灭了伍徐领导的起义军。然后，章邯又马不停蹄，攻陷陈城，拿下了陈胜的大本营。之后，又对败退中的陈胜残部紧追不舍，陷汝阳，克下城父，直到亲眼看到庄贾把陈胜的首级献到他的帐前。

毋庸讳言，章邯这种以消灭张楚军主力为目标，以捣毁张楚政权为目的的战略决策，是十分正确的。他集中优势兵力，连续作战，不予敌人以喘息之机，每战必胜，这种战术也是奏效的。

相反，以陈胜为首的起义军，却在军事指挥上屡屡出现错误。义军初起，应者云集，大量反秦的农民抱着复杂的目的，潮水般地涌入起义队伍。两三个月之内，起义军由九百戍卒发展成为上百万的大军，这固然反映了反秦的大好形势，但也给起义军领袖提出了一系列不易解决的难题。百万大军，需要有一大批精通军事谋略的统帅和将领，而当时起义军中唯一的军事人才是在项燕军中做过军卒的周文，其余包括陈胜、吴广在内，周市、田臧、宋留、伍徐之辈，过去几乎都没有指挥过一兵一卒，更遑论实战经验了。张楚政权建立后，骤然成为数以万计、十万计大军的统帅，他们一时很难胜任。一支能征惯战的军队，不仅要有一批能驾驭战争局势、精通战略战术的统帅，而且必须有严密的组织、严格的训练和严明的纪律，这对每日大量涌入起义军队素质参差不齐的兵员来说，几乎是无法做到的。这样，起义军所拥有的数量上的优势，往往不易发挥，而缺乏训练的军队，也很难适应严酷的战斗环境。同时，军队应该有精良的装备，还应该有源源不绝的后勤供应，而张楚军却只能以夺取敌人的军需和临时的征调维持供应。与秦军相比，张楚军除了在人心向背上占着优势外，其余各方面，秦军几乎全部优于张楚军。这样两支军队在战场上一旦相遇，优劣胜败自然不难判断。

正因为张楚军缺乏高明的统帅之才，战略战术上的错误便一再出现。起义军攻克陈城，建立张楚政权以后，战略上没有确定主攻方向，而是四面出击，平均用力，一时间遍地开花，捷报频传。表面上看起来轰轰烈烈，实际上兵力分散，各部之间又缺乏必要的战略和战术上的协同，已经潜伏下被各个击破的危险。而张楚军的将领们，则被一时的胜利所陶醉，对秦军的反击能力缺乏清醒而正确的估计，当然也就无法做出应急的准备。当章邯指挥秦军在戏下击败周文军的时候，陈胜除了命令武臣救援之外，再也想不出其他应对的策略。周文军溃败后，起义军还有几支部队保存着较大的力量。这时候，如果一方面命令周文残部迅速后退，与秦军脱离接触，避免被全歼的危险；另一方面，适当收缩兵力，合周文、吴广两部为一军后撤至义军较多的东方地区。这样，既可以重新争取到战场上的主动权，又可以诱迫章邯军到对其不利的地区作战，局势或许可能出现转机。但陈胜及其将领，对战争全局缺乏一种高瞻远瞩的战略眼光与变通意识，一直持消极抵抗态度，在阵地战中损兵折将，节节败退，致使局势更加被动与恶化。另外，张楚政权建立以后，秦帝国政府在关东的防御体系几乎全部瓦解，形势要求陈胜把自己的指挥中心迁至交通便利的战略要地。但陈胜却把都城定在地瘠民贫、经济不发达的陈城。这里不仅难以给前线军队筹措足够的粮秣军需，而且远离当时的重要政治经济中心，对远在千里之外的前线军事，无法进行及时而有效的指挥。况且，这里地处平原，无险可守，一旦秦军压境，难以进行持久而有效的抵抗。当洛阳、大梁、南阳等名城打下来之后，陈胜完全应该把自己的都城迁到其中的任何一个地方，利用这里四通八达的道路网，随时调整部署，进退自如，左右逢源。但陈胜计不出此，始终局促于陈这样一座无险可守的小城。后来，当章邯率军兵临城下时，陈胜不是迅速向秦嘉、项羽、刘邦等控制的地区靠拢，而是向义军力量薄弱的东南方向逃跑。本来可以避免败亡的最后一线生机，就在陈胜的手中悄悄溜走了。如此，命运之神就拿走了对张楚政权的最后一丝青睐。

再次，陈胜政治、军事素质的欠缺，使他不足以能够领导反秦斗争取得最后的胜利。

陈胜本是一个没有知识素养的底层农民，虽然他有着"王侯将相，宁有种乎"的远大抱负，但缺乏团结和领导部下以及号召旧贵族的政治能力。起事之后，他没有提出民众倾心的政治口号，也没有制定出简明可行的应急政策。特别是，他不善于统驭部下，不敢严肃纪律，是非不分，赏罚不明，助长了部下各自为政、任意胡为的坏风气，致使张楚政权始终未能形成一支纪律严明、行动统一、具有顽强战斗力的军队。六国旧贵族加入起义队伍以后，一面要求陈胜缓称王，一面却热衷恢复六国的旧有统治。他们一旦手中有点力量以后，就千方百计地摆脱陈胜的控制，迫不及待地割据称王。他们根本不理会陈胜的号令，甚至在起义军主力陷入危机之时袖手旁观。当吴广受阻荥阳，周文在章邯反击下节节败退、急需救援的时候，武臣不经陈胜同意，就在邯郸自立为赵王，拥兵割据。当陈胜命令他火速发兵救援周文、吴广军的时候，他却对陈胜紧急救援的命令置若罔闻，反而乘机派韩广等率兵夺取以前燕国的土地。这批旧贵族把战国时期纵横家借敌以自重、乘人之危而谋一己之私利的纵横捭阖之术，都一一拿来对付陈胜了。陈胜此时自身岌岌可危，当然无力对武臣等严行惩罚。此一乱命而不受惩罚的榜样一出，野心家立刻群起效尤。韩广以武臣对付陈胜的办法对付武臣，如法炮制，在旧燕国贵族的支持下，自立为燕王。齐国旧贵族田儋杀掉秦朝的狄令，自立为齐王，并公开袭击陈胜派出的周市军。而周市在平定原魏地以后，千方百计要求陈胜立旧魏国贵族魏咎为魏王，陈胜依其所请，把自己本来可以支配的力量，变成了异己的势力。这些旧贵族在拥有土地、获得"王"的头衔之后，纷纷拥兵自重，不服调遣，大大削弱了张楚军的力量，致使张楚政权在章邯的猛烈攻势下孤掌难鸣，彻底陷入失败。

最后，作为一个农民起义军的领袖，陈胜也缺乏改造自身的能力。

张楚政权建立以后，当数以百万计的起义军战士正在前线与秦军浴血苦战、最后的胜利还很渺茫的时候，陈胜就已经在区区弹丸之地的陈城，开始修缮宫室，置办用具，心安理得地做起帝王的美梦来了。不仅如此，他称王以后，就忘记了自己昔日"苟富贵，毋相忘"的誓言，独断专行，冤杀无辜，大摆帝王的威风，严重脱离了他本来应该代表的劳苦大众。在陈胜称王以后，当年与之一起佣耕的伙伴闻讯前来探望这位曾经誓言不忘故旧亲朋的老朋友时，见到的却是宫门深沉，警卫森严。后经"遮道而呼"，总算见着了。这些伙伴以为，他们还可以像昔日佣耕时那样随便谈笑。但是，陈胜已经不是从前的陈胜，为了维护今日的王者威风，陈胜竟然向这些昔日朋友举起了屠刀。面对故人心寒、人员失散的状况，陈胜并不觉醒，反而任用佞臣朱房为中正，胡武为司过，监司群臣，用严刑峻法，完全凭个人好恶随时惩办自己不称心的将领。结果，人人自危，奸佞者趋进，忠直者离去。陈胜于是陷入众叛亲离的窘境，这自然大大削弱了张楚政权的力量。

陈胜的失败标志着秦末农民战争第一阶段的结束。陈胜虽死，但他点燃的斗争烽火并没有熄灭，以刘邦、项羽为首的其他起事队伍继续高举反秦的火炬，把陈胜未竟的事业推向新的辉煌!

秦二世元年九月,项梁和项羽起兵于江东地区,史称项氏江东起兵。

项羽,名籍,字羽,公元前232年生于下相县。他的祖父是楚国名将项燕。公元前224年,项燕统领楚军,大破入侵的秦军;次年,秦举国攻楚,项燕被秦将王翦围困在泗水郡蕲县兵败自杀,楚国由此而亡。项燕死时,项羽只有九岁,由叔父项梁抚养长大。在始皇帝统一天下以后,同所有的六国贵族一样,项氏一族失去了旧有的封地特权,成为秦帝国治下的编户齐民。楚国灭亡以后,项梁成了项氏一族的主心骨和头面人物。项梁交游甚广,下至闾里民间,上至县郡官府,所及之处,编织起一道严密的关系网。这道关系网,不仅关系到项梁的一生,而且对于秦末乱世的历史,也添了些许色彩。

项梁因为杀人在家乡呆不下去,就带领项羽一道向东南迁徙,定居于会稽郡吴县。吴中人士景仰项氏名族,纷纷依附在项梁的门下。客居吴中的项梁,俨然成了民间社会的领袖、地方上的头面人物,其影响和势力之大,连郡县官吏都对他另眼相看,成为会稽郡府、吴县县庭的座上客。吴中地方上凡有大的徭役征发和丧葬祭祀等事情,项梁往往被推选来主持其事。受世代名将家世渊源的熏陶,项梁深谙兵法,富有组织能力。他在受托为地方举办事情的时候,暗中用兵法规范组织宾客子弟,有意识地在使用中考察用人。吴中地区人力物力的调配使用,早就在他的掌握当中。

项羽跟随项梁来到江东的时候已经成年。他身高八尺有余,力能扛鼎,才气过人。项梁呵护项羽长大,让他读书写字,项羽不感兴趣。于是让他去学习剑术,项羽又中途而废。项羽认为:"学习写字,不过可以书写名字而已;学习剑术,不过一对一打而已。要学,就要学习与万人对敌的本领。"于是项梁教授项羽兵法,项羽大喜,学了个大概,又无意深入下去。

始皇帝第五次巡游天下,进入会稽郡经过吴县,项梁与项羽一起前去观瞻。万人空巷的盛大行列中,项羽遥遥远望始皇帝的车马行列,冷冷说道:"彼可取而代之也。"项梁大惊,一把掩住项羽的嘴告诫说:"不要妄言乱说,有灭族之祸。"不过,从此以后，项梁对项羽另眼相看。凭他的阅历眼光，他觉察出项羽非同寻常。此时的项羽，年纪才二十三岁，正当江东起兵的前一年。

秦二世元年七月，陈胜起兵，关东大乱，会稽郡也受到波及而政局不稳。观望到了九月份，会稽郡代理太守殷通感到帝国大势已去，天下政局的重新组合已经不可避免。殷通是秦政府直接任命的地方大员，不是当地人，他素来看重项梁的家世能力，以为要在本郡起兵必须借助项梁的威望。他请项梁来郡府商议大事，希望项梁能够助他一臂之力。项梁、项羽叔侄借此机会杀掉殷通，召见会稽郡与吴县的官吏和地方豪杰，晓之以起兵反秦复楚的大义。得到他们的支持后，项梁被推任为会稽郡太守，全面负责郡政；项羽出任郡都尉，协助项梁统领军队。在项梁的主持下，会稽郡各县动员征兵，经过挑选，得到精兵八千人。这支八千人的军队，成为后来项氏驰骋天下的核心力量。因为其成员都是会稽郡属下各县的江东子弟，史书上称之为江东子弟兵。

秦二世元年九月，刘邦在沛县起兵。这支军队，都是沛县人，以地缘结成，刘邦、萧何、曹参、周勃等人是其核心成员，号称沛县子弟兵，成了未来刘邦军团的核心。汉帝国政权初期的朝臣阁僚，多是出自这批丰沛故人。

沧海横流，方显英雄本色。

项羽、刘邦起兵以后，因陈胜失败一度沉寂下去的反秦斗争很快又掀起了新的高潮。推翻秦帝国的重任，奇迹般地落在了这两个楚地新出现的强人身上。

陈胜大泽乡起兵、项氏会稽起兵和刘邦沛县起兵，是决定秦末汉初历史走向的三件大事。秦末农民战争直到楚汉相争的历史，大体是由陈胜、项羽和刘邦三位英雄导演完成的。陈胜建立张楚政权，开创诛暴灭秦的大业；项羽消灭秦军主力，决定秦亡的命运，奠定分割天下的基础；刘邦攻入关中，迫使秦帝国政府投降，最终成就反秦大业。五年之间，天下政局的主导递次嬗变于三人，自开天辟地以来，天命之授受移转，未曾有过如此急切。《史记》将陈胜记入王侯世家，将项羽和刘邦写进帝王本纪，无一不予以高度的评价；司马迁又著《秦楚之际月表》，将从秦末之乱到汉帝国建立之间的这一段历史，视为秦楚之际，这种尊重历史的写法确是良史大家才有的神笔。

秦帝国灭亡后，接下来楚汉相争，战乱又持续了四年。公元前202年，刘邦在垓下最后战败项羽。是年二月，刘邦即帝位。他缔造的帝国汉，成了中华民族的主流姓氏，史称西汉，历史从此才真正掀开了一个新篇章。

第十章　大秦帝国的历史定位

从公元前 221 年秦始皇开创大秦帝业，到公元前 206 年秦王子婴自缚出关向刘邦投降，大秦帝国仅仅存在了短短十五年的时间就退出了中国政治舞台。大秦帝国虽然夭亡了，但它的价值与意义我们却不能低估。因为它对中国后来的历史进程，的确产生了不可低估的影响。

第一，大秦帝国是中国历史上第一个建立起来的中央集权制的大一统的以君主为核心的国家政权。它所建立起来的郡县制、中央集权制、官僚制度，等等，都成了它之后历代王朝奉行不变的政治模式。

第二，大秦帝国从创业到灭亡，期间凝聚了秦人五百多年的心血与经验。它从无到有，从弱小到强大，从偏居一隅到一统天下，其力量之大之强令人瞠目。但就在它威力无限、登峰造极之时，帝国大厦却又土崩瓦解、轰然倒塌，其中教训之深刻、经验之神秘，都如磁石一般紧紧地扣动着人们的心弦，令关心国家大事的人们，产生了巨大的探隐解密的愿望。大秦帝国的成败得失，可堪是后世历代的一面资政明鉴。

第三，大秦帝国创立了许多前无古人后无来者的彪炳青史的宏大业绩，不断地引发人们的追思与缅怀。除了它的政治制度为原创外，作为中华民族象征的万里长城，仅仅开发一角就被世人誉为"世界第八大奇观"的以兵马俑为代表的秦始皇的骊山陵墓，曾经天下无敌的秦国军团，等等，都表明了这个王朝曾经的辉煌与巨大成功，它的意义与价值，不是只言片语就能够揭示与说清楚的。

第四，大秦帝国为世界留下了一个"China"的称谓。现在世界各国皆称中国为China。这个名称是由古代印度的梵文 Cina、Chinas，阿拉伯文 eya 或 sin，拉丁文 Thin、Thinae 演变而来，都是秦的译音。据学者考证，印度古时称中国为震旦。"震"即秦，"旦"即斯坦，震旦就是秦地。元明清以来，欧洲学者都认为"China"是"秦"的译音。可以设想，大秦帝国声威远播，长期以来，西方国家把它视为华夏民族的象征，也应该是一件合乎情理的事情。秦帝国威名远播海外，在外人眼中，中国之成为中国，正可谓典籍于"秦"。如果不是大秦帝国夭亡得如此之快，今天中华民族的主体之一"汉人"或许就会改换称呼，成为"秦人"了。离开了秦政，后来的中国政治与历史就会无从谈起，中国今日的民族性与中国特色也就无法论证清楚。

一、"秦政"文化符号之形成

秦始皇已死，秦帝国已亡，但是作为中国政治文化的一个重要的典型性符号，两千多年来，人们却一直在瞩目于斯，争论于斯，怀念于斯。

经过秦汉两代不同目的的政治宣传与社会批判，许多真实的历史已经失去了本来面孔。再经过汉以后历史长期的积淀与筛选，秦政已经成为一种符号化了的反面政治教材，深深地镌刻在人们的现实政治生活和历史的记忆之中，但这已经不是真实的秦政。

之所以如此，是因为历史包括真实的历史、后人记述的历史、为现实政治服务的历史以及历史的理论与哲学等几个部分。从某种意义上讲，任何历史都是一部现代史，任何文化最终都会归结为一种人格。因为时代与政治所需要，任何一种文化体系都会自觉或不自觉地创造出一批人格化的文化典型，重要者甚至会成为一个国家或者一个民族长久使用的文化符号。例如，中国古代的正面人物"尧舜""文武""周公""孔孟"，反面人物"桀纣""周幽""秦皇""隋炀"等，就是因为中国政治文化的发展需要以及后来各王朝为巩固统治的现实目的而选择出来的正反两个方面的文化典型。

在这里，"尧舜"成为文化偶像。大家都知道，《论语》可谓中国人的《圣经》。一部《论语》从《学而》篇开始，以《尧问》篇终结，其中含义再明显不过，就是告诉人们，通过学习，通过努力，人人都可以达到"尧舜"那样的高度。而另一方面，"秦皇"则成为文化鉴戒，是"暴君""无道"的代名词。"尧舜"成为万世的师表与楷模，"秦皇"则遭到后人的批评与诟病。之所以如此，其意义并非是要还原历史的真实，而是要借这两种文化典型来构建后世的统治秩序，建立正面的文化价值，形成公共秩序中人们"好恶"的统一标准与行为习惯。

必须指出的是，源于先秦的政治价值体系和帝王评价方式是秦政符号化的文化动因。春秋战国时期，在周文化的基础上，思想家与社会政论家们形成了一整套理论化的以"有道、无道"形式出现的政治价值评价体系。这种政治价值评价体系以周文化为基础，将中国的有道政治划分为"皇、帝、王、霸"四个层级，将中国的无道政治归入"暴君政治、社会战乱、秩序失控"一类范畴。

在先秦，凡论"有道政治"，人们必提及尧舜禹时代；一论"无道政治"，人们必然会联想起夏桀、殷纣、周幽三王的黑暗腐朽统治。这种政治文化范式经过春秋战国长时间的积累与巩固，到秦汉时代终于有机会进行一次大的系统的总结。汉帝国建立在秦帝国的废墟之上，为建立其合法性统治需要，必然要在否定秦政方面做足文章。秦既然因为残暴而二世亡国，秦政的凶残阴暗在汉代人的眼中又明显高过夏桀、殷纣、周幽三王的政治。自然而然，经过汉代统治者的精心策划与汉儒们的鼓噪宣传，秦始皇、秦政就成为一种与三王政治相像的"坏政治"的典型，再经过后代各王朝的系统抽象与文化升华，一个中国政治的反面典型秦政就作为一种政治文化符号代代传承了下来。这其实是一种政治宣传的误导，绝不完全是历史的真实。秦帝国二世而亡，其原因十分复杂，不能仅仅归咎于秦政。但是经过千百年来文化意识的积淀，人们已经习惯了这种将错就错的东西，也习惯了将这种将错就错的东西当作一种文化去警示后代的治国理政者。荀子说过："善言古者，必有节于今。善言天者，必有征于人。"[1]

从另一方面看，将秦政作为中国政治文化的反面典型虽然有悖于客观的历史评析方法，但从中国政治文化的发展角度看，还是具有十分重要的意义，有其政治与文化正面引导的作用。这种作用主要表现在：一是它为中国的政治文明树立了一个标杆，成为后世历代统治者的资治通鉴。二是它强化了人们对暴君暴政的认识和批判监督的力度。

二、千古功过谁评说

自秦而后，两千多年来，历朝历代对于秦始皇功过的评价和探讨从来就没有停

---

[1]《荀子·性恶》。

止过。

1. 秦帝国时代对秦始皇的歌颂与责备

关于对秦始皇的评说，早在秦皇在世时就开始了。这种评说带有时代的烙印，以肯定与歌颂者居多。这是因为，从秦始皇本人来说，他想通过自我评价与臣民认可的方式，肯定自己推行的政策，强化自己的专制统治；从秦始皇政策的执行者来说，一方面是获取秦始皇宠信的资本，另一方面也是为了帮助秦始皇建功立业，实现大秦帝国天下一统的宏愿。

秦亡六国后，朝中大臣从政治需要出发，即开始竭力称颂秦始皇统一六国的功绩。

王绾、冯劫、李斯等人说：

> 昔者五帝地方千里，其外侯服夷服，诸侯或朝或否，天子不能制。今陛下兴义兵，诛残贼，平定天下，海内为郡县，法令由一统，自上古以来未尝有，五帝所不及。①

他们认为，从前五帝时，疆土只有千里大小，外面是侯服、夷服，诸侯有的称臣入贡，有的却不臣服，天子无法完全控制他们。如今，秦王兴正义之师，诛灭暴乱的残贼，平定天下，分国家为若干郡县，法律政令统一，这是上古以来从不曾有的功绩，连五帝都赶不上呀。对此评价，秦始皇本人也是赞同的。

天下统一后，秦始皇在咸阳宫设酒宴，七十博士向前祝寿，仆射周青臣称颂说：

> 他时秦地不过千里，赖陛下神灵明圣，平定海内，放逐蛮夷，日月所照，莫不宾服。以诸侯为郡县，人人自安乐，无战争之患，传之万世。自上古不及陛下威德。②

---

① 《史记·秦始皇本纪》。
② 《史记·秦始皇本纪》。

他认为从前秦国的领土不超过千里，全靠始皇帝的神灵明圣，平定天下，把蛮夷赶走了，日月所照临的地方，没有不称臣顺服的，把当年诸侯王的土地改置成郡县，每个人安居乐业，不必为战乱忧愁，这伟大的功业可以流传万世，自上古以来没有人能赶上这伟大的威德。秦始皇听后，非常高兴，他认为这些称颂真实地反映了他的实际功绩。

秦始皇从公元前220年至公元前210年之间，先后五次出巡，足迹几乎遍及全国，七次立碑刻石。所刻石碑也都是大力宣扬秦始皇统一全国的功业。

泰山刻石上说："皇帝临位，作制明法，臣下修饬。廿有六年，初并天下，罔不宾服。"

琅琊台刻石上说："皇帝之功，勤劳本事。上农除末，黔首是富。普天之下，抟心辑志。器械一量，同书文字……六合之内，皇帝之土。西涉流沙，南尽北户。东有东海，北过大夏。人迹所至，无不臣者。功盖五帝，泽及牛马。莫不受德，各安其宇。"

碣石门刻石上说："皇帝奋威，德并诸侯，初一泰平。堕坏城郭，决通川防，夷去险阻。地势既定，黎庶无繇，天下咸抚。男乐其畴，女修其业，事各有序，惠被诸产，久并来田，莫不安所。"

会稽刻石上说："皇帝休烈，平一宇内，德惠修长……义威诛之，殄熄暴悖，乱贼灭亡，圣德广密，六合之中，被泽无疆。"

郭志坤在《秦始皇大传》一书中认为，这些刻石歌颂了秦始皇统一天下的伟大功绩。

第一，刻石大力宣扬和歌颂了秦始皇发动统一战争的正义性。如在芝罘刻石上说："六国回辟，贪戾无厌，虐杀不已。皇帝哀众，遂发讨师，奋扬武德。"

第二，刻石反复歌颂了秦始皇统一六国后所带来的社会安定，如在芝罘东观刻石上说："武威旁畅，振动四极，禽灭六王。阐并天下，灾害绝息，永偃戎兵。"

第三，刻石充分肯定秦始皇为巩固国家统一所颁发的种种法规的必要性。对于那些有利于国家统一的措施，刻石都给予热情的称颂。如琅琊台刻石上说："器械一量，同书文字。日月所照，舟舆所载。皆终其命，莫不得意。"

总之，这些秦王朝当事人对秦始皇的肯定与颂扬不能简单地看成是对秦始皇的个人崇拜，它实际上是对大秦帝国统一大业作出的一种合理的肯定，对统一所带来的成果给予的一种积极的讴歌，也是为巩固秦帝国大业所作的必要的舆论宣传。

当然，凡事总有两面。有称颂就会有批判。据《史记》等书记载，秦帝国建立前后，对于秦始皇的批评意见就已经出现。归纳起来，主要集中在下列几个方面：

第一，关于秦始皇的为人。

帮助秦始皇打江山的谋士尉缭说：

> 秦王为人，蜂准，长目，挚鸟膺，豺声，少恩而虎狼心，居约易出人下，得志亦轻食人。我布衣，然见我常身自下我。诚使秦王得志于天下，天下皆为虏矣。不可与久游。①

他认为秦始皇"少恩而虎狼心"，只可共患难，不可共享福。

替秦始皇寻找神仙与仙药的方士侯生、卢生说：

> 始皇为人，天性刚戾自用，起诸侯，并天下，意得欲从，以为自古莫及己。专任狱吏，狱吏得亲幸。博士虽七十人，特备员弗用。丞相诸大臣皆受成事，倚辨于上。上乐以刑杀为威，天下畏罪持禄，莫敢尽忠。上不闻过而日骄，下慑伏谩欺以取容。秦法，不得兼方不验，辄死。然候星气者至三百人，皆良士，畏忌讳谀，不敢端言其过。天下之事无小大皆决于上，上至以衡石量书，日夜有呈，不中呈不得休息。贪于权势至如此，未可为求仙药。②

他们批评秦始皇"刚戾自用"，独裁专断，集权于一身，让朝中大臣皆成了尸位素餐的具员。

---

① 《史记·秦始皇本纪》。
② 《史记·秦始皇本纪》。

第二，针对秦始皇的错误决策而提出不同意见。

针对秦始皇废分封、行郡县的主张与措施，博士齐人淳于越进谏说：

> 臣闻殷周之王千余岁，封子弟功臣，自为枝辅。今陛下有海内，而子弟为匹夫，卒有田常、六卿之臣，无辅拂，何以相救哉？事不师古而能长久者，非所闻也。①

他认为秦始皇不分封子弟为帝国的羽翼是一个错误。

当秦始皇决定坑儒时，长子扶苏进谏说：

> 天下初定，远方黔首未集，诸生皆诵法孔子，今上皆重法绳之，臣恐天下不安。唯上察之。②

显然，扶苏不同意秦始皇对儒生采取简单粗暴的镇压办法。

第三，批判秦始皇耽于安乐、不恤百姓的错误。

侯生亲口对秦始皇说过：

> 今陛下奢侈失本，淫泆趋末。宫室台阁，连属增累。珠玉重宝，积袭成山。锦绣文彩，满府有余。妇女倡优，数巨万人。钟鼓之乐，流漫无穷。酒食珍味，盘错于前。衣服轻暖，舆马文饰，所以自奉，丽靡烂漫，不可胜极。黔首匮竭，民力单尽，尚不自知。又急诽谤，严威克下，下喑上聋，臣等故去。③

他批评秦始皇不恤民力，只顾自己贪图享受。

当然，上述各类的批判意见在当时并不占舆论的主流。对秦始皇统一六国功绩的颂扬才是当时社会上的主流声音。

---

① 《史记·秦始皇本纪》。
② 《史记·秦始皇本纪》。
③ 《说苑·反质篇》。

2. 大汉君臣对秦政的指责与批评

大汉帝国建立后，从实际政治的需要出发，统治者注意汲取秦帝国夭亡的教训，对秦制、秦政的批判也就因为汉朝统治者的鼓励在思想界、政界变得日益普遍起来。汉人对秦始皇的批评很多。也许是汉帝国政府的宣传需要，也许是秦帝国二世而亡的缘故，汉朝统治者以及思想家们在总结秦亡教训、巩固专制统治方面增加了很多理性思索的因素。秦王朝灭亡之后，各阶层的思想家、政论家对秦始皇的秦政进行了系统的总结和批判。

据郭志坤统计，仅《史记》中看到汉人谈及以亡秦为戒的事，就有八十一处之多，其中指责秦始皇施行暴政者有六十七次。主要代表人物及观点有：

（1）西汉政论家晁错的评析

晁错任汉文帝的太常掌故，景帝时又任御史大夫。他对秦亡的教训作过比较系统的反思和总结。

晁错认为：

> "秦……任不肖而信谗贼，宫室过度，嗜欲亡极。民力罢尽，赋敛不节。矜奋自贤，群臣恐谀。骄溢纵恣，不顾患祸。妄赏以随喜意，妄诛以快怒心。法令烦僭，刑罚暴酷，轻绝人命，身自射杀，天下寒心，莫安其处。""秦之戍卒，不能其水土，戍者死于边，输者偾于道。秦民见行，如往弃市。"①

晁错的评析大量涉及秦始皇本人的专横习性给秦帝国带来的危害，目的是为了警诫西汉统治者免蹈秦夭亡的覆辙，当然不能将之作为真实的历史来对待。

（2）西汉思想家董仲舒的评析

董仲舒认为：

> 秦始皇"师申商之法，行韩非之说，憎帝王之道，以贪狼为俗，非有文

———————

① 《汉书·晁错传》。

德以教训于下也。诛名而不察实，为善者不必免，而犯恶者未必刑也。是以百官皆饰虚辞而不顾实，外有事君之礼，内有背上之心，造伪饰诈，趣利无耻；又好用憯酷之吏，赋敛亡度，竭民财力，百姓散亡，不得从耕织之业，群盗并起。是以刑者甚众，死者相望，而奸不息"①。

这里，董仲舒的批评是不无偏颇的，他所极力攻击的"师申商之法，行韩非之说"，其实是不能全盘否定的。当然，他的这段话也触及了一些秦亡的教训。

（3）贾谊的观点

藉使婴有庸主之财，仅得中佐，山东虽乱，秦之地可全而有，宗庙之祀未当绝也。②

在他看来，如果当时子婴具备平庸君主的才能，仅仅得到中等资质的臣佐，山东六国故地虽然混乱，秦国的土地仍然可以得到保全，宗庙的祭祀也就不会断绝。因此，贾谊在分析秦帝国夭亡的原因时，总是指责秦王子婴的懦弱投降。

两汉政治家、思想家几乎一致地认为，秦帝国夭亡的祸根是秦始皇种下的，如果非要用一个字来概括的话，那就是"暴"。

汉代思想家，特别是汉代统治者为什么要如此强烈地批判秦政呢？可能有三个方面的原因：

第一，他们需要高举"诛暴秦"这面旗帜来争取民心。

秦末陈胜、吴广以"伐无道，诛暴秦"的旗帜来号召天下人造反。刘邦起事时，他从陈胜的手中接过"伐无道，诛暴秦"的旗帜，提出了"天下苦秦久矣"的口号。刘邦攻占秦都咸阳后，召来了各县的父老豪杰，宣告说："父老苦秦苛法久矣，诽谤者族，偶语者弃市。吾与诸侯约，先入关者王之，吾当王关中。与父老约，法三章耳：杀人者死，伤人及盗抵罪。余悉除去秦法。诸吏人皆案堵如故。凡吾所以来，

---

① 《汉书·董仲舒传》。
② 贾谊：《过秦论》。

为父老除害，非有所侵暴，无恐！且吾所以还军霸上，待诸侯至而定约束耳。"① 与此同时，刘邦还派人和秦吏巡回各县乡邑，将约法三章告谕众民。在废除秦法的感召下，秦人大喜，争先持牛羊酒食，献给刘邦的军士，"唯恐沛公不为秦王"②。此后，汉统治者在许多场合宣告秦始皇以及秦帝国的罪恶，其根本目的在于争取民心，稳定与巩固自己的统治。

第二，以亡秦为戒，警诫统治者励精图治。

汉高祖刘邦尽管是打着"诛暴秦"的旗帜进入秦皇宫殿的，可是一看到辉煌富丽的宫室、数以千计的美女、帷帐、名犬、良马、贵重的珍宝，一时还真想沉湎于其中，留住在皇宫里好好享受一番。为此，大将樊哙劝告刘邦不要走秦王朝帝王的老路，刘邦不听。张良劝道："夫秦为无道，故沛公得至此。夫力天下除残贼，宜缟素为资。今始入秦，即安其乐，此所谓'助桀为虐'。且'忠言逆耳利于行，良药苦口利于病，愿沛公听樊哙言'。"③ 张良告诫刘邦：因为秦皇无道，所以他才能来到秦宫。如果要代天下百姓消灭无道的暴秦，就应该注意生活节俭、作风淳朴，如今，你刚走进秦宫，就想沉迷于享乐，这就是人们常说的"助桀为虐"了，而且"忠言逆耳利于行，良药苦口利于病"，希望你接受樊哙的建议。于是，刘邦听从了二人的劝告，回到霸水之滨扎营。以亡秦为戒，具有很强的说服力，汉初的统治者经常得到这方面的告诫。在这一点上，可以说是秦政留给后世统治者的"一份宝贵的财富"了。

第三，是汉代统治者贯彻"与民休息"政策的需要。

汉初统治者总结秦亡的教训，他们看到秦始皇父子的骄奢妄为，滥用民力，严刑苛法，使国家残破，社会凋敝，使民众变心，从中他们感到要想保持国家和社会的安定，稳固自己的统治，黄老之学所提出的"无为而无不为"的方略，就是除暴秦

---

① 《史记·高祖本纪》。
② 《史记·高祖本纪》。
③ 《史记·留侯世家》。

后一副有效的治世良药。因此，他们一反秦帝国的严政苛税，推行黄老的无为政治，采取"与民休息"的缓和阶级矛盾的明智政策。萧何并没有什么出众的能力，但他知道下层，了解群众，特别知道"民之疾秦法"①，所以能够顺应民心，而更改国家的法律。曹参接替了萧何的相国职位，对秦始皇的暴政进行清算，认为为君者要"无为"。司马迁说："参为汉相国，清静极言合道，然百姓离秦之酷后，参与休息无为，故天下俱称其美矣。"②

到了文景时期，统治者更加注意以亡秦为鉴，尽力实施宽厚节俭的政策，"惩恶亡秦之政，论议务在宽厚"③，废除了一些严刑苛法，如诽谤妖言法、妻孥连坐法、断残肢体的肉刑等，并减轻笞刑。这样，汉帝国制度终于在中华大地上牢固地扎下根来，中国历史上第一个封建盛世——文景之治，已经孕育诞生了。

3. 唐宋时期对秦政的总结与讨论

汉人对秦政的评论偏于苛责，这是历史注定的事情，谁也无法更改。但随着时间的推移，后世评论者的个人感情与政治需要色彩必然减少，其看法也就会渐趋客观与公正。

东汉末年，曹操的评论就比较客观。他认为："夫定国之术，在于强兵足食。秦人以急农兼天下，孝武以屯田定西域，此先代之良式也。"④ 这里不只是对秦始皇功业的肯定，也把秦皇与汉武联系起来，使人们看到秦始皇的政策、制度对后世的积极影响。

晋朝傅玄评论说："秦始皇之无道，岂不甚哉：视杀人如杀狗彘。狗彘仁而用之，犹有节，始皇之杀人，触情而已，其不以道如是。李斯又深刻峻法，随其指而妄杀人。秦不二世而灭，李斯无遗类。以不道愚人，人亦以不道报之。人仇之，天

---

① 《史记·萧相国世家》。
② 《史记·曹相国世家》。
③ 《汉书·刑法志》。
④ 《三国志·魏书·武帝纪》注引《魏书》。

绝之，行无道，未有不亡者也。"① 这里的评论虽带有指责的性质，但据实评说，一些观点还是令人信服的。

历史的经验与教训足资后人借鉴。一个既富且强的秦帝国，没有多久就夭亡了，这是令后代政治家们相当震惊的事情。唐太宗经常与大臣们讨论历代兴衰，特别是秦朝和隋朝灭亡的原因，并引以为鉴戒。唐太宗说："秦始皇初亦平六国，据有四海，及末年不能善守，实可为诫。"大唐初期，君臣们观点一致：秦之所以灭亡，是由于秦始皇及二世的暴虐无道；汉之所以衰弱，是由于汉武帝之骄矜与好大喜功。因此，他们注意汲取历代统治者丧国亡身的教训，仰慕前代所谓圣明君主的德政。唐太宗甚至"鉴前代成败事，以为元龟"。

贞观六年（632 年），唐太宗对侍臣说："朕闻周、秦初得天下，其事不异。然周则惟善是务，积功累德，所以能保七百之基。秦乃恣其奢淫，好行刑罚，不过二世而灭。岂非为善者福祚延长，为恶者降年不永……朕每将此事以为鉴戒，常恐不逮，为人所笑。"② 他还说："秦始皇平六国，隋炀帝富有四海，既骄且逸，一朝而败，吾亦何得自骄也？言念于此，不觉惕惕而震惧。"③ 唐太宗的这些评述都比较客观而实在，既肯定了秦始皇初并天下的善政，又批评了他晚年的恣肆奢淫。

唐太宗常常以秦亡为戒。他曾想建造宫殿，可是想起秦帝国的下场就不干了。他说："秦始皇营建宫室，而人多谤议者，为徇其私欲，不与众共故也。朕今欲造一殿，材木已具，远想秦皇之事，遂不复作也。"④

唐太宗以及他周围的人，对秦始皇的秦政是多加指责的。这种指责当然是为了对他自己以及下面的臣僚起警诫作用，并不是要全盘否定秦始皇。他们骂"始皇暴

---

① 《傅子·问刑篇》。
② 《贞观政要·君臣鉴戒》。
③ 《贞观政要·论灾祥》。
④ 《贞观政要·论俭约》。

虐"①，指责秦始皇"背师古之训，弃先王之道"②，还说"秦政强辩，失人心于自矜"③，甚至把秦帝国看作是超出历史常规之外的反常现象。礼部侍郎李百药就把秦排除在中国历史的"正统"之外，说秦像闰月一样，是多余出来的，称之为"暴秦运距闰余"④。这就有些过分了。

但从总体上讲，唐太宗及其大臣对秦始皇之政的过失所作的系统总结，是为了从中较为充分地吸取历史的经验教训，因此没有因过错而抹杀秦始皇统一天下的功绩。唐太宗对群臣说："近代平一天下，拓定边方者，惟秦皇、汉武。"⑤这可以说是对前代帝王业绩的最高评价了。唐太宗还说："朕提三尺剑以定四海，远夷率服，亿兆又安，自谓不减二主也。"这固然是唐太宗的炫耀之辞，但从这里亦可以看出秦始皇统一中国的功绩给后人留下的深刻影响，盛唐大诗人李白说："秦王扫六合，虎视何雄哉！挥剑决浮云，诸侯尽西来。明断自天启，大略驾群才。收兵铸金人，函谷正东开。铭功会稽岭，骋望琅琊台。刑徒七十万，起土骊山隈。尚采不死药，茫然使心哀。连弩射海鱼，长鲸正崔嵬。额鼻象五岳，扬波喷云雷。髻鬣蔽青天，何由睹蓬莱？徐市载秦女，楼船几时回？但见三泉下，金棺葬寒灰。"⑥这也是对秦皇一生所作的客观评价。

唐太宗及其大臣对秦政的评论集中反映在《贞观政要》这部书中。此后，历代统治者都非常重视这部著作。唐宪宗李纯、文宗李昂、宣宗李忱，都把它奉为经典，反复阅读，苦心研讨。唐代统治者对秦始皇和隋炀帝败亡教训的认识最为深刻。在最高统治者的影响下，整个唐代政治思想界讨论和评述秦始皇政治得失的氛围十分浓厚，对秦王朝灭亡的原因展开过两次热烈的大讨论。后来，宋代统治者对此展开

---

① 《贞观政要·论贡献》。
② 《贞观政要·论封建》。
③ 《贞观政要·慎言语》。
④ 《贞观政要·论封建》。
⑤ 《贞观政要·论贡献》。
⑥ ［唐］李白：《古风·秦王扫六合》。

过讨论，比较大的讨论也有两次。唐宋两朝共有四次。

第一次是在唐太宗时期。唐太宗在贞观初年发动群臣讨论这样一个问题："周武平纣之乱，以有天下，秦皇因周之衰，遂吞六国，其得天下不殊，祚运长短若此之相悬也？"尚书右仆射萧瑀回答说："纣为无道，天下苦之，故八百诸侯，不期而会。周室虽微，六国无罪，秦氏专任智力，蚕食诸侯。平定虽同，人情则异。""人情"者，人的品性行为之谓也。也就是说，周和秦两个朝代不同结局的原因是由于周武王和秦始皇的人品不同所造成的。唐太宗显然不同意这种分析，他说："不然，周既克殷，务弘仁义；秦既得志，专行诈力。非但取之有异，抑亦守之不同。祚之修短，意在兹乎。"①唐太宗认为，周代的时间长是因为周天子奉行仁义，秦朝的时间短是因为秦始皇及二世专事暴虐。当然，这次讨论是以唐太宗的意见作为最后的总结。

第二次是唐宪宗时期。自从安史之乱以后，藩镇割据之势已成，唐帝国的中央集权已经大为削弱。为什么会出现这种局面呢？政治思想界讨论了这个问题。当时有一股思潮，认为秦亡的原因是由于没有实行分封制，认为"夏、商、周、汉封建而延，秦郡邑而促"②。柳宗元认为，夏、商、周、汉这四代实行分封制，统治时间都很长，秦朝实行郡县制，而统治时间却很短促。以韩愈为代表的思想家认为，秦亡的原因是由于没有实行分封制。他说："秦之王天下也，无分势于诸侯，聚兵而焚之，传二世而天下倾者，纪纲亡焉耳。"柳宗元不同意这种看法，他说："魏之承汉也，封爵犹建；晋之承魏也，因循不革。而二姓陵替，不闻延祚。今矫而变之，垂二百祀，大业弥固，何系于诸侯哉？"③其大意是，魏朝继承汉朝的时候，也有诸侯封爵的事；晋朝继承魏朝，制度照旧，没有改革，然而魏、晋两朝很快就衰落了。并没有因为实行分封制而延长他们的朝代。现在唐朝改变了汉朝以来的分封制，完全采用州县

① 《贞观政要·辩兴亡》。
② ［唐］柳宗元：《封建论》。
③ ［唐］柳宗元：《封建论》。

制，实行以来，已将近两百年的时间，国家基业更加巩固，这跟分封诸侯又有什么关系呢？究竟是什么原因使秦朝灭亡这么快呢？柳宗元的解答是：因为秦朝统治者残酷压迫剥削民众，"人怨于下"，所以一呼而应，揭竿而起，一下子就推翻了秦的统治。"咎在人怨，非郡邑之制失也"。也就是说，秦帝国之所以夭亡，在于酷刑苛税激起了百姓的怨恨，"失在于政"，并不是因为郡县制度不好。柳宗元在充分肯定了郡县制的同时，又批评了秦始皇为政之失，这是很有道理的。柳宗元在《六逆论》中进一步说："胡亥任赵高而族李斯。乃灭。"可见他所谓"失在于政"，除了指秦始皇本人在为政上的失误外，还指秦二世时赵高专政。改变了秦始皇的政治措施，加重了对广大人民的奴役与剥削。这就充分肯定了秦始皇废分封、立郡县，第一次统一中国的贡献。柳宗元生活在公元八九世纪之交，上距秦完成统一已经一千多年。他回顾秦以后的历史，能够有分析地看待历史人物，这是难能可贵的。柳宗元还说："秦之所以革之者，其为制，公之大者也；其情私也，私其一己之威也，私其尽臣畜于我也。然而公天下之端自秦始。"[1] 这里所说的"公"和"私"与我们现在理解的"公""私"是有区别的。柳宗元说的"其情私也"，是指推行的政策是出于个人私利的目的，而"公天下"，是指对天下有益，即认为秦始皇那样做有利于天下公众。柳宗元如此充分地肯定秦始皇统一中国的历史功绩，这是了不起的。

第三次是宋神宗时期。王安石是北宋杰出的政治家和思想家，在宋神宗赵顼时曾两次出任宰相。他面对北宋王朝的艰危时局以及借鉴历代王朝衰亡的教训，实行变法，他的言行在中国历史上占据着一定的地位。

关于大秦帝国夭亡的原因，王安石认为，这是秦始皇父子加强王室、削弱诸侯所致。

就在王安石变法前后，另一位重要人物司马光也在他所编纂的《资治通鉴》中表达了他的看法。司马光编纂《资治通鉴》的目的在于"专取关国家盛衰，系生民

---

① ［唐］柳宗元：《封建论》。

休戚，善可为法，恶可为戒者"①。他对历代治乱成败安危之迹也作过一番剖析。他不同意王安石对秦亡原因的判断，认为秦亡的原因是由于暴虐。

司马光说：

> 重以暴秦，害圣典，疾格言，燔《诗》《书》，屠术士。称礼乐者谓之狂惑，术仁义者谓之妖妄。必薙灭先圣之道，响绝迹尽，然后慊其志。虽有好古君子，心诵腹藏，壁扃岩镉，济秦之险，以通于汉者万无一二。②

司马光冠"暴"于秦，谓之"暴秦"，大骂秦始皇"燔《诗》《书》，屠术士"。他的观点基本上与汉人相类似。

第四次是南宋时期。此时正是宋朝理学盛行之时。朱熹是程颢、程颐的四传弟子，他继承了孔子、孟子以来的儒家思想，还特别发挥了程颐的思想，形成了一整套的程朱理学。他是宋代理学的集大成者，提出了"存天理，去人欲"的主张。朱熹借秦王朝二世而亡的史实对秦政事和秦始皇进行评论。秦王朝为什么很快就覆灭了呢？朱熹回答说："秦至无道，决无久存之理，正使采公卿之议，用淳于越之说，并建子弟以自藩屏，不过为陈、吴、刘、项鱼肉之资，虽有故国之助，亦岂能以自安哉……若秦之时，六国强大，诚不可以为治。既幸有以一之矣，则宜继续其宗祀，而分裂其土壤以封子弟功臣，使之维持参错于其间。以义言之，既得存亡继绝之美；以势言之，就使有如苏子之所病，则夫故国之助，根本之固者，又可于此一举而两得之，亦何为而不可哉？但秦至无道，封建固不能待其久而相安，而为郡县亦不旋踵而败亡，盖其利害得失之算初不系乎此耳。"③朱熹站在道德立场上看问题，他说："秦至无道，决无久存之理。"认为秦始皇的革新措施同孔孟学说是相违背的。

唐宋时期对秦政的评说具有一定的时代性，反映了那个时代的人们对秦政的认

---

① 司马光：《进通鉴表》。
② 《司马温公文集·河间献王赞》。
③ 《朱文公文集·古史余论》。

识水平，他们站在各自的立场上自说自话，并非完全客观公正。

4. 明清时期对秦政的研究

明清时期，人们对秦政的研究更加全面和深入。因为研究者大多数是学者或思想家，他们对于秦政的研究与探讨不是直接为现实政治服务，因而较汉唐时的论说更加客观与公正。

其观点主要体现在如下几个方面：

第一，明代思想家李贽盛赞秦始皇是"千古英雄""千古一帝"，因为他"挣得一个天下"，即统一了中国。

李贽说："祖龙千古英雄，挣得一个天下。又以扶苏为子，子婴为孙，有子有孙。卒为胡亥、赵高二竖子所败。惜哉！"[①]李贽认为秦始皇统一了天下，不愧为千古英雄。如此统一的帝国，后来江山被胡亥、赵高所断送。对此，李贽甚为痛惜。

第二，认为秦始皇"掀翻一个世界"，即把战乱中的世界"掀翻"，开辟了一个新世界。

李贽说："始皇出世，李斯相之，天崩地坼，掀翻一个世界。"[②]秦始皇在统一六国的过程中，沉重地打击了六国贵族，许多食封贵族的世袭领地被摧毁。为了巩固和推进统一，秦始皇依靠中央集权的政治制度，在经济、政治、文化诸方面采取了一系列改革措施：宣布"使黔首自实田"，在全国范围内从法律上肯定了土地私有；为了打击地方割据势力，把大批豪强迁到咸阳附近，加以控制；同时收缴兵器，堕毁过去割据的城堡、要塞、内长城等；统一文字、币制和度、量、衡，等等。这些都是推翻一个旧世界、创立一个新世界的有力措施。

第三，赞赏秦始皇创制立法。

明代政治家张居正说："三代至秦，浑沌之再辟者也，其创制立法，至今守之以

————————

① 《史纲评要·后秦记》。

② 《史纲评要·后秦记》。

为利。史称其'得圣人之威'。"①

在张居正看来，秦始皇继承了秦的法治传统，在法律制度日益完善的基础上提出了全面实行法治的原则。因为，在一个国家的现实生活中，不但维护社会秩序、惩罚犯罪和解决民事纠纷需要法治，而且管理军事、外交、皇室警卫、社会治安、司法、交通、劳务、文化教育、手工业、商业等都需要法治，即所谓"事皆决于法"。所以，在秦始皇当政后着手进行统一六国的同时，就提出编纂成文法典的任务，即《芝罘刻石》所说的"大圣作治，建定法度"，或《琅琊刻石》所说的"皇帝作始，端平法度"。

秦始皇"创制立法"对后世的影响，明清之际不少有识之士也都敏锐地察觉到了这一点。对此，张居正指出："周王道之穷也，其势必变而为秦，举前代之文制，一切铲除之，而独持之以法……西汉之治，简严近古，实赖秦为之驱除。"② 客观地说，秦始皇的"创制立法"不只是影响到汉王朝，实际上也影响了中国整部政治文明史。

秦政既然如此，然而终于还是亡国，这难道是法治的过错吗？

在历史上，这一直是一个争论不休的问题。

在明清时期，也有不少政治家、思想家提出这样的疑问。对于这种疑问，张居正明确回答，这不是法治的罪过，他说："惜乎！扶苏仁懦，胡亥稚蒙，奸宄内发，六国余孽尚存，因天下之怨，而以秦为招，再传而蹶，此始皇之不幸也。"③ 在张居正看来，秦亡的悲剧，一是秦始皇的继承人出了问题，二是六国旧贵族的潜在势力还很强大。

清末大儒章太炎赞同张居正的这种看法，他在论述秦代政治时，肯定了秦始皇的历史功绩，批判了儒家和历代攻击秦始皇的言论。章太炎强调指出：秦始皇继承

---

① 《张文忠公全集·杂著》。
② 《张文忠公全集·杂著》。
③ 《张文忠公全集·杂著》。

了秦国自商鞅变法以来实行"法治"的传统，废除奴隶主阶级"裂土封侯""世卿世禄"的制度，代之以地主阶级的"用人唯贤""贵擅于一人"的中央集权的统一的封建制度，这是三皇五帝也不能和他相比的。秦始皇"刑罚依科"，"庆赏不遗匹夫，诛罚不避肺府"，从而使他高出于汉武帝、汉文帝之上。作者还认为，秦朝的迅速灭亡，不是由于实行了"法治"，而是由于六国旧贵族势力的复辟。他在其文章《秦政记》中说："秦政如是，然而卒亡其国者，非法之罪也。六国公族，散处闾巷之间；秦以守法，不假以虚惠结人，公族之欲复其宗庙，情也。"那么，在继承人无能和六国贵族余孽作乱之间，哪方面占主导地位呢？章太炎说："秦继世而得成王者，六国亦何以仆之乎？如贾生之《过秦》，则可谓短识矣。"章太炎认为，假如秦帝国继位的人不是胡亥而是成王的话，六国的贵族又哪能颠覆它呢？像贾谊在《过秦论》中那样咒骂秦始皇，可谓识见短浅的了。的确，仔细品味，章太炎的观点要比贾谊更加符合历史的实际。

第四，赞赏郡县制，认为"郡县之制垂二千年，而弗能改矣"。

废除分封诸侯，设置郡县，是秦始皇摧毁战国旧制、统一全国的关键措施。秦帝国以后的历代政治家们，一直争论分封制和郡县制的得失利弊。唐代柳宗元在《封建论》中回顾秦以后的历史说，秦始皇改分封为郡县的措施是"摄制四海，运于掌握之内，此其所以为得也"。这就充分肯定了郡县制对巩固统一的作用。柳宗元高度赞扬秦制，赞扬唐承秦制的好处，在某种意义上，他也是针对当时各地藩镇割据的局面有感而发的。

明末清初思想家王夫之进一步肯定了秦始皇变分封制为郡县制这个重大政治改革，并给予了高度评价，他说："两端争胜而徒为无益之论者，辨封建者是也。郡县之制垂二千年，而弗能改矣。合古今上下皆安之。势之所趋，岂非理而能然哉？"①

王夫之认为，分封诸侯的世袭，以及后来由分封制变为郡县制，都是社会历史形势发展的必然趋向，哪怕是"圣人"也不能违反。他还指出："至于战国，仅存

① 《船山遗书·读通鉴论·秦始皇》。

者无几。岂能役九州而听命于此数诸侯王哉？于是分国而为郡县，择人以尹之。郡县之法，已在秦先。秦之所灭者六国耳，非尽灭三代之所封也。则分之为郡，分之为县，俾才可长民者，皆居民上，以尽其才，而治民之纪，亦何为而非天下之公乎？”① 在王夫之看来，秦始皇顺应历史发展推行郡县制是天下为公的表现。

总的看来，明清时期的政治思想家在回顾历史之后，对秦王朝政治的认识较前代又更加深入了一步。这个时期的政治思想家在充分肯定秦始皇历史作用的同时，还剖析了秦始皇取得成功的原因。到了清末和民国初年，不少思想家在分析秦始皇成功的客观原因之外，还结合秦始皇个人品性加以评论，认为秦始皇“守法”“平政”“好文”等优点都值得借鉴。

5. 现当代人的评说

孙中山：秦始皇虽以一世之雄，并吞六国，统一中原，然比自度扫大漠而灭匈奴，有所未能也，而设边戍以防飘忽无定之游骑，又有不胜其烦也，为一劳永逸之计，莫善于设长城以御之。

蒋介石：“古代的专制君主，以秦始皇为第一。嬴政征服六国之后，销毁全国武器，奴役人民，大筑宫室，焚烧书籍，刻石名山，称颂功德，从武力、文化两方面钳制人民，自以为帝位可传万世。但是，人民苦于法令苛细，负担繁重，尤其楚人义愤填膺，相与激励，说：‘楚虽三户，亡秦必楚。’为时不过九年，陈胜、吴广以渔阳戍卒九百人一呼而起，以张楚为号召，全国响应。这个专制王朝便覆灭了。”

胡适：“纪元前四世纪出来了一个怪人——商鞅。他在西方的秦国，实行‘这种极权政治’；后来商鞅被清算死了，但这种极权制度还是存在，而且在一百年之内，把当时所谓天下居然打平，用武力来统一中国，建立所谓‘秦帝国’。帝国成立以后，极权制度仍继续存在，焚书坑儒，毁灭文献，禁止私家教育……这一个以最可怕的武力打成功的极权国家，不到十五年就倒下去了。”

鲁迅：“不错，秦始皇烧过书，烧书是为了统一思想。但他没有烧掉农书和医

① 《船山遗书·读通鉴论·秦始皇》。

书；他收罗许多别国的客卿，并不专重'秦的思想'，倒是博采各种的思想的。""然而秦始皇实在冤枉得很，他的吃亏是在二世而亡，一班帮闲们都替新主子去讲他的坏话了。"

翦伯赞：秦始皇维持了一支庞大的军队，建立了一个庞大的官僚机构，进行了大规模的战争，完成了巨大的国防建设和土木建筑……为了强化地主阶级的统治，秦朝又推行严刑峻法以镇压农民，并且把数十万农民变为封建国家的囚徒……这种种情况表明，由于封建制度内在的矛盾，由于急政暴虐，秦始皇在完成统一事业的同时，也造成了秦王朝倾覆的条件。

郭志坤：秦始皇是中国历史上一位杰出的政治家。他的主要历史功绩，是结束了春秋战国时期长期割据的混战局面，实现了统一。也就是说秦始皇是历史上统一中国的第一人。自秦以后，中国封建社会虽然在某种程度上仍然保留着封建割据的状态，但统一始终是中国历史的主流。从这个意义上说，没有秦，也就没有汉、唐、明、清，没有我们今天的中国。秦始皇的大名象征着统一，给后世留下了深远的影响。对于秦始皇统一中国所作出的重大贡献是不能低估的，也是永远不能忘记的。

三、汉承秦制，凤凰涅槃

公元前206年，经过三年多的反秦战争，大秦帝国这座当时举世最宏伟的大厦，在陈胜、吴广、刘邦、项羽等为首的各阶层民众的一致讨伐声中，终于轰然倒塌。

公元前202年，刘邦经过垓下一战最终夺鹿在手，天下战乱渐归结束，在这种情况下，刘邦决定登基称帝。《史记·高祖本纪》说：正月，诸侯及将相们共同尊请刘邦为皇帝。甲午日，刘邦在泜水北面登临皇帝之位，大汉帝国从此诞生。

尽管刘邦是推翻了秦始皇创建的帝国而称帝，尽管从此之后汉代的史书、官牍把秦帝国描绘得一片黑暗，但是，汉帝国君臣却毫不犹豫地基本承袭了秦帝国的所有国家制度。

从总结历史经验教训的角度而言，秦帝国对中国政治的最大影响，莫过于它创立了一套以大一统形式为标志的政治模式。这套政治模式包括政治观念、政治制度、法制体系以及与之配套而成的社会经济体系。大秦帝国建立者的知识水平和理论水平明显高于起事于草莽布衣的汉帝国的创建者们。换句话说，秦始皇草创的政治制度和治国模式具有开辟性的特点及优势，继秦而起的任何新朝都不可能在一个短时间内创造出比之更加完备的制度。大秦帝国虽然因统治者施政不当而短命夭亡，但其创建的政体却有着强大的生命力，它不仅不会随着秦帝国的消亡而消亡，而且以新的形式继续决定与影响着继秦而起的新王朝的政治运作。历史发展的事实也无可辩驳地证明了这一点，这就是："汉之法制，大抵因秦。"① 根据睡虎地秦墓竹简提供的资料表明，许多原来以为是汉帝国创建的制度及其有关称谓，原来都是由前朝秦帝国那里传承下来的。"汉承秦制"，确凿无疑。

1. 汉帝国全盘接受了秦始皇创造的皇帝尊号及其相应的一整套皇帝制度与帝王观念

皇帝制度与帝王观念是大秦帝国统治模式的基础框架和核心内容。只要这个基础框架与核心内容不改变，新王朝的一切损益、更始、变制，都不具有变革统治模式的实际意义。这就是说，只要汉帝国的创始人继续实行帝制，汉代的政治制度与治国模式就不会与秦朝差异太大。

2. 汉帝国承袭了秦王朝的中央集权制度

汉代基本上沿用了秦朝的职官制度。东汉史学家班固说："汉迪于秦，有革有因，觕举僚职，并列其人。"② 事实也正是这样，秦帝国确立中央集权制度，皇权至高无上，全国的政治、经济、军事、立法、司法、监察等各种权力皆决于皇帝，从中央政府的丞相、太尉、御史大夫一直到地方上的郡守、县令及各种军事长官，其任免权最终掌握在皇帝的手中，或由皇帝直接任免，或由皇帝授权上级官员任免。汉帝国建立后，基本上沿用了秦帝国的这一套政治体制，只是在中央政府管理核心的

① 洪迈：《容斋三笔》卷九《射佃逃田》。
② 《汉书·叙传下》。

三公设置上，略有变动。

经过汉代的继承发展，中央集权的三公九卿制度更加严整与完善。汉魏以降，中央机构和国家官制虽然不断在改革与完善，但其基本框架与思路则没有超出秦始皇的设计与智慧。中国传统政治的发展趋势是：中央政府的权力总是在不断地加强和集中，皇权更加强化，明清两代较之秦帝国更加专制。

3. 汉帝国承袭了秦帝国的郡县制度

郡县制是维护中央集权的基本行政区划制度。

汉初，基本上沿用了秦帝国的行政区划。

早在公元前206年刘邦、项羽灭秦之时，楚霸王项羽有绝对实力再次统一天下。但是，由于深受分封制的影响，他不愿意做秦始皇重建一个统一的帝国，同时又要顾及诸侯王的现实要求，于是，项羽决定调和现实，折中古今，选择第三条道路，在中国历史上首次实行了霸王支持下的封王建国。项羽自封为西楚霸王，王九郡，都彭城。然后，他将剩下的天下分封给在灭秦战争中立下汗马功劳的十八个诸侯王。项羽的这种分封建国，表面上看是兼顾了当时的历史传统、政治实际情况以及人心的取向，但是这种不伦不类的政治模式根本就不可能长久。它既不优于秦始皇创建的中央集权的郡县制度，也没有周王朝分封时的那种大气和王气的约束，而只是一个松散的暂时的独立政治联盟。很快，当项羽的军事实力削弱之际，便是各诸侯王重新开战之时。

公元前202年，当刘邦最后战败项羽建立汉家天下后，他借鉴秦始皇因郡县而亡、项羽又因分封而灭的教训，调和二者，采用了以郡县制为主、封国制为辅的政治模式。很快，他又芟除了异姓诸侯王而以刘氏同姓诸侯王代替之。应该看到，汉高祖的郡县与分封双轨制度体现了一种适合当时历史需要的政治智慧。汉初韩信、彭越、英布等功臣战将虎视眈眈，刘邦死后吕后又大肆屠戮刘氏宗室，如不是分封制制约，秦二世时期的权臣祸国现象很可能就会再次发生。虽然刘邦分封对汉王朝初中期政治秩序的稳定造成了一定的影响，先后发生了诸侯王的一些叛乱现象，但中央政府处理起来不会感到无法克服，历史总是在曲折中前进的，直线发展总是后世学者的一种美好的臆想与设计。汉景帝时期七国之乱的平定和诸侯王权力的削弱，基本纠正了刘邦实行诸侯王制度所产生的弊病，进一步加强了中央集权制度。到汉武帝时期，通过颁布推恩令，将诸侯王的权力进一步分散。在时机完全成熟的条件下，中央政府又把行政区划体制恢复到原来秦始皇制定的单一郡县制框架中来。这之后，汉代最终完全承袭了秦代的郡县设置。

4. 汉帝国继承发展了秦帝国的官吏选任制度

秦国官吏的选任通常主要有荐举与征召两种方式。

秦始皇统一六国后，除了继续使用上述两种方法外，特别注重选拔通晓法律和绝对服从皇帝意志的人才。

汉初，统治者完全沿袭了秦帝国的人才选拔方式。刘邦曾于汉十一年下诏："贤士大夫，有肯从我游者，我能尊显之。"[①]文帝时，下诏举贤良方正。武帝以后，又有秀才、孝廉之选。但是，由于西汉至武帝时儒家思想开始成了统治阶级的重要的意识形态，选官制度因为受儒家思想的影响而缺乏像秦帝国时期那样的法制化，任人唯亲、任人唯私的现象开始抬头，其结果如何不像秦朝那样要严格受到法律的追究。

5. 汉帝国沿袭了秦帝国的监察制度

汉代的监察制度与秦朝一脉相承。

起初，汉高祖刘邦放弃了对地方的监察。《后汉书·百官志》："秦有监御史，监诸郡，汉兴省之。"然而这一废置，导致了地方吏治的日趋腐败。鉴于这样的教训，惠帝三年（公元前192年），汉帝国又部分地恢复了地区御史监郡的制度。

汉武帝时期，废除了监郡御史，改为设立十三部刺史，驻当地专司监察地方。

班固在《汉书·百官公卿表》中说："武帝元封五年初置部刺史，掌奉诏条察州，秩六百石，员十三人。"

十三部刺史皆隶属于中央最高监察机关御史府，由御史中丞具体督管，在地方上设有固定治所。十三部刺史的设立，虽然改变了秦代地方监察头绪过多、不利于

---

① 《汉书·高帝纪下》。

上通下达的状况，但也造成了新的问题，那就是十三部刺史权力过大，一人掌握几个郡官员的生杀大权，容易产生腐败和冤案。

由于御史大夫常因身兼副丞相职务而忙于政务，行政权日重，监察权日轻。而名义上属御史大夫领导的御史中丞因为和皇帝接近等特殊原因而成为皇帝的耳目，不仅一般地承担纠察百官的任务，而且可以受皇帝之命监察其上司御史大夫，逐渐演变成为专职的最高检察官。

从西汉末年到东汉初年，监察组织发生变化。御史大夫改称大司空后，不再担任监察的任务。与此同时，御史台作为独立执行监察的职能机构登上了中国的历史舞台，这标志着监察权开始同行政权相分离。

总之，帝国的监察制度始于秦始皇，经过汉代的承袭和完善，趋于成熟。其后，虽经两千多年各朝代的损益，并没有发生实质性的变化，很多合理的东西甚至一直沿用至今。

6. 汉代还承袭了秦朝的赋税制度

秦始皇统一后，对赋税制度进行了统一和改革。公元前216年，命全国各地自报占有田亩数目，即文献记载的"令黔首自实田"制度。这是我国历史上在全国范围内实行土地登记制度的开始。同时规定民众有纳税，服徭役、兵役的义务。

汉代承袭秦朝这一制度，并发展成一套完整的封建管理制度和赋税制度。秦帝国的《田律》《仓律》和《徭律》，主要是征收田赋、户赋和口赋。汉朝在这三律的基础上又增加了《田租税律》和《盐铁税律》等税收法规。另外汉代实行了编户齐民制度，登记人口，加强对全国各地的人口管理。这种制度，更加有利于国家对农民征收赋税和徭役。

汉高祖刘邦建国初期，曾实行轻徭薄赋政策，改秦代田租十税一为十五税一。随着时间的推移与社会发展的需要，统治者又将田租恢复为十税一。汉惠帝即位后又恢复为十五税一。汉文帝二年，为了鼓励农业生产，减收当年天下田租之半。此后，由于实行重农积粟政策和募民入粟赐爵政策，国家掌握的粮食大大增加。汉文帝于十二年再次减收天下田租之半，十三年又完全免除民田的租税，以鼓励农业生产。到汉景帝二年恢复征税，正式规定三十税一。到了东汉光武帝初年，田租又恢复为十税一。

总的看来，汉代承袭秦代的赋税制度，并发展为灵活的征收方式，以适应国家发展和朝廷政策的需要，这是一个进步。

7.汉帝国基本沿袭了秦帝国的礼仪制度

在中国古代社会，礼仪制度是区别上下、贵贱、尊卑的等级制度的一项重要内容。在行政权力支配社会的历史条件下，用礼仪制度来区别和规范官员之间的身份与交往的方式往往显得十分的重要。因为，在人们看来，享受不同的礼仪是一个人的权力、地位、尊严以及富贵荣华的特殊象征。

汉代的礼仪制度基本上沿袭了秦朝制度，即使有所损益，其原则也基本未变。

大秦帝国建立后，为了显示气派，区别尊贵，秦始皇为上自皇帝，下至百姓，制定了一整套规模宏大的礼仪制度。汉代秦后，统治者对于秦帝国的礼仪制度在艳羡的同时，基本上照单全收。

《汉书·礼乐志》中说："高祖时，叔孙通因秦乐人制宗庙乐。"又说："汉兴，拨乱反正，日不暇给，犹命叔孙通制礼仪，以正君臣之位。高祖说而叹曰：'吾乃今日知为天子之贵也。'"可见，汉帝国建立后，君臣尊卑的朝堂礼仪、宗庙礼仪、宫室制度以及宫廷内部的繁琐礼仪等皆沿袭秦朝。司马迁为此在《史记·礼书》中总结道："自天子称号下至佐僚及宫室官名，少所变更。"

8.汉帝国对秦帝国的德运、历法、风俗等也都加以承继

据史料记载：汉丞相张苍好律历，专门遵用秦朝的《颛顼历》。他"以为汉乃水德之时，河决金堤，其符也。年始冬十月，色外黑内赤，与德相应"。①

汉朝的风俗也沿袭了大秦帝国。西汉思想家贾谊、董仲舒等人都认为：秦朝的"遗风余俗"，在汉朝皆"犹尚未改"。其实，大汉帝国本来就是从大秦帝国脱胎而来的，时间距离又不太长，生活习俗、风俗习惯沿袭秦朝也是一件自然而然的事情。

_____

① 《汉书·郊祀志上》。

总的看来，汉帝国对秦帝国的继承是一种全方位的继承，也是一种发展性的继承。这种继承的特点表现在：秦开其端，汉总其成。秦帝国虽然夭亡，但其灵魂犹存，通过大汉帝国之身，又变相地得以复活。从这个意义上讲，大秦帝国犹如一只涅槃的凤凰，在经过一场血与火的战争考验后又得以再生。

从历史的发展来看，秦帝国的夭亡，主要不是其政治制度、文化、理念、治国模式的错误导致，而是最高统治者的个人行为之失所引发。因此，汉承秦制是西汉统治者的一种明智的选择。通过继承前朝的一切优秀、合理的东西，汉王朝迅速迎来了它的盛世。

汉承秦制具有系统性。大到政治制度、治国模式、疆域区划，小到许多具体的习俗、礼仪、文字、度量衡等，基本上采取拿来主义。这表明，从秦至汉，整个政治制度以及社会文化体系是一种比较完整的继承关系，在主要方面都没有发生断裂。继汉之后，魏晋承继汉制，隋唐宋元明清各代一脉相承，秦政历经两千年而香火不断。

汉承秦制，或有改良，或有发展，主要还在于继承。自秦汉而后，历代王朝代代相传，大一统的中华帝国更加牢固，疆域更加辽阔，经济实力提高，人口数量增加。汉之后或有短暂的分裂，终归一统；或有偏远异族的入侵，终被汉化。

由此，一个问题就必须作答：大秦帝国灭亡了吗？在笔者看来，如果抛开宗法观念上的家天下尺度，或嬴氏，或刘氏，或曹氏，或司马氏，或杨氏，或李氏，或赵氏，或朱氏，或爱新觉罗氏，秦始皇开创的大一统的中华帝国，随着时代的变化，经历了不同姓氏皇帝的统治，一直在不断完善、发展、富裕、强大。直到近代西方文化独领世界风骚，中国被迫纳入世界政治、经济、文化圈后，中华封建帝国才像步履蹒跚的老人一样在1912年宣告寿终正寝。但是，秦帝国所引领的中华政治、文化、大一统观念依然存在，并且激励中华民族挺起腰杆去实现新的伟大复兴。

人生有起伏，国家有兴衰。"江山代有才人出，各领风骚数百年。"时至今日，大一统的中国，面临着发展与复兴的机遇，它必将以一个全新的、前所未有的姿态，给世界和人类带来更大更深远的影响。

在实现中华民族伟大复兴进程中，秦帝国的创业精神与治国理政的经验教训永远是一笔取之不竭的重要财富，让我们在前人开辟的事业基础上，做一个无愧于列祖列宗的中国人！

结语　秦帝国的意义与秦文化的价值

一、秦帝国的意义

大秦帝国从公元前 221 年秦始皇创建帝业，到公元前 206 年秦王子婴自缚出关向刘邦投降，这个曾经辉煌一时的大帝国仅仅存在了短短十五年的时间，就退出了历史舞台。

大秦帝国虽然烟消云散了，但它创造的价值与意义却不能低估。"祖龙虽死秦犹在"，"百代都行秦政法"。客观言之，秦帝国虽殇，但其魂与灵犹存。离开了大秦帝国，中华政治与文化就无从说起。

史学鼻祖司马迁在《史记·六国年表》中说：

> 秦取天下多暴，然世异变，成功大。传曰："法后王"，何也？以其近己而俗变相类，议卑而易行也。学者牵于所闻，见秦在帝位日浅，不察其终始，因举而笑之，不敢道，此与以耳食无异。悲夫！

这说明，太史公对秦政是持肯定态度的。他对某些汉代学者对大秦帝国肤浅的研究与看法，明确持批判的态度。

在明代，有两位重要人物也明确表示了他们对秦王朝政治的肯定态度。

一位是大政治家张居正。

他说："三代至秦，混沌之再辟者也，其创制立法，至今守之以为利。史称其得圣人之成。"① 张居正站在政治家的立场，高度赞扬了大秦帝国创立的政治体制对中国后来历史发展的久远影响。

另一位是著名思想家王夫之。他在《读通鉴论·秦始皇》中写道："郡县之制垂两千年而弗能改矣，合古今上下皆安之。势之所趋，岂非理而能然哉？"王夫之站在思想家的角度，认为大秦帝国创立的郡县制，深刻地影响了两千年来的中国历史，

---

① 《张居正集·杂著》，湖北人民出版社 1987 年版。

秦帝国的政治制度，既顺应了中国历史发展的趋势，也符合中国历史与社会政治发展的必然规律。

诚然，大秦帝国的出现，在中国历史上确实不是一件可有可无的事情。它对中国后来的历史进程，的确产生了不可低估的影响。大秦帝国是中国历史上一个重要分水岭，以前为三代血缘与贵族之政，此后历代推行的都是以官僚政治为特征的秦政。

第一，大秦帝国是中国历史上第一个建立起来的中央集权制的大一统的帝国政治。它所建立的郡县制，中央集权制，军事、司法、行政三权分立制等制度，都成了此后历代王朝奉行不悖的政治模式。

第二，大秦帝国从创业到灭亡，其间凝聚了秦人七百多年的心血与经验。秦帝国从无到有，从弱小到强大，从偏居一隅到一统天下，其力量之强大令人瞠目。但就在它威力无边、登峰造极之时，帝国大厦却忽然土崩瓦解、轰然倒塌，其中教训之深刻、经验之神秘，千百年来都如磁石一样紧紧地扣动与牵引着人们的心弦，令关心国家大事的人们产生了巨大的探索解密的愿望。大秦帝国的成败得失，堪为后世历代的一面明鉴。

第三，大秦帝国创立了许多前无古人后无来者、永远彪炳青史的宏大业绩，不断地引发人们的追思与缅怀。除了它的政治制度为原创性外，作为中华民族象征的万里长城，仅仅开发一角就被世人誉为"世界第八大奇观"的以兵马俑为代表的秦始皇骊山陵墓，曾经天下无敌的秦国军团等，都表明了这个王朝曾经的辉煌与巨大的成功，它的意义与价值，已经不是只言片语能够揭示与说明清楚的。

第四，大秦帝国为人类世界留下了一个"China"的称谓。现在世界各国皆称中国为China。这个名称是由古代印度的梵文 Cina、Chinas，阿拉伯文 eya 或 sin，拉丁文 Thin、Thinae 演变而来，都是秦的译音。据学者考证，印度古时称中国为震旦。"震"即秦，"旦"即斯坦，震旦就是秦地。元明清以来，欧洲学者都认为"China"是"秦"的译音。可以设想，大秦帝国声威远震，长期以来，西方国家把它作为华夏民族与国家的象征，也应该是一件合乎情理的事情。如果不是大秦帝国夭亡得如此之快，今天中华民族的主体之一"汉人"或许就会改称呼，成为"秦人"了。

第五，亡秦之鉴的教训是深刻的，对后世的影响是巨大的。汉高祖刘邦目睹了秦帝国大厦坍塌的全部过程，并且还是它的最成功的破坏者之一，因而，这位汉帝国的创始人及其后代继承者更有一番痛彻肺腑的体会与见解。这样，在汉取代秦后，汉帝国的统治者们就在继承秦政的同时，又特别借鉴秦亡的教训，在如下方面作了调整：

其一，马上打天下，不再马上治天下。从汉代开始，法家一尊变成儒、法、道三家鼎足而立，先是刘邦、文帝、景帝的"以道治国"，继后是汉武大帝的"独尊儒术"，再后是汉宣帝的杂家并用。

大秦帝国执着于倡导与实施绝对君权的法家学说。从商鞅开始，法家治国就逐渐成为秦国政治的绝对发展方向。秦始皇统一六国后，不是在长期大规模战争洗涤后采取与民休息、恢复经济的政策，从而实现政治的成功转型，而是将法家学说在政治上推向了极端。它"别黑白而定一尊"，一切"事皆决于法，刻削毋仁恩和义"①。当然，秦始皇雄才大略，明晓政术，在实际施政中是不可能纯用法家一家之术的。但他在统一六国后仍然大兴土木，不断开疆拓土，没有调整与恢复好社会秩序与经济秩序，也确实引起了天怒人怨。到继任者二世皇帝时，更是把法家学说简单理解为"督责之术"，使法家学说的负面效应发挥到了极致。"秦任刑法不变，足灭赵氏。"②大秦帝国短命而亡的历史教训充分表明，战争过后，休养生息十分重要，人心思定，整个社会都需要一段"政在弛术"来喘息与调整，很显然秦始皇父子在这一点上的作为是失败的。亡国的血淋淋教训教育了大汉统治者，要想在夺取天下后达到长治久安，就必须补救秦政之弊，采取休养生息。因此，汉初统治者一改秦政进取不息的路径，成功地实现了国策的转型，采取相对宽松的统治政策，以"无为而治"的黄老思想居支配地位，杂以其他各家有用的主张，多元并存，诸子百家学说遂呈现

① 《史记·秦始皇本纪》。
② 《史记·陆贾传》。

出复兴的趋势。

汉武帝时，社会经济充分发展，国家统治秩序已经完全稳定下来，探索一套长远有效的治国方略的任务便提上了日程。在这种情况下，大汉帝国在意识形态上"罢黜百家，独尊儒术"。从此，儒家的准则被法律化并得到了其后历代王朝的继承与采用。以此为标志，阳儒阴法、儒法并用的霸、王道之术就成了历代统治者执政的两柄。

历史的经验告诉我们：

秦始皇以"焚书坑术士"而失败，汉武帝以"独尊儒术"而成功。

这其中的奥妙，如果不从当时的时间、地点、条件等环境因素入手去深入考察，往往很难探究清楚。

事实上，无论秦皇还是汉武，在治国理政上，其目的是相同的，那就是要在幅员辽阔、人口众多、各地人情风俗差异很大的帝国治理上"独尊一统"，禁绝异端，统一思想，维护统治者的绝对权威，铸造大一统的政治文化与价值观念。不过，时代不同，条件不同，手段不同，效果也就大相径庭。秦皇以暴力高压而失败，汉武则以"学而优则仕"的利诱取得了巨大的成功。二者出发点没有差别，只不过是老子"柔弱胜刚强"的治理之道在这里发挥了巨大的作用而已。

写到这里，笔者胸中涌起了一股无法言状的滋味。

这是大秦帝国的悲歌！

这是秦皇的不幸！

这又是儒家学说的乐曲！

伴随着大秦帝国的覆亡，法家思想从此一蹶不振，不得不从前台走向了幕后。

伴随着大秦帝国的覆亡，儒家学说从此取代法家学说进入了庙堂，儒家思想从此与王权政治既合为一气，又分庭抗礼，两千多年来主宰了中华民族的心灵，成了中华民族文化心理习惯的重要组成部分。

其二，统治集团高层权力格局应当平衡制约。阿克顿（Acton）说过："权力导致腐败，绝对的权力导致绝对腐败。"秦始皇统一六国，建立了全国统一的中央集权的君主专制政权，把国君的权力提高到了无以复加的地步。然而，在皇权与相权之间，内廷与外朝之间，没能建立起一种有效的制衡机制。因此，当秦始皇一死，内臣赵高、外相李斯立刻就借皇权出现真空之际架空秦二世，暗中侵夺皇权，将二世皇帝玩弄于股掌之间，然后清除异己，毁坏帝国统治的根基。权力的无限滥用，不仅让下层民众在水深火热的境遇中无法再生活下去，而且让统治者阶层也人人自危，恐惧不知明日所终。权力被无限滥用的结果，一是让始皇帝断子绝孙；二是导致秦帝国基业灰飞烟灭。大秦帝国统治危机不是因为以法治国，其总爆发恰恰是宰相与内廷首领联合祸国、无法制约、权力滥用的结果。

其三，民本思想得到有限的回归。在周文化中，以民为本的思想曾占有一定的地位。

春秋时期，齐国大政治家管仲就说过："夫霸王之所始也，以人为本。本理则国固，本乱则国危。"[1]

战国时期，儒家主要代表人物孟轲更是旗帜鲜明地提出："民为贵，社稷次之，君为轻。"[2]

秦国统一六国前夕，吕不韦组织门人撰写《吕氏春秋》，主张集各家力量，形成一个新的治国模式。《吕氏春秋·贵公》明确指出："天下，非一人之天下，天下人之天下也。"

以民为本，就是要执政者关心百姓的疾苦，重视民众的力量，保护民众的生活稳定与个人幸福，以争取得到各阶层民众最大程度的拥护。

然而，由于种种原因，两千年来，关于秦制、秦皇、秦政的认识存在明显的偏颇，乃至形成了很难调整的思维定式。因为西汉统治者宣传，秦制是绝对君权的典型，秦皇是暴戾专横的典型，秦政是无法无天的典型。秦制、秦皇、秦政将君主专制推向极致，因而其治国理政糟糕得一塌糊涂。然而考诸事实，在秦帝国最高统治

---

① 《管子·霸言》。
② 《孟子·尽心下》。

者的治理措施中却包含着一定的民本思想。民众的造反，并不是发生在秦始皇统治时期，而是出现在沙丘政变以后。架空皇权的赵高、李斯无视帝国的利益，不顾百姓的死活，自以为大权在握，就可以无法无天，随心所欲，大搞清除异己的权力斗争，结果，事物的发展必然走向反面。赵高、李斯为所欲为造成统治者内部"家自为怒，人自为斗，各报其怨而攻其仇"[1]的局面，最终引发天怒人怨，导致了秦王朝的覆灭，他们自身也落得个身死族灭的下场。

其四，对待边疆民族由武力征服转变为和亲羁縻。秦始皇统一中国，认为"六合之内，皇帝之土。西涉流沙，南尽北户。东有大海，北过大夏。人迹所至，无不臣者。功盖五帝，泽及牛马。莫不受德，各安其宇"[2]。对于不臣服的边疆民族，采取了武力征服的单一手段。秦始皇统治时期，派蒙恬将兵北击匈奴，修筑万里长城；南使尉屠睢率楼船之士征伐南越。

> 当是时，秦祸北构于胡，南挂于越，宿兵无用之地，进而不得退。行十余年，丁男被甲，丁女转输，苦不聊生，自经于道树，死者相望。及秦皇帝崩，天下大叛。[3]

崇尚武力，敌视和轻视少数民族，不惜代价地用战争手段加以打击，连年战争的花费严重动摇了大秦的国本，这是导致秦帝国迅速走向灭亡的重要因素之一。

汉代秦后，统治者总结秦王朝在民族政策上的教训，确定了对少数民族的团结政策。汉唐虽为中国历史上两大盛世朝代，但统治者并不主张用武力去逼迫边疆民族屈服，他们往往采取和亲团结政策，达到内省民力、外固边陲的效果。此后从汉至清，中国历代王朝统治者实行和亲团结的民族政策，基本上是稳定、长期而有效果的。昭君出塞，文成公主、金城公主与吐蕃和亲，清代皇室与蒙古王公的联姻，

---

① 《史记·张耳陈余列传》。
② 《史记·秦始皇本纪》。
③ 《史记·平津侯主父列传》。

等等，都是在借鉴秦亡教训中制定出来的明智政策。

二、秦文化的价值

在古代中国，无时不被人们谈论的历史人物主要有两个：一个是"至圣先师"孔子；一个是"千古一帝"秦始皇。

孔夫子用自己的智慧与努力，将夏、商、周三代文化加以系统的搜集、整理、继承与批判，以六经形式为中国文化定于一尊奠定了良好的基础。

秦始皇则扬长鞭，用武力结束了自东周以来数百年割据混战的政治局面，结束了从五帝时代以来的政治体制，全面创新，成为历史上真正统一华夏的第一人。秦始皇首创皇帝制度，用郡县制代替分封制，以官僚制代替贵族制，成为中华封建帝国的创始人。

孔夫子及其学说对于中华文化的影响，在此暂且不论，秦始皇之所以成为统一中国的第一人、中华封建帝国的奠基者，与秦文化的浸润有着很大的关系。

秦始皇为什么能统一中国？

我们不能总是用历史的必然性来给出简单的结论。实际上，真实的情况远比历史书上所写的复杂得多。战国时代，有可能统一中国的，除了秦国之外，齐、楚两国也同样具备实力与条件。秦国之所以能够最终完成统一大业，不仅仅在于其与东方六国的武力较量获胜，更与秦国的特殊文化背景以及文化特点有很大的关系。

一般来说，文化可以分为这样几个层面：（1）物质层面；（2）制度层面；（3）风俗文化层面；（4）思想与价值层面。根植于文化深层的风俗文化与思想价值层面构成了文化的核心内容。

作为一种推动与决定社会发展的习惯，文化成为影响人、塑造人的巨大精神力量。从人类文化学的角度看，人一出生就生活在一定的文化系统之中，长期的耳濡目染、潜移默化，特定模式的文化就融入了他的灵魂，构成了他的思维方式和心理习惯，这就使文化对人的控制更加不可避免。

　　文化对个人的影响如此，对一个民族、一个国家的影响亦如此。秦国所以能够从一个偏居一隅的西方小国最终发展成为一统华夏的泱泱帝国，取得巨大成功后却又很快土崩瓦解，除了政治、政策方面的原因外，文化因素实在不应忽视。

　　一方面，秦文化呈现给人们的是一种积极上进、锐不可当的上升态势。

　　《易经》中说：天行健，君子以自强不息。从伏羲到孔子，阴阳二字表现出了中华文化的深刻内涵。健者，阳刚之气也。秦文化以自强不息、积极进取为其基本特点。根据历史的记载，秦人由于顽固地捍卫商王朝王室余孽的利益而被周公驱逐到西方虎狼出没、千里荆棘的苦难之地。从一开始，秦人要想活下去，就必须依靠刀剑武力，就必须依靠自身的智慧与力量。长期艰难困苦的生活经历，将他们铸造成了一个不怕困难、不怕失败、不惧敌手、锐意开拓、积极进取的民族。这种良好的心理素质与价值取向，使得他们一往无前，最终成了一统天下的最大赢家。

　　他们刚健勇猛、尚武彪悍，是一匹匹来自西域荒原的充满生机的野狼；

　　他们独立、坚韧，从不依靠别人，是一只只翱翔于莽莽天际的苍鹰；

　　他们生活质朴，人与人之间关系简单而明了，没有东方六国那种伦理道德、宗法制度束缚的压力与包袱；

　　他们重视实际、注重利益，想说就说，想笑就笑，不必当面君子，背后小人；

　　他们崇大尚高，在不断地追求与实现着超越、光荣与梦想；

　　他们依靠自己的力量，在荒原榛莽中建立起自己的家园，重新挺直不屈的腰杆；

　　他们独立自主，自力更生，用自己的刀与剑获取了周天子的封国与封地；

　　他们面对东方六国鄙视的眼光，从不自卑，不停地积蓄着力量，渴望着有一天代周而起，让天命归秦；

　　他们采取拿来主义，拥有开放的心态，毫不顾忌地将异国异域的有用文化为己所用；

　　他们不懈地开拓进取，征服别国，希望建立起自己的帝国。

　　五百多年漫长的岁月，留下了他们一代又一代人奋斗不息的英姿与身影。

　　他们是进取与奋斗的化身！

正是在这样的基础上，才会出现秦始皇这样的千古一帝。秦始皇治国理政，是秦人至刚至阳性格和进取不息精神的高度浓缩，明显具有如下特色：

（1）进取不息与不怕失败；

（2）拿来主义和功利主义；

（3）不拘一格的用人标准；

（4）寻求超越的创新精神；

（5）尊君集权重制崇法度；

（6）兼容并包的文化观念；

（7）独立自傲与强烈自信；

（8）阔达至远与万千气象。

总之，秦文化是至阳至刚的代表！

另一方面，秦文化又因为其至刚至阳缺乏变通而成为导致统治者国家治理失败的重要因素，这方面也给后人后世留下了无限的遗憾与深刻的教训。

中国人强调天人合一，阴阳和谐统一；强调"极高明而道中庸"。从伏羲到尧舜禹时代，再到夏商周三代，武力、刑罚一直与怀柔及道德并用。但是，大秦帝国的统治者在治国理政上则是只张不弛，一味高扬强猛治策，缺乏阴阳变化之道。在创建以郡县制为体制的中央集权大帝国时，却对博大精深的周文化进行了全盘的否定。可以说，在中国历史转折的重大时刻，秦帝国统治者交出的转型答卷却不那么尽如人意。

客观地说，秦自商鞅以来，一直用法家治国，并非是一个错误，至少不是一个根本性的错误。法家强调富国强兵，注重耕战，强调集中权力于中央政府，等等，均是秦国所以能够不断积聚壮大力量，最终实现统一大业的重要保障。但是，秦帝国的统治者在巨大的胜利面前，却不再那么清醒。过分相信制度制约却没有设计出相应成熟的权力制衡机制以确保皇权的强大，以至于在权臣祸国之时无法阻止。

秦帝国所以短命而亡，实际上从他们的奋斗进程中就可以看到隐藏其间的许多危机。一个鲜明的实例就是秦国自商鞅变法以来，在用人方面存在着明显的弊端，就是只看重其能够给秦国的眼下带来多少的实际利益，而根本不去考察其人的品格道德对国家可能带来的潜在的长远危害。以张仪、范雎为例，这两个人充其量不过是有舌辩之才的政客而已，在治国安邦上不可能为秦国谋划出一个长远的久安之策。他们因为品行不端在东方六国无法发展，但是，靠才智、口舌、机巧，却先后在秦国猎取到了他们梦寐以求的富贵权位。秦国这种只求实用、不重品德的用人政策，一方面让那些在东方六国无法谋得发展的人在秦国有了施展才能的空间；另一方面，因为这些急功近利之人毕竟不是有远见的政治家，他们虽然占据了秦国的政治舞台，也提供了一些符合实际的有利于秦国发展的具体措施，但因为他们目的是为了猎取荣华富贵，而不是发自内心地献身秦国的统一大业，因而，从长远来看，他们的得势与执政，也为秦国的夭亡埋下了祸根。本来刚刚一统天下，正可借其雷霆万钧之力来建立一个以嬴秦为首的千秋万代、固若金汤的帝业，却因为缺乏权力制衡机制而导致高层统治集团的内讧与皇权被架空，于是，秦帝国顷刻间灰飞烟灭。

大秦帝国其兴也漫长兮，其亡也忽焉，除了一声长叹，还能再说什么呢？

附　录　主要参考书目

（一）文献史料（以出版时间顺序排列）

［西汉］陆贾撰：《新语》，商务印书馆 1929 年版。

［西汉］司马迁著：《史记》，中华书局 1959 年版。

［东汉］班固著：《汉书》，中华书局 1962 年版。

［唐］柳宗元等著：《论秦始皇》，上海人民出版社 1974 年版。

［东汉］王充著：《论衡》，上海人民出版社 1974 年版。

睡虎地秦墓竹简小组编：《睡虎地秦墓竹简》，文物出版社 1978 年版。

［战国］商鞅著：《商君书》，上海古籍出版社 1989 年版。

［西汉］刘向著：《说苑》，上海古籍出版社 1990 年版。

荆门市博物馆编：《郭店楚墓竹简》，文物出版社 1998 年版。

［战国］荀况著：《荀子》，上海古籍出版社 2001 年版。

［战国］吕不韦主编：《吕氏春秋》，中华书局 2007 年版。

［战国］韩非著：《韩非子》，中华书局 2007 年版。

［宋］司马光编著：《资治通鉴》，中华书局 2009 年版。

［春秋］管仲著：《管子》，广陵书社 2009 年版。

［西汉］刘向编：《战国策》，中华书局 2012 年版。

［西汉］贾谊著，方向东译注：《新书》，中华书局 2012 年版。

《赵正书》，载《北京大学藏西汉竹书（叁）》，上海古籍出版社 2015 年版。

（二）学术著作（以出版时间顺序排列）

郭沫若著：《十批判书》，人民出版社 1954 年版。

侯外庐等著：《中国思想通史》，人民出版社 1957 年版。

顾颉刚著：《秦汉的方士与儒生》，上海人民出版社 1978 年版。

杨宽著：《战国史》，上海人民出版社 1980 年版。

朱绍侯著：《军功爵制试探》，上海人民出版社 1980 年版。

林剑鸣著：《秦史稿》，上海人民出版社 1981 年版。

瞿同祖著：《中国法律与中国社会》，中华书局 1981 年版。

高敏著：《云梦秦简初探》，河南人民出版社 1981 年版。

饶宗颐、曾宪通著：《云梦秦简日书研究》，香港中文大学出版社 1982 年版。

马非百著：《秦集史》（全二册），中华书局 1982 年版。

吕思勉著：《秦汉史》，上海古籍出版社 1983 年版。

李学勤著：《东周与秦代文明》，文物出版社 1984 年版。

钱穆著：《先秦诸子系年》，中华书局 1985 年版。

安作璋、熊铁基著：《秦汉官制史稿》，齐鲁书社 1985 年版。

黄留珠著：《秦汉仕进制度》，西北大学出版社 1985 年版。

林剑鸣等著：《秦汉社会文明》，西北大学出版社 1985 年版。

张传玺著：《秦汉问题研究》，北京大学出版社 1985 年版。

栗劲著：《秦律通论》，山东人民出版社 1985 年版。

左言东主编：《中国政治制度史》，浙江古籍出版社 1986 年版。

郭志坤著：《秦始皇大传》，上海三联书店 1989 年版。

郑良树著：《商鞅及其学派》，上海古籍出版社 1989 年版。

朱绍侯著：《军功爵制研究》，上海人民出版社 1990 年版。

孙实明著：《韩非思想新探》，湖北人民出版社 1990 年版。

［英］崔瑞德、鲁惟一编：《剑桥中国秦汉史》，中国社会科学出版社 1992 年版。

田余庆著：《秦汉魏晋史探微》，中华书局 1993 年版。

祝瑞开主编：《秦汉文化与华夏传统》，学林出版社 1993 年版。

韩国磐著：《中国古代法制史研究》，人民出版社 1993 年版。

冯尔康主编：《中国社会结构的演变》，河南人民出版社 1994 年版。

钱穆著：《中国文化史导论》，商务印书馆 1994 年版。

白寿彝主编：《中国通史》，上海人民出版社 1994 年版。

丁守和主编：《中国历代治国策选粹》，高等教育出版社 1994 年版。

林剑鸣著:《吕不韦传》,人民出版社 1995 年版。

吴荣曾著:《先秦两汉史研究》,中华书局 1995 年版。

田昌五、臧知非著:《周秦社会结构研究》,西北大学出版社 1996 年版。

梁启超著:《先秦政治思想史》,东方出版社 1996 年版。

王育民著:《秦汉政治制度》,西北大学出版社 1996 年版。

高正著:《诸子百家研究》,中国社会科学出版社 1997 年版。

李存山著:《商鞅评传》,广西教育出版社 1997 年版。

王云度、张文立著:《秦帝国史》,陕西人民教育出版社 1997 年版。

王长华著:《春秋战国士人与政治》,上海人民出版社 1997 年版。

高敏著:《秦汉史探讨》,中州古籍出版社 1998 年版。

田静著:《秦宫廷文化》,陕西人民教育出版社 1998 年版。

周桂钿著:《秦汉思想史》,河北人民出版社 1999 年版。

王遽常著:《秦史》,上海古籍出版社 2000 年版。

刘泽华著:《中国的王权主义》,上海人民出版社 2000 年版。

颜吾芟著:《崛起咸阳城——秦始皇的治国谋略》,华夏出版社 2000 年版。

吴小强著:《秦简日书集释》,岳麓书社 2000 年版。

翦伯赞著:《先秦史》,北京大学出版社 2001 年版。

范忠信著:《中国法律传统的基本精神》,山东人民出版社 2001 年版。

孟祥才著:《先秦秦汉史论》,山东大学出版社 2001 年版。

卜宪群著:《秦汉官僚制度》,社会科学文献出版社 2002 年版。

张分田著:《秦始皇传》,人民出版社 2003 年版。

齐涛主编:《中国政治通史》,泰山出版社 2003 年版。

王绍东著:《秦朝兴亡的文化探讨》,内蒙古大学出版社 2004 年版。

林甘泉著:《中国古代政治文化论稿》,安徽教育出版社 2004 年版。

韩星著:《儒法整合秦汉政治文化论》,中国社会科学出版社 2005 年版。

国风著:《中国古代的权力结构》,山西人民出版社 2006 年版。

雷戈著：《秦汉之际的政治思想与皇权主义》，上海古籍出版社 2006 年版。

刘泽华著：《中国政治思想史集》（全三卷），人民出版社 2008 年版。

万昌华、赵兴彬著：《秦汉以来基层行政研究》，齐鲁书社 2008 年版。

李治安主编：《中国五千年中央与地方关系》上卷，人民出版社 2010 年版。

萧公权著：《中国政治思想史》，新星出版社 2011 年版。

田延峰著：《中华帝制的精神源头——秦思想的发展历程》，人民出版社 2011 年版。

祝中熹著：《秦史求知录》，上海古籍出版社 2012 年版。

张分田著：《中国古代统治思想研究》，人民出版社 2013 年版。

胥仕元著：《秦汉之际礼治与礼学研究》，人民出版社 2013 年版。

刘敏著：《秦汉编户民问题研究》，中华书局 2014 年版。

钱穆著：《秦汉史》，九州出版社 2015 年版。

焦培民著：《中国政治制度史新论》，人民出版社 2015 年版。

李开元著：《秦崩：从秦始皇到刘邦》，生活·读书·新知三联书店 2015 年版。

李鹏等编著：《中国古代标准化探究》，中国质检出版社、中国标准出版社 2016 年版。

李禹阶主编：《秦汉社会控制思想史》，中国社会科学出版社 2017 年版。

王子今著：《秦汉史：帝国的成立》，中信出版集团 2017 年版。

朱宝昌著：《先秦学术风貌与秦汉政治》，商务印书馆 2018 年版。

辛德勇著：《生死秦始皇》，中华书局 2019 年版。